D1694409

**BOLSILLO
ZETA**

Título original: *Via col vento in Vaticano*
Traducción: M.ª Antonia Menini
1.ª edición: noviembre 2005

© 1999 Kaos edizioni Milano
© Ediciones B, S.A., 2005
    para el sello Zeta Bolsillo
    Bailén, 84 - 08009 Barcelona (España)
    www.edicionesb.com

Diseño de colección: Ignacio Ballesteros

Printed in Spain
ISBN: 84-96546-59-4
Depósito legal: B. 38.808-2005

Impreso por LIBERDÚPLEX, S.L.
Constitució, 19 - 08014 Barcelona

Todos los derechos reservados. Bajo las sanciones establecidas
en las leyes, queda rigurosamente prohibida, sin autorización
escrita de los titulares del *copyright*, la reproducción total o parcial
de esta obra por cualquier medio o procedimiento, comprendidos
la reprografía y el tratamiento informático, así como la distribución
de ejemplares mediante alquiler o préstamo públicos.

EL VATICANO CONTRA DIOS

LOS MILENARIOS

BOLSILLO
ZETA

1

CONTRA EL SILENCIO
QUE OCULTA EL MAL

El propósito crítico de una obra alcanza plenamente su objetivo cuando ahonda en lo psicológico y ensancha el margen de reflexión para establecer los cimientos de una reforma lo más seria posible. De ahí que este escrito no utilice matices y denuncie sin medias tintas unas realidades que en el Vaticano están a la vista de todo el mundo. Cuando se embellecen los comentarios, también se oscurecen las ideas. Podría parecer un análisis despiadado, pero quiere ser un bisturí capaz de limpiar una llaga profunda y purulenta.

La enseñanza se expresa con una pintoresca sequedad que fustiga con la misma fuerza que un látigo al restallar sobre unos corceles. Es un libro pensado y escrito en equipo, con los méritos y los defectos propios de una obra que es producto de varias voces: de ahí el carácter repetitivo de los conceptos más significativos, difíciles de unificar en la redacción como consecuencia de la diversidad de puntos de vista. *Repetita iuvant*, las repeticiones son útiles, sobre todo para quienes no están demasiado familiarizados con el mundo que aquí se pretende descifrar.

En una época como la nuestra, en la que morimos de certezas al tiempo que mueren las certezas (Leonardo Sciascia), la verdad no cambia y es exactamente la misma tanto si la expone un gran orador como si lo hace un pobre hablador: el facundo no la enriquece y el tartamudo no la empobrece. San Pedro advierte a la Iglesia: «Ha llegado el momento de que empiece el juicio a partir de la casa de Dios, que empieza por nosotros.» Dice el Vaticano II: «La Iglesia, a diferencia del Cristo inocente, que incluye en su seno a los pecadores, santa y, al mismo tiempo, necesitada de purificación, no descuida jamás la penitencia y su renovación. La Iglesia peregrina es llamada por Cristo a esta constante reforma, que siempre necesita por su condición de institución humana y terrena.»

Ha llegado el momento de que la Iglesia, antes que a los hombres, pida perdón a Dios por las muchas infidelidades y traiciones de sus ministros, especialmente de los que ejercen autoridad en el vértice de la jerarquía eclesiástica. Aquí no se discute la institución divina de la Iglesia sino más bien su envoltura, el «vaticanisno», que corre el peligro de dar mayor importancia al marco que al cuadro y de convertirse en esencia sacramental de la Iglesia. Hay que romper el capullo en el que la existencia de la realidad histórica y de la realidad cristocéntrica permanece prisionera cual crisálida asfixiada. Reformar la Iglesia del año 2000 significa cambiar un gobierno burocrático que ya no le cuadra. Según Clemenceau, gobernar es tranquilizar a los buenos ciudadanos, no a los deshonestos: lo contrario equivale a invertir el orden natural.

De su divino Fundador, la Iglesia ha recibido la misión y la capacidad de insertarse en las situaciones temporales del presente, asimilando sin corromperse y fermentando sin trastornar. El Concilio Ecuménico Vaticano II imprimió a la Iglesia un cambio de dirección que la obligó a trotar de firme. Para muchos, sin embargo, el Concilio es como el tren de cercanías: lo hacen ir y venir a su antojo. Un periodista exasperado, exclamó: «Demonios de Concilio, ¿será posible que en los mismos documentos haya podido decirlo todo y lo contrario de todo, complaciendo a todo el mundo?»

Es como si la Iglesia actual hubiera sido víctima de una especie de explosión nuclear más potente que el arma disuasoria encerrada en el búnker de cemento de Chernobyl. El organismo es en su estructura el mismo de siempre, pero fisiológica y dinámicamente experimenta la influencia de la mentalidad dominante de un mundo que no le pertenece. Demos a conocer la situación mientras aguardamos la era mesiánica del Jubileo del año 2000, cumpleaños bimilenario de Cristo, fundador de la Iglesia. El cristianismo del 2000 alienta a la humanidad a ponerse en camino en busca de su propia salvación.

¿Qué hacer? ¿Silenciar la infiltración del mal en la Iglesia o proclamarla a los cuatro vientos? El silencio es oro, pero hay silencios que matan y precisamente el que oculta el mal para no provocar escándalo se puede confundir con la complicidad del que siembra la cizaña; el silencio que respeta el libertinaje ajeno equivale a dejar que las cosas sigan como están en lugar de indignarse por el mal esparcido a voleo en la morada de Dios con los hombres.

San Juan Leonardi escribía a Paulo V (1605-1621) a propósito de la reforma universal de la Iglesia postridentina: «Quien quiera llevar a cabo una reforma religiosa y moral profunda tiene que hacer en primer lugar, como un buen médico, un cuidadoso diagnóstico de los males que afligen a la Iglesia para, de este modo, recetar para cada uno de ellos el remedio más apropiado. Es preciso llevar a cabo la renovación de la Iglesia tanto en los primeros como en los últimos, tanto en los jefes como en los subordinados, por arriba y por abajo. Convendría que los cardenales, patriarcas, arzobispos, obispos y párrocos fueran de tal condición que ofrecieran la máxima confianza para el gobierno de la grey del Señor.»

Hemos reflexionado profundamente antes de escribir estas dolorosas notas amasadas con las plegarias y los consejos de personas místicamente privilegiadas que, independientemente, exhortan a poner por escrito las ansias y los latidos del corazón de la Iglesia, devastada por fuera por el ateísmo posbélico más desacralizador, y ennegrecida y trastornada por dentro por los errores teológicos susurrados desde las pontificias cátedras universitarias a los docentes y a los alumnos, a pesar o más bien gracias a la tergiversación del Vaticano II.

Dados los riesgos que entrañaba la revelación de las crudas y desnudas verdades, sin velos ni oropeles y con toda sinceridad, el equipo ordenó que se hicieran llegar a las alturas más cercanas a la persona del Pontífice sus aprensiones en relación con semejante propósito, con el fin de conocer su opinión al respecto; la respuesta del autorizado interlocutor fue la siguiente: «Deseo lo mejor para ustedes y para su proyecto, pues ya imagino cuán difícil será la empresa.»

El escándalo necesario

La alianza de Dios con los pobres y los humildes está en contradicción con la arrogancia de cualquier poder que elimine y condene al inocente incómodo. Este libro es un eco recogido en el desierto, una paloma libre con un mensaje en la pata, una botella arrojada al mar con una advertencia en su interior.

Jeremías, que era un mal político, acababa directamente en la cárcel cada vez que denunciaba lo que le ocurriría a su pueblo; pero, como clarividente profeta que era, trataba de exponer la política que el pueblo hubiera tenido que seguir para convertirse en el Israel de Dios. Él, que era un hombre pacífico, fue elegido para acusar a una sociedad que se estaba desintegrando, y los poderosos lo combatían porque ponía en tela de juicio las certezas y las ilusiones de los hombres de su tiempo.

Incesantemente perseguido y victorioso, Jeremías tendrá el valor de oponer resistencia a las mentiras y de rechazar los silencios de la vergüenza como Cristo, de quien es expresión: «Tú cíñete por tanto los costados, levántate y diles todo lo que yo te ordenaré, no tiembles ante ellos, de lo contrario, te haré temblar ante ellos. Hoy te constituyo en fortaleza, en muro de bronce frente a todo el país, frente a los reyes de Judá y sus jefes, frente a sus sacerdotes y el pueblo del país. Combatirán contra ti, pero no te vencerán.»

Profeta recalcitrante, elegido por el Señor para una misión, para la que no se sentía preparado, Jeremías se resistía: «Y yo le dije: "Ah, Señor Yavé, ya ves que no sé hablar, pues soy un niño." Pero Yavé me contestó: "No digas eso, pues irás hacia donde yo te envíe y dirás todo lo que yo te ordenaré. No temas ante ellos, pues yo estaré contigo para salvarte, oráculo de Yavé."» La sensación de inseguridad lo acompañará toda la vida. Y, sin embargo, pronuncia palabras estremecedoras, proclama la urgencia de la renovación radical de Israel y anuncia la nueva alianza del corazón.

Hombre atrapado entre dos fuegos, Yavé e Israel, Jeremías vive una situación inextricable: ni rey, ni político, ni pontífice, ni caudillo, ni mercenario; es un hombre desnudo que no se las daba de listo. Débil y fuerte, áspero y vehemente, sensible y duro, mártir y contestatario. Admirable ejemplo de hombre de Dios que sabe conservar su integridad bajo la influencia más poderosa que existe, la divina, a la cual se adhiere con carácter irresistible: «Me sedujiste, Yavé, y yo me dejé seducir; fuiste más fuerte y me venciste.» Jeremías es el más cristiano de los santos de la antigua ley, el más vulnerable y fraternal, el más cercano a los corazones pecadores y divididos.

En los libros de inspiración divina se observa que los profetas, más que hombres del templo y servidores de palacio, son los portavoces de Dios para ayudar a la humanidad futura a nacer constantemente. Con frecuencia los santos acaban siendo víctimas de ciertos hombres de Iglesia cuando profetizan acerca de los evidentes males de los que se manchan los eclesiásticos: Savonarola, Rosmini, don Zeno, el padre Pío, por no mencionar más que a unos cuantos. Si Dios infunde en alguien el carisma de denunciar la relajación, las comodidades, los engaños, los trapicheos, los ocios, los privilegios de los miembros de ciertas castas clericales, el denunciante deberá estar dispuesto a esperar de éstos, revestidos de místico celo para presentarse como defensores de la santidad de la Iglesia, una reacción no menos virulenta. Siempre ocurre lo mismo: el hombre acaba por considerar su propia consagración como una especie de inversión y empieza a negociar con Dios, especulando en su propio beneficio.

En cambio, los originales, los espontáneos, los inconformistas, los que se niegan a doblegarse, los que caminan en línea recta y los indomables, capaces de desenmascarar los compromisos sibilinos y los condicionamientos opresores, los oportunismos corruptos y los servilismos empalagosos, son progresivamente aislados y marginados, más tarde mirados con desconfianza, excluidos y ridiculizados, y finalmente obligado a sufrir increíbles frustraciones por culpa de habladurías y graves insinuaciones urdidas a su espalda. Esta adamantina inflexibilidad desmiente el proverbio chino que dice: «Cuando sopla el viento, todas las cañas se tienen que doblar en su dirección.» La permanencia de estos excelentes profesionales ya es una condena en la práctica que los aniquila en el campo de exterminio del imponderable anonimato, en el interior del abismo del silencio. Una cosa es conseguir leer todas estas cosas y otra muy distinta vivirlas directamente, día a día.

Muchos severos jueces, rasgándose las vestiduras, señalarán con el dedo acusador, indignados, sorprendidos, ofendidos, asqueados y hostiles, a quienes han elegido esta modalidad de información y reflexión, que ellos considerarán desacralizadora. A su juicio, los que fruncen la nariz hubieran tenido que ser más moderados, según el principio de «ir tirando». Cuando la crítica de fondo se oficializa en protesta valiente, se dispara el muelle del mecanismo de defensa de la mayoría alineada en defensa del superior, el cual, alabando a los fidelísimos, los exhorta a creer, obedecer y combatir al enemigo siempre al acecho contra la Iglesia que, en definitiva, se sobreentiende en el «soy yo». Como el tirano que se buscó un apuntador mudo en la creencia de que así podría complacer a la multitud enfurecida. Y, por servil conformismo y sumisión, estos severos jueces bienpensantes se apresurarán a condenar un libro semejante: rasgándose las vestiduras, pondrán en la picota a los valientes y los tacharán de inútiles, ineptos, rebeldes, insubordinados, insatisfechos, rencorosos, exagerados, despreciables y todo lo que quieran.

Interpretando un papel similar al de la hija de Príamo, que predijo la destrucción de Troya sin que nadie la creyera, los hipócritas los calificarán de Casandras del catastrofismo, a las que no hay que hacer el menor caso.

Una idea nueva y contracorriente suele ser rechazada a priori por esta mayoría, que se niega a tomarla en consideración. Porque, por regla general, se suele conferir un carácter sagrado a lo que normalmente se vive en el propio ambiente; lo contrario ya es de por sí desacralizador. El bien no puede estar en contra de sí mismo, sólo el mal lo puede estar. Lo malo es que suele haber demasiada confusión a propósito del concepto del bien y del mal. Se intenta por todos los medios no divulgar el mal, que existe, para no tener que tomarse la desagradable molestia de eliminarlo y de colocar en su lugar el bien. Lo podrido existe, nadie lo niega, pero, ¿por qué darlo a conocer? Esconder bajo la venda la llaga gangrenada tranquiliza la conciencia enferma. Revelar una a una las cinco llagas de la Iglesia provocaría odio, venganza y persecución; más expeditivo resultaría que el ambiente colocara en el Índice el nombre del buen samaritano.

Los bienpensantes consideran que dar publicidad a las noticias de este tipo, aparte del escándalo y el descrédito que ello supone para la Curia, provocaría graves consecuencias también en otros ambientes. Mejor callarlo todo. Lo mismo que con el secreto de Fátima: es mejor no darlo a conocer. En cambio, René Laurantin dice: «La insistencia y la virulencia de los profetas y también de los apóstoles de Cristo han escandalizado a menudo el conformismo de sus contemporáneos. Para imponer ciertas intuiciones a veces es necesario escandalizar a alguien.» Y Teixeira le hace eco, diciendo: «El verdadero amigo no es el que te enjuga las lágrimas sino el que impide que las derrames.»

Los espíritus débiles y estériles siempre acusan y condenan a los hombres valerosos que desbordan de celo y entusiasmo. El hecho de ir a contracorriente, mérito del hombre de carácter fuerte, se considera en los ambientes de la Curia una falta grave, la insubordinación, y, por consiguiente, es un escándalo que hay que tapar. Los indiscretos tarde o temprano lo pagan personalmente, sin excluir el infamante precio de los comentarios sobre su conducta, que se considera cuestionable y ofuscada. Éstos, que acarician con aspereza, pero aman la verdad, como una golosina algo amarga, se limitan a contestar: «¡No te fijes en quién lo ha dicho y presta atención a lo que se ha dicho! Pues, si después resultara que responde a realidades incontestables, significaría que se busca el triunfo de la verdad y no su ocultación.»

Por consiguiente, el que arroja una piedra al pantano tiene que prever su movimiento y el desplazamiento de las ondas concéntricas hasta el confín de todas las orillas más contrarias. Sin embargo, una piedra, cualquiera que sea su tamaño, en el ímpetu de las olas, es empujada durante un buen trecho por la corriente que después la deja aislada a un lado. Sin embargo, cuando las piedras se van acumulando una detrás de otra, su conjunto se convierte en un dique que modifica el curso del río. De esta misma manera las pequeñas denuncias también pueden enderezar el secular curso de la Iglesia de nuestros días. Nuestra misma espiritualidad se tiene que limpiar de las impurezas de la época y devolver a las fuentes de su primitivo esplendor bíblico-evangélico, arrancándola de la esclavitud del bienestar, en la que hoy descansan todas las familias religiosas; una tarea profundamente revolucionaria y en todo caso inaplazable. Una multitud de algunos centenares de miles de hombres y mujeres consagrados, de instalados e instaladas que vegetan en la Iglesia del Señor a su costa: «*Hic manebimus optime*», «aquí nos quedaremos estupendamente bien».

El voto de pobreza conduce a la larga a quienes lo han hecho a conformarse con lo mínimo. Así se alimenta una creciente indolencia, un estéril ahorro de energías, una falta de motivación para el trabajo y la toma de iniciativas. Al rascar el extremo de su barril, tales familias religiosas deberían comprobar si no hay, por casualidad, un doble fondo en el que ocultan los engaños a sus tres votos, ellas que, sin rechazar la reforma, la aplazan para otras épocas futuras.

Cuando los conventos aumentan sus riquezas, el verdadero espíritu de santidad se va apagando y hacen acto de presencia la comodidad y la poltronería (Pedro Friedhofien).

Cualquier rico, seglar o religioso, y cualquier avaro sólo puede entrar en el reino de Cristo gracias a la recomendación de un pobre necesitado: el peregrino al que se acoje, el sediento al que se da de beber, el enfermo al que se cura, el preso al que se visita, el pendenciero al que se pacifica, el muerto al que se entierra. Sin estas recomendaciones, se quedarán fuera del Reino: «En verdad os digo que no os conozco.»

Tanto el hablar como el callar, decía Primo Mazzolari, es un testimonio, siempre y cuando la intención sea de testigo. La paz empieza en nosotros al igual que la guerra. Por consiguiente, no es menos devoto el que juzga que el que siempre y exclusivamente aplaude. Lo demás, es decir, las palabras, no vale nada: es un zumbido de abeja en un agujero vacío.

San Agustín nos enseña el método: «Nosotros seguimos esta regla apostólica que nos han transmitido los Padres: si encontramos algo auténtico también en los malvados, corregimos su maldad sin dañar lo que haya en ellos de bueno. Así, en la misma persona, enmendamos los errores a partir de las verdades admitidas por ella, procurando no destruir las cosas verdaderas por medio de la crítica de las falsas.»

Si, en nuestra tarea, la punta de la pluma se clavara como un bisturí en la sensibilidad del lector respetuoso, sepa éste que ello no estaba en el ánimo del cirujano; pedimos disculpas por el involuntario sufrimiento causado. La verdad no se tiene que predicar cuando conviene, sino cuando es preciso hacerlo; el mensaje no nos pertenece, es inmensamente superior a nosotros, por lo que hasta nosotros mismos podríamos sentirnos arrrastrados por nuestra mezquindad. Los combates y las explosiones pueden ser misteriosas emanaciones evangélicas. ¡Oh, las molestias y los riesgos de los santos!

En cambio, los más acomodaticios se muestran más

inclinados a decir: «¡Sí, la verdad es ésa, el buen camino es ése, pero no es el momento de decirlo, no conviene decirlo, sería peor el remedio que la enfermedad, ahora que ya estamos a las puertas del Año Santo! Nos caerán encima cualquiera sabe qué persecuciones, les haremos el juego a los adversarios. Precisamente ahora que gozamos de una prolongada paz, ¿qué necesidad tenemos de revolver las aguas? ¿Por qué provocar escándalos? ¿Por qué revelar los secretos de Fátima?»

«Necesse est ut eveniant scandala», decía Jesucristo, «es necesario que se produzcan escándalos cuando es por el bien de todos»; Él mismo se convertía en escándalo no sólo cuando fustigaba los privilegios de los miembros del sanedrín, sino también cuando trataba de convencer a sus seguidores de que no tardarían en escandalizarse por su causa, debido a la ignominia de su muerte en la cruz.

De este modo, las ideas divinas que permanecen inanes al margen de la historia, se cortan como la leche, según Chesterton, cuando las asumen con finalidades distintas otros sistemas contrarios al Reino de los Cielos.

Míseras complicidades

Este libro no se refiere a la mayoría de los miembros de la Curia vaticana, que siempre han cumplido con su deber y que, por haberlo hecho con extremado celo, ejemplaridad y devoción, permanecen al servicio de la Iglesia en medio del silencio y la indiferencia de quienes se han servido de todo ello para pasarles por encima con la apisonadora. A ellos rendimos homenaje por el servicio que han prestado y siguen prestando a toda la Iglesia de Dios.*

* A ellos Juan Pablo I, en los 33 días de su pontificado, tuvo tiempo de dirigirles esta alabanza: «En el Concilio, en el primero y el segundo capítulo de la *Lumen Gentium*, hemos tratado de ofrecer con frases bíblicas una sublime idea de la Iglesia: viña de Cristo, rebaño del Señor, pueblo de Dios. Nadie, que yo sepa, se atrevió a decir, pues no hubiera sido

El presente escrito no se refiere a esta benemérita categoría de prelados silenciosos y humildes. Honor a vosotros, hermanos, pues el viento de la vanagloria no ha conseguido arañar la sencillez de vida interior y a la tarde podréis decirle al Amo de la viña que vosotros habéis cavado y fertilizado con las mejores energías y los años más preciosos de vuestra vida: «¡Siervos inútiles somos y el olvido ajeno nos viene que ni pintado!»

Como Cristo, vuestro modelo, vosotros, piedras angulares, habéis sido rechazados por los constructores de una Iglesia orientada hacia su propio uso y consumo. ¡La época en que habéis vivido forma parte de vuestra propia vida! Gracias a vuestro silencioso testimonio, nosotros no compartimos la opinión de quienes afirman que hoy en día el Vaticano no está en condiciones de reunir el suficiente número de miembros de la Curia provistos de alas en la espalda. La lista de vuestros nombres demuestra justo lo contrario. La vuestra ha sido una navegación muy difícil entre Escila y Caribdis, firmemente asentados en el centro para no desviaros en la vida, tal como advierte san Agustín, el Águila de Hipona: *«Ex una parte saxa tu navifraga, ex altera parte fluctus tu navivora; tu autem rectam tene lineam; sic nec in Scillam nec in Caribdin incurris.»* («Si te desvías hacia una parte, tu barca se romperá contra las rocas; si lo haces hacia la otra, la devorarán las olas; quédate en el centro para no caer en las trampas de Escila y Caribdis.»)

Sin embargo, hay quienes juzgan conveniente levantar a

---

bíblico, que la Iglesia es también, por lo menos en su organización externa, un reloj que con sus manecillas señala al mundo exterior ciertas directrices; también se puede expresar así. Pero, en tal caso, los que silenciosamente le dan cada día cuerda son los miembros de las congregaciones: una tarea humilde y escondida, pero muy valiosa, que hay que apreciar en todo lo que vale. Procuremos dar todos juntos al mundo un espectáculo de unidad, aunque haya que sacrificar algo. Lo tendremos todo que perder si el mundo no nos ve sólidamente unidos.» (*A braccio al sacro collegio* [Improvisando en el Sacro Colegio], *Il Tempo*, 31 de agosto de 1978, p. 12.)

la sombra de la enorme cúpula de Miguel Ángel un pequeño santuario a la Madre de los Excluidos de la Curia. A sus pies los eclesiásticos marginados, en su fuero interno y también a flor de labios como Ana, la madre de Samuel que Elías creía ebria, quién sabe cuántas veces le repetirían, a Ella que tan bien conoce la jerga local, la súplica del paralítico en la piscina probática, *«Hominem non habeo»*, que en vaticanés significa, no haber tenido la suerte de encontrar el dignatario apropiado para dar el necesario empujoncito para conseguir un ascenso.

La constatación de ciertos fenómenos que aquí se apuntan se refiere más bien a la minoría que ni siquiera merecería semejante atención, de no ser por el hecho de que se trata de la más emprendedora y la más determinante en el gobierno de la Iglesia. Tales fenómenos están presentes también en todas las demás sociedades del mundo; como tal, la Iglesia no constituye una excepción, nada humano le es ajeno, incluidas las miserias y las imperfecciones de sus dirigentes más visibles.

Hay crisis en la Iglesia porque ésta se halla en el mundo y el mundo la impregna con las mismas profundas inquietudes que afligen a las sociedades y con los mismos fermentos que agitan la era posconciliar. Sus dificultades son semejantes a las de la época medieval, en que incluso los personajes más austeros mezclaban en una masa híbrida los fastos más extravagantes con la devoción más sectaria y desacralizadora. De ahí que en una misma persona los pecados sociales más refinados convivieran y sigan conviviendo tranquilamente con la devoción más profunda, que la orgullosa ostentación se presente con la humildad más o menos sincera, el afán de poder con la más ostensible generosidad en favor de las iglesias y los monumentos artísticos. La historia eclesiástica está llena de estas peligrosas y míseras complicidades.

En realidad, los valores jamás entran en crisis, la que entra en crisis es la cultura acerca de los valores; tal como ocurre con el sol, que no entra en crisis cuando lo ocultan las nubes. En primer lugar, hay una crisis en lo concerniente al significado de los valores morales, hay una crisis de autoridad que se palpa en el hecho indiscutible de que los altos cargos de la Curia se sacan a subasta y se adjudican a quienes cuentan con el máximo apoyo, tanto dentro como fuera de la Iglesia.

Pese a todo, el mundo necesita a la Iglesia para resolver sus conflictos recurrentes. Sin las calles interiores del espíritu no es posible transitar erguidos y con dignidad por las calles exteriores del mundo, decía Ernest Bloch. Ella ha recibido por tanto el mandato de llamar a todos desde lo horizontal a lo vertical, desde lo material a lo espiritual. «Pues toda carne es como la hierba y su esplendor como la flor del campo. La hierba se seca, la flor se cae, pero la palabra del Señor permanece eternamente.» La Iglesia es la guardiana de esta Palabra, pero, cuando baja la guardia, no puede resistir mucho tiempo sin entrar ella misma en crisis.

2

LA MULA DEL PONTÍFICE

En toda sociedad son importantes la sátira y el humorismo, sólo las dictaduras desprecian su valor. Un gobierno que no acepta el contraste de pareceres se va transformando poco a poco en una dictadura que no precisa de las sugerencias de los ciudadanos, cuya libertad se limita a aprobar sin hacer ningún reproche, lo cual equivale a una estatolatría. El gobierno deseoso de mejorar alienta las críticas y les saca partido; el gobierno que no permite la circulación del necesario humorismo ahoga al pueblo en el abatimiento.

Allí donde anidan la sospecha, el rencor y la envidia de los más dotados y preparados, el ambiente, cerrado al aperturismo, se convierte en tiranuelo. La sátira mesurada equivale a democracia. El déspota obsesionado con el respeto por la autoridad, es decir, por el culto a la personalidad, cierra la boca al sátiro irreverente y desacralizador para evitar que lo ridiculice por medio de la revelación de sus defectos.

A propósito del que discrepa de la opinión de un prelado situado más arriba, o de su Rasputín, merece la pena recordar lo que Alphonse Daudet cuenta acerca de la coz que la mula del Papa le dio a un joven mozo de cuadras en Aviñón: *«Quand on parle d'un homme rancunier, vindicatif, on dit: "Cet homme-là, mefiez-vous! Il est comme la mule du Pape, qui garde sept ans son coup de pied"... Il n'y a pas de plus bel exemple de rancune ecclésiastique.»* («Cuando se habla de un hombre rencoroso y vengativo, se dice: "¡Desconfiad de este hombre! Es como la mula del Papa, que esperó siete años para soltar la coz"... No hay mejor ejemplo para el rencor eclesiástico.»)

Entonces surgen los rumores incontrolados que son como una sombra de la verdadera comunicación, unas luces piloto estropeadas y sin pieza de recambio, que envenenan el aire y proliferan libremente en forma de chistes sarcásticos y distorsionados. Los comentarios satíricos, mordaces, punzantes e incisivos, corren entonces por los pasillos y los despachos. Semejantes críticas son un cepillo muy áspero cuyas cerdas deshilachan las delicadas vestiduras de los superiores. Fernando II de Nápoles se encargaba él mismo de divulgar divertidos comentarios sobre su propia persona para calmar las iras de sus súbditos que, burlándose de él, se calmaban.

La Curia romana no suele apreciar la libertad de expresión. Y de este modo, por temor al ridículo, renuncia a lo sublime para caer en lo grotesco y, a veces, incluso en lo trágico. El ridículo pasa por encima de la ley del silencio cuando se pactan las fórmulas del poder.

Sin embargo, el poder de la disidencia, aunque la practiquen funcionarios encerrados en compartimientos estancos, posee un valor y alcanza una notoriedad que no es prudente despreciar.

Los miembros insatisfechos de la Curia se refugian instintivamente en la crítica tal vez exagerada e incluso imprudente. Es un gran clamor en susurros, como el rítmico zumbido de un enjambre de avispas.

Sin embargo, se trata de polémicas más formales que esenciales, que no afectan al culto debido a la persona en cuestión, la cual sigue adelante como si tal cosa. Es en el cerebro donde hay que hacer las cosquillas, no en las axilas, decía el cómico Renato Rascel.

Los pilares de la Iglesia

Se ridiculiza la eslavofilia del papa Wojtyla y la polonización de la Iglesia, final de trayecto vaticano, donde se descarga a toda prisa el material de desecho del clero polaco en el interior de la cloaca máxima sin depuradora. En cuanto llegan a Roma, los prelados polacos se lanzan directamente a las palancas del poder lo más inapropiadas posible, ardientemente recomendados y alabados por los prelados cortesanos deseosos de complacer al Papa, que es de aquellas tierras. Aunque luego, en el siguiente cambio de guardia, se apresuren a echarlos de sus puestos.

Es famosa la broma del carro de combate de la Via Conciliazione. Ya con las primeras luces del alba de aquel frío mes de enero de 1991 la policía observó con asombro la presencia de un rudimentario carro de combate de color verde, listo para la batalla y estacionado junto al colegio Pío IX, cuya fachada daba a la Via Conciliazione, vallada y vacía de alumnos y profesores, enviados a sus casas al tiempo que el tráfico se desviaba al otro carril. Con prudente sagacidad se requirió la intervención de los artificieros más valientes al objeto de desactivar el artefacto explosivo que pudiera haber en el interior de semejante vehículo acorazado. Las fuerzas del orden situadas a su alrededor temían que de un momento a otro ocurriera lo peor, pero la cosa se demoraba. El artificiero elegido inspeccionó con la máxima cautela el vehículo acorazado, el cual resultó ser un conjunto de planchas metálicas soldadas a toda prisa sobre un automóvil destinado al desguace.

El cacharro pretendía ser un regalo para un monseñor polaco que, merced a toda una serie de sagrados almuerzos en la mesa del Papa, había conseguido convencer al Pontífice de la conveniencia de crear también en Polonia el ordinariato militar, ofreciéndose desinteresadamente como primer ordinario castrense sin castración aparente. Sus bromistas amigos lo pusieron en la picota, expresando así su desacuerdo con tan inútil asignación.

La diplomacia del Estado vaticano, símbolo de una sociedad especial en la que la apariencia es más importante que la esencia, se contagia a la de los demás Estados en cuanto éstos establecen relaciones diplomáticas. En efecto, cuando determinadas decisiones queman demasiado, se guardan con naftalina y se archivan sus expedientes para que, en caso de necesidad, resulte fácil o difícil recuperarlos. Los más expertos vaticanólogos se esfuerzan en descifrar las claves del sistema monárquico-estatal-religioso, no siempre con éxito. Según el periodista John Cornwell, monseñor Paul Marcinkus definía semejante Estado como «una aldea de lavanderas: lavan los trapos, los golpean con los puños, bailan encima de ellos y les sacan toda la porquería. En la vida normal, la gente tiene otros intereses, pero en estos ambientes, cuando te reúnes con alguien, sabes que, si éste te cuenta una historia, lo hace para que tú le cuentes otra a él. Un lugar no enteramente lleno de personas honradas».*

«La diplomacia vaticana —decía el brillante latinista Antonio Bacci, más tarde cardenal— nació una triste noche en Jerusalén en el atrio del sumo sacerdote, cuando el apóstol Pedro, calentándose a la vera del fuego, se cruzó con una criadita que, señalándolo con el dedo, le dijo: "Tú también eres seguidor del Galileo", a lo que Pedro contestó, sobresaltado: "¡No sé lo que dices!" Respuesta diplomática con la cual no se ponía en peligro ni la fe ni la moral.»

La diplomacia de este pequeño Estado vaticano influye hoy en día en el comportamiento de los restantes Estados de tal manera que el engolamiento y la hipocresía se convierten simultáneamente en causa y efecto del éxito recíproco y se ponen a prueba en una cortés competición de formas con reacciones en cadena. Un concentrado de hipocresía institucionalizada, uno de los mayores males medioambientales de este minúsculo Estado llamado la «Supercortemayor».

El Vaticano es una isla en la que coexisten con el mismo honor y en igual medida la lógica del poder y el paroxismo patológico, la fuerza del derecho y el derecho de la fuerza, la superioridad del bien sobre el mal y el atropello del inerme a manos del violento; donde es más fácil descubrir el mal

* John Cornwell, *Un ladro nella notte* (Un ladrón en la noche), p. 190.

en el bien que el bien en el mal; en resumen, una amalgama de extrañas politiquerías en la que vuelven a aflorar a la superficie las intrigas de antaño.

El obispo diocesano terminó su visita pastoral con la celebración eucarística del canon romano en el que se declaraba ante Dios, «Conmigo, indigno siervo tuyo...». El párroco tomó buena nota y, a partir del día siguiente, en todas las plegarias eucarísticas de la misa, exhortaba a los fieles a rezar «por nuestro indigno obispo». En cuanto se enteró de lo ocurrido, el obispo ordenó al sacerdote que suprimiera de inmediato aquel adjetivo. Pero el joven sacerdote contestó que lo había oído de sus labios y que si él, el obispo, se lo había dicho a Dios por conveniencia, él, en cambio, se lo decía al Señor con absoluto convencimiento para que lo redimiera.

A la mención del nombre de un miembro de la Secretaría de Estado es obligada una doble inclinación, como en una especie de Gotha sacro; pero a los que están por encima del décimo nivel les corresponde una reverente genuflexión. Casi como una ridiculización de la pompa, la superioridad y la leyenda de una casta que trata de permanecer en sintonía con el mundo que viaja en Rolls-Royce o en avión.

Cuando Pablo VI modificó la institución de la Comisión para las Comunicaciones Sociales otorgándole el título de «pontificia», un prefecto de dicasterio se felicitó ante el prelado presidente porque, con la de accidentes de tráfico que se producían en las vías rápidas, el Papa había hecho muy bien en dar la importancia que se merecía a un dicasterio que en aquellos momentos ya era indispensable y muy indicado: pensaba que la Comisión era un organismo de inspección viaria...

El eminentísimo bergamasco siempre listo para soltar una cuchufleta cáustica, que debía la púrpura cardenalicia a su amigo Juan, convertido en papa, calificaba a la Curia romana de despiadada y mordaz: ¡si lo sabría él!

Aquella mañana, para citar un pasaje del Evangelio, el cardenal secretario de Estado pidió a toda prisa una Biblia. Su secretario particular regresó, diciéndole muy compungido que no había encontrado ninguna a mano. «¿Ni siquiera la tenía el monseñor sustituto?», preguntó el eminentísimo. Y el secretario contestó: «Él es precisamente el que, muy sorprendido, me ha dicho: "¿Qué pinta aquí el Evangelio? ¿No se habrá confundido con el Código?"»

Se gastan bromas acerca del cómico porte de ciertos prelados afectadamente serenos y comedidos cuando saben que los enfocan las cámaras de la televisión: en su ridícula forma de caminar, «hacen muy bien de cuerpo», tal como escribía Cepari a propósito de san Luis Gonzaga.

Hablando de sátiras, en su época se gastaron muchas bromas acerca de la cruel ironía de cierto indulto papal, una autorización especialísima otorgada a algunos prelados —privilegio *ad personam durante munere*, «personal durante la permanencia en el cargo»— de hacer uso del bisexualismo «a pesar de ciertas disposiciones en contra».

Un famoso prelado muy intransigente *in re morali*, las cuestiones morales, para con los demás, pero de costumbres licenciosas y vulgares, confesaba a sus amigos íntimos haber hecho «voto de homosexualidad» para no incurrir en el pecado de ir con mujeres.

Un jueves santo, 4 de abril de 1985, entre las luces meridianas y eléctricas que iluminaban el morado de las vestiduras de los prelados que avanzaban en procesión detrás del Papa, un sonriente maestro de ceremonias polaco extendía los brazos y las manos para saludar a todos los cardenales y obispos que ocupaban los primeros lugares, repitiendo: «¡Vosotros sois las pilastras de la Iglesia, las pilastras, las pilastras, felicidades, gracias...!» Un anciano prelado un poco duro de oído se inclinó hacia su vecino y le preguntó: «¿Pollastras para quién?»

Los purpurados que ocupan los primeros lugares tienen su propio ceremonial de sedentarismo o levantamiento de su precioso peso posterior, el cual se mueve según la importancia de quien se acerca a saludarlos. Si, por ejemplo, el que los saluda es el secretario de Estado, se levantan de inmediato en posición de firmes; con los de igual rango el levantamiento es lento y más suave; con el dignatario de nivel inferior es suficiente un levantamiento del escaño cardenalicio de un palmo de altura; con un monseñor en vía de ascenso, una ancha sonrisa con un apretón de manos no demasiado prolongado; para el que carece de importancia suficiente, basta con levantar ligeramente la mano con desenvuelta indiferencia, casi como para hacerle comprender que su osadía no es muy grata. Es un código de más o menos estricto cumplimiento, cuyos mensajes regulan el resplandor de los ascendentes y de los descendentes en el viaje hacia el vértice, cuyos caminos ascensionales e influencias son bien conocidos por el personal de la corte.

Marianna Roncalli, la madre del futuro Juan XXIII, contestó a una amiga que le preguntaba acerca de las vestiduras prelaticias de su hijo Giuseppe, nombrado monseñor: «No haga caso si mi hijo viste de obispo sin serlo; son cosas que se montan los curas entre ellos.» Y es bueno no hacer caso de ciertas rarezas que montan los prelados entre ellos. El honor es al color rojo lo que el eje paralelo a un estrábico.

Durante casi diez años se repitió en los círculos curiales el comentario de un médico que atendía desde hacía muchos años a un eminentísimo paciente. El cardenal presidía un importante dicasterio de la Curia, un conglomerado de despachos dedicados a preparar las tareas de todos los demás departamentos curiales. Cuando llegó allí, atontado y como perdido, lo compararon con un caballo que duerme de pie: con el rostro cubierto por el velo de Moisés, las ideas y las cuestiones jurídicas más complicadas no le entraban en la cabeza y de vez en cuando se daba cuenta de que había algo que se le escapaba. Le había dado por viajar sin rumbo fijo y, a veces, se pasaba todo el día vagando por un aeropuerto hasta que la policía avisaba al Vaticano para que fueran a recogerlo rápidamente...

El purpurado ofuscado recurría muy a menudo a su médico, lo llamaba a su casa y le confesaba: «Doctor, noto desde hace tiempo que tengo algo en la cabeza; no consigo explicármelo, pero me noto algo dentro.» Y el bondadoso médico siempre le aseguraba: «Quédese tranquilo, Eminencia, ya se lo he dicho muchas veces, no se preocupe, no se inquiete demasiado: ¡usted, Eminencia, en la cabeza no tiene absolutamente nada!» Y, de esta manera, el purpurado se tranquilizaba momentáneamente y se convencía de que, en realidad, no tenía nada importante en la cabeza.

Primera plegaria inútil: «Señor, lejos de ti permitir que aquellos que te rezan directamente para obtener justicia conmutativa queden desatendidos y decepcionados; y lejos de ti complacer a los que te obligan a adaptarte a sus ansias de éxito por medio de subterfugios y enredos. Amén.»

Segunda plegaria inútil: «Padre misericordioso, para tu Iglesia vale más una onza de paz que cien libras de controversias ganadas; haz que sean inofensivos los prelados polacos a los que tanto poder has otorgado en la Curia a fin de que, frenados por ti, aprendan a no infundirnos temor. Amén.»

Tercera plegaria inútil: «¡Señor, te doy gracias por haberme arrebatado esta vez la facultad de hacérmelo encima!», decía muy emocionado y agradecido el nuevo cardenal tras haber recibido las vestiduras de su dignidad.

Cuarta plegaria inútil: «Oh, Dios, que quisiste agregar a san Matías al colegio de los apóstoles; a mí, que he sido favorecido por la suerte con la provechosa amistad de mi cardenal protector, concédeme por su intercesión ser contado entre los elegidos de la Curia. Amén.»

A los obispos dimisionarios de todo el mundo, cuyo número casi alcanza el de los que todavía ocupan el cargo, a la vista de la cada vez mayor esperanza de vida de los ancianos, les conviene rezar: «Quédate conmigo, Señor, el día ya declina y mi jornada ha terminado. El crepúsculo cubre de sombras mi polvo. Aquí estoy solo; allí está la luz. ¡Espero a alguien que se ofrezca para llevarme!»

Soliloquio del jubilado en el final de trayecto: «El mío es el camino de Emaús, el día ya declina. A mi espalda se advierte la sombra del oblicuo sol, alargada como la mía. ¡Señor, ya es tarde! Obrero de la hora undécima, tu viña ya no me sirve. Todo es oscuridad a mi alrededor y también dentro de mí. ¡Hasta pronto, Señor, en la otra orilla!»

La monja que le lleva la casa a un poderoso purpurado, enardecida por su profunda devoción mariana, suele rezar de la siguiente manera: «Virgencita mía, te lo he dicho muchas veces: no elijas a los pequeños y a los ignorantes cuando tengas que aparecerte a los hombres para transmitirles tus mensajes. Como sigas así, siempre te combatirán como en Fátima y en Medjugorie. Prueba alguna vez a manifestarte a algún gran prelado de la Iglesia, ¡por ejemplo, a mi cardenal! Él, a través de Telepace, daría a conocer al mundo entero todos los mensajes que tú le quisieras confiar. Lo que Jesús le dijera al oído, él lo iría a proclamar enseguida en voz alta, transmitido por las mejores antenas de la televisión. Nadie se atrevería a dudar del carácter sobrenatural de tan infalible aparición. ¡Amén y así sea!»

En el Vaticano todos los compañeros del despacho se burlaban de la oración de alguien que era más listo que el hambre: «¡Señor, no me envíes la humillación de tener que echar de menos el tiempo en que estábamos peor!» En efecto, suele ocurrir que se eche de menos al antiguo superior, sobre todo cuando el sucesor, en su desenfrenada ambición de déspota sin escrúpulos y con su desmesurado poder, comete auténticos delitos de prevaricación. Su autorizada majestad hace uso de la libertad a la que cree tener derecho.

Después de la sesión de esquí del Papa en el Adamello, algunos de la Curia dieron en rezar: «Concédenos, Señor, a nosotros, pobres hijos de Adán, la gracia de descender suavemente desde el Adamello hacia todas las metas deseadas. ¡Amén y así *esquía*!»

En ausencia del sistema democrático de la oposición, nace la crítica difícilmente controlable. Conviene no desestimarla, sino antes bien examinarla a pesar del riesgo que ello pueda suponer para la dignidad personal tanto de los poderosos como los menos importantes. Es el precio que toda monarquía absoluta tiene que pagar cuando se pisotean la libertad y las costumbres dentro del propio ambiente.

Se reduce a comedia lo que se vive en medio del sufrimiento, con jubileos de sátiras e indultos de maledicencias.

3

«*MORS TUA VITA MEA*»

También en el Vaticano, como ocurre en otros lugares, hay quienes someten a una caza despiadada a otros hermanos monseñores con maldad y sádico placer de humillar y destruir al antagonista, pues *mors tua vita mea*, «tu muerte es mi vida».

Al arribista aspirante que quiere llegar rápidamente a la meta, cuando tropieza con un competidor que cuenta con más apoyo, se le queman las alas. En tal situación, empieza a dar vueltas alrededor de este último, a la espera de que le crezcan de nuevo unas alas más fuertes para poder arreglarle las cuentas.

«Hay que tener inteligencia y un demonio que te lleve», cuentan que el cardenal Domenico Svampa le contestó a un escalador que le preguntaba qué tenía que hacer para medrar. Y entonces el aspirante replicó: «¡Eminencia, yo pongo la inteligencia y usted el demonio que me ha de llevar arriba!»

El ochenta por ciento del personal de servicio se resigna a la idea de no poder alcanzar las metas de los privilegiados y quedar relegado a la masa del hormiguero. Son precisamente los que han sido superados por los más astutos o, en todo caso, los que se conservan en la salmuera de las expectativas, aspirantes en fase de espera: una mezcla de malhumorados protestones.

El otro veinte por ciento de la Curia consigue iniciar la difícil ascensión por la escalera de caracol y se considera la parte elegida, sacerdocio real, hombres capaces de cualquier conquista. Sin embargo, estos afortunados escaladores que suben hacia el liderazgo de la Iglesia, tienen necesariamente que jugar con las cartas cubiertas hasta la última mano para poder eliminar al adversario.

El aspirante, a medida que se acerca a la ansiada meta, perfecciona su método competitivo, mezclando la astucia, la humildad interesada, la hipocresía y la caridad fingida. Un mundo hecho de rivalidades cuya escala jerárquica se va desarrollando suavemente, con auténticas batallas a base de golpes y codazos.

Los predestinados a alcanzar los primeros niveles superiores, los «trepas», los favorecidos por el adecuado empujoncito del protector carismático, los pretendientes a los puestos más altos, son obviamente muy pocos. Éstos a su vez se apropian de los méritos ajenos y se los atribuyen a sí mismos con el mayor descaro. A ellos no les cuadra lo que el Espíritu Santo dejó escrito: «No busquemos la vanagloria, provocándonos y envidiándonos unos a otros.»

Decía V. Bukovsky: «Allí nunca habrá guerra, pero siempre hay una lucha tan grande por la paz que, al final, no quedará piedra sobre piedra.» Si por paz se entiende aquí una peligrosa ficción, la mansedumbre es una hoja afilada que recorta la conciencia y las aptitudes del funcionario de la Curia cuya libertad de dirigir sus propias cualidades queda seriamente dañada.

La indiferencia del ambiente no deja espacio para los gestos de solidaridad con el que sufre los abusos y las discriminaciones. Un nutrido enjambre de puritanos y cortesanos evita por todos los medios el trato con los hermanos sospechosos; el aislamiento los discrimina y muy pronto se ven rodeados por un silencio más pesado que el plomo.

Cuando se quiere aislar a alguien en un despacho, se empieza a quemar la tierra a su alrededor y la convivencia con él adquiere un carácter difícil y asfixiante. Soplan unos ligeros aires de rebeldía que afectan a la dignidad de la persona, la cual se siente oprimida por una imponderable y reptante sensación de agobio y de vértigo que la arrastra al alienante santuario de la indiferencia de los compañeros; es una especie de lapidación interior en la que no se ahorran los golpes y una intifada de acusaciones no demostradas. Algo se empieza a quebrar por dentro y provoca frustraciones que inducen al sujeto a sospechar de sus propias aptitudes y debilidades físicas y mentales; empieza a acusarse a sí mismo de rozar los límites de la presunción y la insubordinación. Se convence de su fragilidad.

La Curia vaticana necesita hombres que no clamen por la justicia, sino que sean ellos mismos verdaderamente justos. Jesucristo, en efecto, no llamó bienaventurados a los que creen ser poseedores de la justicia, sino a los que tienen hambre y sed de ella.

«Por lo demás, los que quieran vivir plenamente en Cristo Jesús serán perseguidos. Pero los malvados y los impostores irán siempre de mal en peor, engañando y siendo engañados.» Este de mal en peor se refiere a la impostura y a la malicia, pero en su carrera van viento en popa.

El monseñor subordinado que es discriminado suele creer que se le ignora tanto en su valoración como en los ascensos. Cual si fuera una isla. Alguien ha señalado en broma que el vocablo *monseñorato* viene del latín *mons ignoratus*, el monte ignorado. De ahí el método del *divide et impera*, «divide y vencerás», es decir, cuanto más divididos estén los monseñores subordinados, tanto más fácil resultará vencerlos.

Lejos de ellos el nefasto deseo de unirse en alguna suerte de forma comunitaria que pudiera parecer un trasunto de agrupación sindical. El castigo más leve podría ser el apartamiento de por vida de su propio contexto.

Una teoría geofísica afirma que en otros tiempos los continentes se intercambiaban visitas y se fundían en telúricos abrazos y que en la actualidad están a la espera de poder despedirse los unos de los otros. El continente vaticano gusta de que las personas sigan siendo islas lejanas a fin de vigilarlas mejor desde su observatorio.

Si no es lícito aspirar a cargos, ascensos, reconocimientos, placeres del servicio cumplido con plena entrega, un derecho ínsito en la misma naturaleza humana, el criterio de elección para la aceptación y el ascenso es asumido por el superior de turno, cuya decisión discrecional es de todo punto indiscutible. Éste prefiere a los mediocres manejables antes que a los dotados de una fuerte y decidida personalidad. Sin embargo, las personas intelectualmente pobres suelen ser también las más cortas de miras. Le mediocridad, que nunca ha sido una exigencia en la sociedad, sí lo es para la Curia vaticana, para la cual el conjunto de sus subordinados es un variado grupo de personas carentes de aspiraciones.

El criterio del superior con respecto a la aceptación de los subordinados destinados a hacer carrera está basado en la *medium tendency*, es decir, la tendencia a la mediocridad. El porcentaje en el criterio de elección de eclesiásticos es de un noventa y nueve por ciento de dóciles y sumisos. El pequeño porcentaje de eclesiásticos de carácter fuerte se considera un peligroso error de valoración.

Increíble, pero cierto. Hubo un largo período de tiempo en que, en un dicasterio, el subsecretario radioestesista, para organizar los asuntos del despacho y establecer la fiabilidad del personal, se inspiraba en la oscilación del péndulo sostenido por su mano infalible. Lo utilizaba incluso en la cocina y en el restaurante, pero debajo de la mesa. Según él, su prosperidad se debía a aquel objeto. De personalidad lábil e inestable, se negó hasta su muerte a hacer uso del televisor, pero era un asiduo oyente del noticiario de la radio vaticana para estar al tanto en la cuestión de los ascensos y las destituciones del día. El resto de la jornada lo pasaba detrás de los cristales de su ventana, aprendiéndose de memoria los nombres de todos los prelados que veía pasar desde aquel escorzo de ángulo vaticano. Estamos en la estratosfera de la ciencia ficción. ¡Y esto también se lo lleva el viento!

Heráclito decía que «para mí, uno solo vale por diez mil si es el mejor», norma que molesta al superior de escasa talla que, en presencia de un subordinado preparado e inteligente, se siente en situación de inferioridad y desprestigiado. Un puñado de pobres superhombres que se arrogan el derecho de gobernar con poder absoluto e ilimitado, deja reducido al cuerpo de los subordinados de la Curia a algo así como un conjunto de robots cuya misión consiste en ratificar la actuación del jefe. Los subordinados aprenden a asentir sin discutir como en los *Diálogos* de Platón, en los que el interlocutor, Adimanto, se limita a estar de acuerdo: «Muy bien; muy cierto; por supuesto; bien dicho; está claro...» Un soliloquio en forma de diálogo. Un servidor debidamente sojuzgado no tarda en convertirse en un cortesano adulador. Jamás lucirá las vestiduras de funcionario de un estado de derecho cuyos súbditos son todos iguales ante la ley. Porque en el Vaticano la ley muestra ciertas irregularidades.

Los derechos que Dios ha conferido a la dignidad de la persona son menos importantes que los exigidos por un superior en las fases alternas de ascenso y degradación. En el monumento al Soldado Desconocido de Arlington, en Estados Unidos, se puede leer el lema «Desconocido para todos, pero no para Dios». ¡Una estela parecida no estaría nada mal en el Vaticano!

Semejante ambiente lleva a los individuos a convivir sin conocerse a fondo, sin apreciarse; trabajar aparentemente codo con codo, pero no en comunión; amar sin emoción, más por motivos racionales que sobrenaturales; con burocrática interdependencia, en aséptico contacto, divididos en categorías, indiferentes a los aspectos interiores del prójimo que vive a su lado, presentes en el despacho con carácter incorpóreo, más inclinados a alabar el método y rebajar la dignidad del competidor que le hace sombra.

Muy distinta es la enseñanza de Jesucristo, cuyo amor teándrico, divino y humano a un tiempo, no reduce al hombre entero, sino que lo eleva y lo enriquece por dentro en comunión con los demás. El Espíritu Santo rechaza la monotonía de las cosas prefabricadas y estandarizadas. Da a cada cual una vocación distinta según su personalidad; aun sabiendo que semejante diversidad se puede traducir en un peligro permanente capaz de inducir a los hombres a enfrentarse como individuos y a oponerse unos a otros. La unidad que exige el Espíritu no es uniformidad, sino la diversidad en la que cada uno conserva su propia personalidad en beneficio de todos. En la dinámica de este intercambio la Iglesia se construye y crece para el bien común.

Por consiguiente, cada eclesiástico, animado siempre por el mismo Espíritu, tiene que permanecer unido a los demás por la fe, viviendo en la libertad de los hijos de Dios, que lo obra todo en todos: «A cada uno se le otorga la manifestación del Espíritu para utilidad común: a uno el lenguaje de la sabiduría, a otro el de la ciencia, a uno el de la fe y a otro el de las curaciones; a uno el poder de obrar milagros, a otro el don de profecía, a otro el discernimiento de los espíritus, a otro el don de lenguas y a otro el de interpretarlas. Pero todos los reparte el Espíritu como quiere.»

La Curia romana, extraño compendio de praxis no codificada e incodificable, concentrado de sabias tradiciones mezcladas con astucias diplomáticas, considera a sus subordinados tal como los quisiera y, entretanto, los forma tal como ellos no hubieran querido ser: en una vida en la que lo verdadero se acompaña de lo falso y el sentido común se acompaña de los prejuicios y la sospecha. Más que prestar atención a la valía de la persona, se limita a valorar su conducta externa.

Cuando se tiene que buscar la manera de transmitir la propia experiencia personal a la de los demás en un contexto no democrático, se produce un cortocircuito en la relación y aflora, latente y podrida, la violencia de la imposición. Entonces se enciende la alarma que advierte de que se han rebasado los niveles de seguridad en el intercambio de relaciones. Se viaja mal cuando hay desconfianza. La pluralidad que no se puede reconducir a la unidad es extravío y la unidad que no depende de la pluralidad es tiranía, dice Pascal.

Los no enterados creen que la Curia romana es el gobierno más perfecto del mundo, en el que la justicia social se aplica hasta las máximas expectativas de derecho. Afirmar lo contrario podría parecer una difamación. No lo es en absoluto para los que están dentro y que, a pesar de entregar su vida y lo mejor de sí mismos, se ven superados y rebasados por otros que se les adelantan sin pudor y con ostentosa presunción.

Por consiguiente, hacer carrera en este contexto significa simplemente pegarle una puñalada trapera a los demás compañeros que esperan delante de él y asestar un buen codazo al más próximo que figura entre los primeros. Es una competición salvaje que anula la caridad evangélica y el sentido de la fraternidad.

Todo ello comporta la caída de todos los estandartes ético-sociales, salvando siempre las apariencias y la fachada. La voluntad humana presentada como divina. El que no aprovecha la ocasión y no consigue tener éxito en la vida de la Curia se convierte, en este contexto mezquino y conspirador, en un discriminado que ya no está en condiciones de progresar.

El que ha sido injustamente superado experimenta un complejo de inferioridad y una atrofia de la personalidad que lo induce a abandonar todo deseo de mejora en el desempeño de sus funciones. El hundimiento de su futuro no lo edifica sino que lo desalienta al tiempo que agosta su desarrollo. A la larga, el que vive allí dentro se desmoraliza y se encierra en el mayor de los mutismos. Ceder a la resignación en la creencia de que toda esperanza está perdida equivale a impedir el triunfo de la justicia. De esta manera, la víctima se presta al juego del verdugo y con su silencio le facilita la tarea.

Los subordinados mudos, que constituyen el ochenta por ciento de los funcionarios de la Curia, se mantienen en situación de desventaja porque ratifican a su superior en la idea de que su inmenso poder es realmente ilimitado e indiscutible. La selección, el ascenso y la destitución dependen enteramente de él, aunque, al hacerlo, éste caiga en el pecado social del atropello despótico.

Hay que saber comprender el sufrido silencio de los que no se atreven a proclamar los derechos inalienables del ser humano en un ambiente en el que la ley del callar y padecer en silencio se considera una virtud. Los subordinados, los destituidos, los excluidos de la protección estelar del clan, se refugian en los silencios de la gélida frialdad curial.

Se ha escrito: *«Zelus domus tuae comedit me»*, «el celo de tu templo me devora». Cuando el templo de Dios, la Iglesia, arde, todos los fieles tienen la obligación de recurrir a los extintores para apagar el incendio. Si en ella hay humo de Satanás, hay que dirigir los extintores hacia los focos que lo alimentan. El que, como Nerón, se queda a contemplar desde la colina el incendio de Roma, es cómplice de la destrucción. *«Quo vadis Domine?»*, «adónde vas, Señor, en este cumpleaños tuyo bimilenario?» «¡Voy a expulsar a Satanás que está incendiando mi Iglesia!»

Mientras los malos atacan el bien con toda naturalidad, los buenos también lo atacan con fanático desinterés, creyendo rendir con ello culto de abulia a Dios. Y, de esta manera, todos, como justos que son, creen estar en paz con su conciencia. Dios, que tiene el poder de justificar al pecador, se ve imposibilitado de actuar con los que se justifican a sí mismos, prescindiendo de Él.

Ciertos prelados de la Curia, a modo de meteorólogos, prevén los tiempos de la Iglesia según los humores, las arbitrariedades y los caprichos de las aspiraciones propias y ajenas, sembrando sinsabores y desconcierto. Los justicieros, cada uno desde su perspectiva, creen interpretar el pensamiento del otro y se contradicen entre sí, como los pronósticos del horóscopo.

La historia de la Curia ofrece abundante material ilustrativo de eclesiásticos que han tratado y tratan de aplicar el Evangelio de tal manera que les garantice la perpetuidad de los privilegios adquiridos. Eso es recortar la voluntad divina para que coincida con los propios puntos de vista. Estos hombres de Iglesia que dan órdenes recurren de muy buen grado al tema de la voluntad de Dios, identificándola en cierto modo con su propio interés, al que todos los súbditos deben acatamiento sin límites y sin discusión.

Las cosas se complican ulteriormente cuando la jerarquía, las autoridades, los amigos, los juristas, los psicólogos, los ascetas y cualquiera sabe cuántos otros meten baza y enredan el ovillo de los acontecimientos, vistos desde unas perspectivas interpretadas de muy variadas maneras. Llega un momento en que uno ya no sabe a quién es posible obedecer sin desobedecer a otro.

4

LA IGLESIA NO ES EL VATICANO

El pensamiento de los Padres de Oriente acerca del concepto teológico de Iglesia fundada por Cristo no parece tan totalizador como el de los Padres de Occidente. La teología occidental ha experimentado la influencia determinante del genial conceptualismo de san Agustín, quien consiguó manifestar su opinión acerca de las grandes verdades de todo el saber humano entonces conocido, orientando de esta manera la vida social e individual de las generaciones futuras.

Pero aquellas verdades, magistralmente expuestas por el Águila de Hipona, tenían que adecuarse y readaptarse a la extensión del saber de las épocas posteriores a fin de evitar que se condicionaran mutuamente. La Iglesia es para los hombres y no los hombres para la Iglesia. Todos los estudiosos serios de todas las tendencias contemplan esta certeza.

Los Padres de Oriente comparan la Iglesia con un espléndido e insuperable barco, con un *Titanic* diríamos hoy en día. Todos los que en este proceloso mar se acomodan en él, tendrán una plácida y tranquila travesía, a diferencia de los que viajen por otros medios. En cambio, según el pensamiento oriental, todos los que no se encuentran a bordo echan mano de otros medios providenciales para efectuar la travesía hacia el fin último de todo hombre, con balsas, chalupas, barcas, salvavidas, es decir, con otras creencias religiosas que, si bien con dificultad y más lentamente, dirigen también a los hombres hacia la salvación. Esta esperanza es importante.

«Este plan universal de Dios para la salvación del género humano no actúa sólo de una manera por así decirlo secreta en la mente de los hombres con la que éstos buscan por distintos medios a Dios "en un intento de alcanzarlo quizás a tientas y de encontrarlo, aunque Él nunca esté lejos de cada uno de nosotros"... iniciativas que pueden constituir de alguna manera una orientación pedagógicamente válida hacia el verdadero Dios o en preparación al Evangelio.» Así dice el Vaticano II.

En cambio, los Padres de Occidente se dejaron condicionar un poco por la plástica definición agustiniana que, sin posibilidad de salvación, decretaba: *«Extra Ecclesiam nulla salus»*, «fuera de la Iglesia no es posible la salvación», afirmación teológicamente válida, pero no única ni exclusiva. El axioma se ha convertido en dogma insustituible para todas las épocas y condiciones, por lo que nuestros teólogos de la Iglesia latina, para poder salvar a los restantes cuatro mil millones de no bautizados, recurren al expediente del bautismo de deseo, que los debería convertir en cristianos sin saberlo. En Occidente se recurre a todo eso para salvar el concepto, teológicamente incompleto, según el cual, sin la Iglesia, receptáculo de Dios y de los hombres, no nos podemos salvar.

Cuando Jesús pensaba en la fundación de su Iglesia, por ejemplo, cuando le prometía a Pedro el primado sobre ella («Tú eres piedra y sobre esta piedra edificaré mi Iglesia. Te daré —en calidad de vértice de ella— las llaves del —edificio— del Reino; todo lo que atares y desatares en el interior y en el perímetro de esta construcción social en el transcurso de los siglos quedará confirmado por mi Padre del cielo»), sin duda la imaginaba construida sobre una única roca compacta, sobre una figura geométrica concreta, en cuyo vértice haría sentar a Pedro, su Vicario.

En su memoria, conservaba el recuerdo infantil de aquellas maravillosas pirámides que seguirán desafiando los siglos futuros y cuya figura geométrica, según la teoría del premio Nobel Luis Álvarez, era y es un poderoso acumulador cósmico de energía unitiva y cohesiva, característica ya conocida por los antiguos egipcios y persas. Jesús, emigrado a Egipto en los primeros años de su infancia, antes de regresar a Nazaret debió de ser conducido por san José y su Madre a ver las gigantescas y célebres pirámides de los faraones, meta del turismo internacional ya en aquellos tiempos. Tal como les ocurre a todos los niños, y también al niño Jesús, Dios y hombre, aquella maravilla debió de quedar grabada en su mente y en su memoria de forma indeleble. Para transmitir a los demás hombres de una manera plástica la idea de la Iglesia que pensaba instituir, su mente debió de ver en la forma geométrica de las pirámides la mejor referencia para su obra divina, tal vez por ser, también desde un punto de vista plástico, una representación de la unidad y cohesión de toda la familia humana, así reunida. La Iglesia de forma piramidal expresaba mejor los rasgos que Cristo le confería por medio del Espíritu Santo, compacta en sus coesenciales características de «una, santa, católica y apostólica».

Es una hipótesis sugestiva, que se podría compartir más o menos. Lo cierto es que la constitución de la Iglesia de Jesús presenta, desde un punto de vista sociológico, una forma piramidal: el Papa indisolublemente unido a los obispos, los sacerdotes y los fieles; dividirlos en bloques sería forzar su naturaleza, desnaturalizarla.

La Iglesia es por tanto una estructura viva, una e indivisible por esencia. Ésta fue la magnífica tarea de los Padres de la Iglesia y del Medievo cristiano, cuyas soberbias catedrales eran sus signos plásticos. En descollante elevación hacia lo alto intervinieron el ingeniero, el técnico, el pintor, el escultor, los maestros del arte de la construcción, los geólogos, los físicos, los doctores en teología, los sacerdotes, la jerarquía, la fe del pueblo, el arte de los poetas y el de los músicos, y las plegarias de los santos en una armoniosa y compacta amalgama. Desde entonces hasta nuestros días constante ha sido la alabanza y la gloria a la unidad y la trinidad de Dios creador. Por lo demás, el misterio mismo de la Trinidad alude a la figura geométrica de un triángulo equilátero, también piramidal.

A menudo, sin embargo, esta imagen se desvía y se rompe; se establece entonces una separación entre la fuerza inferior de la plebe y la autoridad jerárquica hasta el punto que, cuando se habla de la Iglesia, a menudo se hace exclusivamente referencia a su vértice, como si éste fuera la única expresión constitutiva y selectiva querida por Nuestro Señor, suspendida en el aire como una estalagmita.

No sólo los teólogos del Renacimiento, sino también los de nuestra época, gustan de considerar la base de los fieles como un amorfo rebaño de ovejas, inclinado ante el pastor. Por lo que, al hablar de la Iglesia, la referencia suele guardar más bien relación con aquel vértice jerárquico integrado por el Papa, los cardenales, los obispos, la Curia romana y los altos prelados revestidos de autoridad y de poder que, con el paso del tiempo, se desgastan hasta quedar reducidos a nada y que muy a menudo olvidan someterse a discusión, confrontando su propia misión con la de Cristo, que se sometió al suplicio de la cruz precisamente para servir a la humanidad.

Una elipsis teológica muy en boga que corresponde a las equivocadas expresiones «La Iglesia quiere, la Iglesia no quiere; la Iglesia ordena, la Iglesia obliga; la Iglesia aprueba; la Iglesia censura; la Iglesia prohíbe, la Iglesia admite; la Iglesia confirma tal fenómeno; la Iglesia no ve nada sobrenatural en aquella aparición o en aquella persona». Con ello se hace referencia, por el contrario, a ciertos hombre y eclesiásticos que manejan los hilos del poder en un determinado período y que muchas veces han hecho pronunciamientos erróneos sobre ciertas verdades históricas relacionadas con fenómenos o personas. Pero aquí precisamente se da la dicotomía de pensamiento. Por una parte se afirma que la Iglesia somos todos, autoridades y fieles, por lo que una herida infligida a una de sus partes se inflige directamente a todo su cuerpo místico. Por otra, en cambio, cuando algunos de sus miembros, profetas movidos a fin de cuentas por la compasión del Cristo místico, denuncian la infección cancerígena, son calificados de insubordinados y rebeldes, sospechosos de herejía, sembradores de cizaña, hombres y mujeres a los que conviene acallar. Y todo ello sólo para tener que reconocer más tarde, con inútiles arrepentimientos y tardías peticiones de perdón, que se equivocaron al juzgarlos.

Pero, ¿a quién beneficia el hecho de silenciarlo todo para que nadie intervenga? ¿No será quizá que se pretende dejarlo todo como antes, de tal manera que quien se equivoca siga errando? Sin embargo, o la Iglesia es todo el conjunto —base, lados y vértice—, o no es la que quiso Jesús. Él no fundó su Iglesia con un poder de gobierno de dominio incontrolado.

La Iglesia de Jesús sólo tiene una manera de gobernar: sirviendo. Los dignatarios, los cardenales, los príncipes —si se puede hablar de príncipes— no deberían tener más ambición, más aspiración y más pretensión: «No ha de ser así entre vosotros; si alguno de vosotros quiere ser grande, que se haga vuestro servidor, y el que quiera ser el primero, sea el siervo de todos.»

La Iglesia de Jesús, cuando actúa como sierva, es la obra divina más completa que jamás se haya llevado a cabo para la protección de toda la sociedad humana. Sin embargo, no puede ser infinita como Dios, siendo una obra suya *ab extra*.

Por principio teológico, Dios es el Infinito. La Iglesia, en cambio, es finita en tanto que obra divina. Por consiguiente, carece de la facultad de poder reconocer todas las infinitas facetas de Dios. Podría conocer la omnipotencia infinita del Absoluto, lo cual equivaldría a ser su recipiente, si englobara el Infinito. «¡Mira, los cielos y los cielos de los cielos no te pueden contener y tanto menos esta casa que yo he edificado!»

Ni siquiera Dios puede crear una institución contingente, capaz de circunscribir su infinitud: en tal caso, crearía absurdamente otro dios por encima de Él. Nuestros esquemas, infinitamente minúsculos aunque pertenezcan a la Iglesia, no podrían encerrar en una envoltura la infinita omnipotencia del Creador.

Jesús, al fundar la Iglesia, le otorgó toda la riqueza de gracia suficiente para que los hombres de todas las épocas pudieran extraer de ella la salvación necesaria para sí mismos y para los demás, pero no podía otorgarle la capacidad de contener en sí, estructura finita, todo el infinito bien de Dios que Él dispensa libremente en estrella y en sombrilla también fuera de ella, tal como se ha dicho más arriba.

Por consiguiente, no puede desempeñar el papel de guardiana de Dios, cerrándolo bajo llave detrás de la puerta de su tabernáculo para distribuirlo a su antojo, a su manera y en los momentos que quiera. Su misión se ejemplifica mejor con la imagen de un ostensorio que muestra a Cristo a los hombres sin apropiarse de él. El Absoluto no podría privarse del poder de manifestarse a pesar de todo y de infinitas maneras a todas sus restantes criaturas, tanto en el seno de la Iglesia como fuera de ella, en el tiempo y en el espacio, por medio de carismas y gracias especiales, siempre nuevos y jamás estereotipados.

Los carismas divinos, o gracias especiales a veces extraordinarias como el don de obrar milagros, son los medios a través de los cuales el Espíritu Santo actúa y revela en atisbos la omnipotente presencia de Dios en la creación. Todos estos signos constituyen el alfabeto divino, detrás del cual el Señor va ocultando sus mensajes al hombre o a la humanidad y, puesto que dichos signos forman parte de la natural potencia divina *ab intra*, está claro que una delimitada obra *ab extra* no los puede circunscribir a priori, aunque sea de institución divina como la Iglesia. Cuya finitud, lo repetimos, no puede circunscribir la infinita potencia de Dios.

Así pues, ¿qué es connatural a la Iglesia en presencia de un prodigio o de un mensaje? Los tiene que interpretar a la luz de la infalible norma dictada por Jesús: «Un árbol bueno no puede dar frutos malos ni un árbol malo dar frutos buenos.» Es decir, debería saber mantenerse en los principios generales, denunciando lo que podría no ser un carisma divino, pero teniendo buen cuidado en no poner en boca de Dios los errores y los prejuicios de ciertos hombres de Iglesia que, a lo largo de la historia, han obligado al Absoluto a recorrer los carriles de sus vías circunscritas.

Un hecho histórico que afecta directamente a la Iglesia sólo será plenamente comprensible en la parusía, mientras que, en la sección vertical de la historia, el Eterno puede hacerse visible sin que la sustancia divina resulte afectada y el grosor de lo temporal sufra menoscabo, de tal manera que la Revelación sea compatible con la Encarnación, tal como ocurre con la profecía del Apocalipsis que se concreta en la humanidad desviada (Ottorino Pasquato).

La tesis arriba apuntada sobre la eclesiología es de una evidente inmediatez, tanto desde el punto de vista teológico como desde el histórico. Cuántas veces el juicio humano eclesiástico, tentado de dar instrucciones a Dios acerca del cómo debería intervenir en el mundo siempre a través de su poder terrenal, no ha sabido identificar la intervención de lo divino en lo temporal, llegando al extremo de pronunciar, irreflexivamente, frases de censura, con las que condenaba al Autor de aquellas facetas que les otorgaba precisamente para que les sirvieran de enseñanza.

De tal manera que muy a menudo se ha llegado a la absurda situación de declarar verdadero lo que ordenaba la Iglesia y no lo que Dios obraba a través de hombres santos o de apariciones sobrenaturales, ya que, según ellos, tenía que ser falso. «Sabéis juzgar el aspecto del cielo y de la tierra, pero no sabéis juzgar los signos de los tiempos. ¿Por qué no juzgáis por vosotros mismos lo que es justo?», les dice a éstos Jesús.

Más adelante, sus sucesores se han visto obligados a hacer entrar de nuevo aquellos fenómenos sobrenaturales por la puerta de servicio para su gran confusión y turbación. Así ha ocurrido con Galileo Galilei, santa Juana de Arco, santa Teresa de Jesús, san Juan de la Cruz, san José de Cupertino, Girolamo Savonarola, Antonio Rosmini, el padre Pío de Pietralcina, don Zeno Saltini (el fundador de Nomadelfia),* para terminar con el fenómeno de Medjugorie, donde treinta millones de representantes de la Iglesia viva acuden todavía a purificarse mientras treinta hombres de Iglesia insisten en condenarlo.

La historia recuerda varios errores cometidos por la Iglesia vertical. Citamos a continuación los más cercanos a nosotros.

Errores de la Iglesia vertical

A principios de este siglo, que ya está próximo a finalizar, la Virgen Madre de Dios pronunciaba en Fátima unas palabras de condena sobre la conducta de los dignatarios del vértice de la Iglesia: obispos contra obispos, cardenales contra cardenales, con gran sufrimiento del Papa, que se veía incapaz de impedirlo. A los tres niños analfabetos la Virgen les hizo comprender que desde dentro, cual honrada prostituta, la Iglesia sería víctima de violencia por parte de los prelados ávidos de poder en una especie de conspiración cortesana. La base de la acusación se ha intentado ocultar por más que el plazo de cumplimiento del mensaje profético ya se haya superado. Mientras la humanidad desciende, una avalancha de barro y putrefacción sube desde el sanedrín y se desborda. ¿Puede la criatura transgredir una orden del Creador, tapándole la boca?

Precisamente durante las apariciones de Fátima, el cardenal-patriarca de Lisboa, Antonio Belo Mendes, manifestó repetidamente a la opinión pública su clara oposición a los acontecimientos que allí se estaban produciendo, llegando al extremo de prohibir a sus sacerdotes acudir en pe-

---

* Aldea creada en 1946 en Fossoli, localización de un campo de concentración nazi, destinada a acoger a huérfanos de guerra y regida según los principios del cristianismo primitivo. (N. de la T.)

regrinación a aquel lugar. Ahora acuden hasta los papas. ¿Qué parte de la Iglesia tenía razón entonces y qué parte se equivocaba: la del vértice o la de la base?

El extrañísimo caso del padre Pío de Pietralcina, que durante cincuenta años fue considerado por los fieles que acudían cada vez en mayor número a aquel lugar un santo taumaturgo, a pesar de que el Santo Oficio lo veía como un «peligroso embaucador y corruptor de las costumbres». Basta reproducir aquí la infamante acusación de dicho dicasterio, que repetidamente instaba a los fieles, pero sobre todo a los clérigos, a no acercarse al padre Pío, un religioso al que se tenía que evitar por su fingida santidad visionaria y milagrera.

En virtud de dichas afirmaciones, el muy poco Santo Oficio tomó la inusitada iniciativa jamás repetida ni antes ni después de cambiarle al padre Pío su consejero espiritual y de prohibir al religioso que siguiera manifestándose por escrito (2 de junio de 1922). No contenta con eso, la misma suprema congregación promulgó el 31 de mayo de 1923 un decreto contra dicho padre, mediante el cual declaraba «no constar el carácter sobrenatural de los hechos» a propósito del fenómeno místico de la estigmatización, decreto publicado en el *Osservatore Romano* el 5 de julio para darlo a conocer a toda la Iglesia. Pero ¿qué Iglesia se equivocaba: la del vértice, que prohibía, o la de la base, que lo veneraba y acudía a él desobedeciendo las órdenes del vértice? La nota se reprodujo en la publicación *Analecta Cappuccinorum*, donde el padre Pío leyó la noticia que se refería a él, abriendo a la primera la publicación justo por aquella página, que le causó una profunda tristeza y lo hizo llorar.

Para acabar con el escándalo, el mismo dicasterio, no contento con haber prohibido al religioso la celebración de la misa en público con carácter indefinido (en 1931-1933) tenía en proyecto el traslado en secreto del padre Pío al norte de Italia o incluso a España. Las condenas se apagaron y volvieron a brotar con más vehemencia en 1960, cuando el santo religioso contaba setenta y tres años. En ese año se le tildó una vez más de persona inmoral por ciertas relaciones sexuales con algunas de sus penitentes, según revelaban unas cintas amañadas de una grabadora que un fraile colocó en el confesionario del padre Pío por orden del visitador apostólico que de esta manera se atribuía unos poderes que ni siquiera el Papa le podía conceder. «Vuestra conducta entre los paganos (contemporáneos) tiene que ser irreprensible para que, cuando os calumnien como malhechores, con vuestras buenas obras cerréis la boca a la ignorancia de los necios.»

Treinta años después de la muerte del padre, hoy declarado venerable y camino del altar, el supremo dicasterio, que durante cincuenta años fue acérrimo enemigo de aquel hombre de Dios, sostiene peregrinas tesis para no provocar escándalo, tratando de justificar ante el mundo su inaceptable comportamiento. La vergüenza de los hombres que entonces se presentaban como Iglesia infalible es de tal magnitud que ahora no consiguen armonizar la santidad del taumaturgo con las condenas que se le hicieron y de las que jamás se han retractado.

Ahora que está a punto de ser elevado al honor de los altares aquel que ellos calificaron de embaucador y corruptor de las costumbres, y que sigue atrayendo a su sepulcro a millones de creyentes y no creyentes de todo el mundo, dispensando los más extraordinarios prodigios,* más de uno

---

* En la actualidad, toda el área que rodea el convento capuchino de San Giovanni Rotondo resulta insuficiente para acoger al inmenso número de vehículos que transportan a los siete millones y medio de peregrinos que acuden allí a lo largo del año. Las multitudes se quejan de tener que esperar dos y tres horas para visitar los lugares del santo religioso en un paraje que hace cincuenta años era un camino de mulas que, atravesando los bosques, conducía al perdido convento donde unos pocos y olvidados capuchinos vivían como ermitaños.

Hacia finales de los años veinte, eran todavía muy pocas las almas que conseguían llegar a aquella ermita para confesarse y escuchar los consejos de aquel joven fraile estigmatizado y después se quedaban a dormir en al-

experimentará la espontánea necesidad de preguntarse qué parte de la Iglesia en este fin de siglo se ha seguido equivocando? ¿Cuál de ellas ha acertado? ¿La de la base o la del vértice? ¿Puede afirmar que posee la facultad de reconocer todas las facetas divinas una institución vaticana que se ha pasado cincuenta años declarando «no constarle el carácter sobrenatural de aquellos fenómenos» y que ha sido sistemáticamente desobedecida por la base de los fieles que seguía acudiendo a aquel lugar? Semejante proceder equivale a ver-

---

guna hospitalaria casucha de los alrededores. Una señorita de Cerignola había decidido pasar en aquel lugar cinco o seis meses al año junto al padre Pío, para que éste la dirigiera en su formación espiritual. Pertenecientes a una acaudalada familia, dos de las nueve hermanas habían fundado en aquel pueblo una comunidad religiosa, hoy muy floreciente en otros continentes. Ella no se sintió con ánimos para unirse a sus hermanas, pero permaneció soltera.

Tras haber recibido la parte que le correspondía del patrimonio familiar, la joven dudaba de la conveniencia de adquirir un solar en venta situado delante del pequeño convento de los capuchinos con el fin de construir una vivienda donde poder alojarse durante sus largas permanencias en aquel lugar. Le preguntó al padre Pío, su director espiritual:

—Padre, está en venta aquel trocito de terreno justo delante de la puerta de la iglesia, ¿qué le parece?, ¿puedo comprarlo para construir una casita? Usted sabe que tengo dinero para invertir...

El padre Pío parecía absorto en otros pensamientos y seguía caminando sin expresar su opinión.

—Diga, padre, ¿qué le parece? ¿Me he explicado bien? ¿Qué debo hacer?

—¡Accàttle! ¡Accàttle! —le contestó él. «Cómpralo, cómpralo.»

La joven, turbada por tener que contradecir aquella opinión que no tenía en cuenta el carácter solitario de aquel lugar, le dijo:

—Padre, no sé cómo decírselo, usted nunca habla claro. Cuando usted ya no esté, ¿qué haré yo con una casita perdida en medio del bosque?

Y el padre Pío, caminando con aire distraído, pero con la mirada proyectada hacia el futuro, viendo tal vez los fenómenos que hoy se producen en aquel lugar, le profetizó hablando en su habitual dialecto:

—Falla, falla... ca dop'è péggi!, cómpralo y construye la casa porque, cuando yo me muera, será peor que ahora por la gran afluencia de gente.

Aquel cuadrado de terreno es el que se encuentra hoy en día más allá de la explanada que hay delante de la pequeña iglesia.

ticizar la Iglesia y apartarla de los fieles que también poseen el *sensus Dei*, «el sentido de Dios».

Una mañana temprano durante la celebración de la misa del padre Pío en la antigua iglesita, la gente, por falta de espacio, se apretujaba de manera casi inverosímil en el pequeño presbiterio, empujándose involuntariamente unos a otros. Entre la multitud se encontraba un joven diácono que acudía allí desde hacía años, por mucho que los superiores del seminario le recordaran las severas prohibiciones de la Iglesia. El clérigo contestaba que no tenía nada de malo ir a ver las maravillas de Dios grabadas en uno de sus siervos. Sin embargo ellos consideraban que su comportamiento era una falta de sumisión a las órdenes superiores, pues la obligación era obedecer a quienes necesariamente tenían que saber más que él al respecto.

Besar la mano del padre Pío cubierta de llagas no era empresa fácil. Siempre llevaba unos mitones que sólo se quitaba en la sacristía antes de la celebración de la misa y se volvía a poner en cuanto depositaba el cáliz sobre la mesa al regresar. Éstas eran las órdenes y él obedecía rigurosamente. Las disposiciones superiores sólo hacían una excepción con el afortunado que conseguía estar a su lado en el instante en que él acababa de depositar el cáliz. El joven diácono, tal vez distrayéndose durante un momento litúrgico muy intenso, decidió recibir primero la comunión de manos del padre Pío e ir después a darle las gracias en la sacristía, situándose en el lugar en el que el padre Pío tenía que depositar el cáliz para quitarse las vestiduras, con el fin de poder gozar del privilegio de besarle la mano llagada sin mitones. Dicho y hecho; y hasta allí todo salió bien.

¡Pobre e incauto diácono! Nada más finalizar la misa, los que se apretujaban en el presbiterio inundaron como una marea la sacristía en medio de tantos empujones y tirones, que hasta sacudieron los pedestales de los santos. A pesar de que logró mantenerse firme contra el gentío, el diácono se vio empujado a aproximadamente un metro y medio del padre, asediado por todos los que querían besarle la mano.

Desanimado por el malogro de su intento, estaba a punto de desistir y regresar a la mañana siguiente cuando de pronto el padre Pío, reprendiendo a la gente, levantó la mano derecha por encima de las cabezas, la desplazó hasta el diácono y la bajó para dársela a besar, diciendo: *«Fa' sùbbte, sbrìgat»*, «anda, date prisa», mientras a los demás les decía, levantando la voz: «¡Bueno, ya basta!»

Es bien sabido que el Señor concedía al padre Pío la facultad de leer el corazón y la mente de quienes tenía delante, lo cual le permitía conocer los pensamientos y los pecados de los que recurrían a él o de otros, a los que, no estando presentes, se los hacía transmitir. Así pues, aquella mañana quiso complacer los deseos espirituales de aquel diácono, más tarde ordenado sacerdote, que todavía lo cuenta conmovido hasta las lágrimas.

Don Luigi Orione, fundador de la Pequeña Obra de la Divina Providencia, actualmente canonizado, sin jamás haber conocido personalmente al padre Pío, al que, sin embargo, conocía profundamente en espíritu y gracias al don de la bilocación, desarrolló en los años veinte una ardorosa defensa de éste en Roma, en el dicasterio del Santo Oficio. Muchos eclesiásticos tenían en gran estima la opinión de aquel venerable fundador debido a la santidad de su vida, a sus obras de caridad y a los hechos extraordinarios que se producían a su alrededor. Para él, el padre Pío era un verdadero santo, independientemente de lo que dijeran los demás, incluidos los hombres de la Curia. Hacia el final de su vida, don Orione también tuvo que beber el amargo cáliz de la calumnia a causa de supuestas debilidades inmorales con el otro sexo. Exactamente igual que le sucedió al padre Pío.

Hay que señalar que, cuando don Orione llegaba a algún lugar, era tal el gentío que la policía a duras penas conseguía mantener el orden; de ahí que le aconsejaran anunciar sus desplazamientos con muchos días de antelación. Sin embargo, sobre él se enviaban detallados escritos en los que se le acusaba de mantener contactos carnales con distintas mujeres. Como nadie lo creía, los difamadores decidieron pasar a la acción: era preciso demostrar las acusaciones.

Ya agotado, don Orione empezaba a experimentar los efectos del cansancio en todo su cuerpo, de naturaleza frágil. Lo convencieron de que fuera al médico y la respuesta fue devastadora: padecía el mal venéreo, la sífilis. Puesto que estaba aquejado de aquella enfermedad, tenía que mantenerse apartado de la gente. Lo colocaron bajo severa vigilancia en una casa de monjas de Sanremo, donde pasó los últimos años de su vida. Allí murió sin comprender de qué manera le habían contagiado la sífilis, pues jamás había mantenido relaciones carnales con nadie.

A pesar de que todo el mundo lo seguía apreciando como santo incluso después de su muerte, se dictaron órdenes draconianas con el fin de disuadir a quien pretendiera iniciar un proceso canónico sobre las heroicas virtudes de don Orione: el mal que le habían contagiado lo desaconsejaba. Todo el mundo calló.

Cuando ya nadie hablaba de él, un barbero de Messina mandó llamar junto a su lecho de muerte a un sacerdote y a dos testigos para revelar la verdad, oculta por la calumnia: en su calidad de barbero de los orionistas de Messina que se habían trasladado a aquella ciudad tras el terremoto de 1908, también había cortado muy a menudo la barba y el cabello al fundador, don Orione. Instigado y corrompido por un miembro de la congregación, el barbero accedió a hacer al venerable varón una pequeña herida aparentemente involuntaria en la nuca y, simulando desinfectarla, le aplicó el contenido de un frasquito que le habían entregado y cuyo contenido averiguó más tarde: era pus sifilítico.

Y ahora los dos santos varones, don Orione y el padre Pío, declarados inmorales con pruebas fehacientes, están en la recta final desde el fango al honor de los altares. A la hora del ocaso el sol envía sus rayos más largos y pintorescos. Es bien cierto que los santos no se hacen con pincel, sino con espátula y cincel.

Utilizar sin escrúpulos y desmesuradamente todo lo que beneficia al propio interés, manipulando hábilmente las bífidas expresiones y las sutiles calumnias, es para el filósofo Giambattista Vico la suprema astucia sustraída hábilmente al juego de la providencia para entregarla al del diablo. Y Dostoievski añade: «Hay muchos hombres que jamás han matado y, sin embargo, son mucho peores que los que han matado seis veces.»

Ciertos organismos eclesiásticos miran con sospecha y desconfianza, cuando no con abierta desaprobación y persecución, a estas almas tan extremadamente privilegiadas por el Señor en vida. Una vez muertas, se escriben sus biografías, se aprueban sus dones y se difunde su mensaje profético. La diferencia estriba en que los mortales comunes se debaten entre los problemas mientras que los santos viven entre las soluciones.

En cuanto se hizo público desde Roma el comunicado de aprobación del milagro alcanzado por intercesión del padre Pío, los medios de difusión informaron al mundo entero con la rapidez de un rayo de que éste sería elevado al honor de los altares como beato el 2 de mayo de 1999. Dios así lo quiso en contra de aquellos que tanto lo habían hostigado. «Ay de vosotros, doctores de la ley, que construís sepulcros para los profetas a los que mataron a vuestros padres. "¡Maestro, diciendo esto nos ofendes también a nosotros!"... Ay también de vosotros...» En la medida en que la acción de Dios se inserta en nuestra vida, Él permite que nazcan espinas en nuestro camino como precio por el hecho de hacer más nuestros sus dones. ¡El estilo de Dios siempre es así! Pero el que paga este precio no tarda en experimentar los efectos de la intervención divina, a pesar de los errores de los fariseos.

5

LA CIZAÑA EN EL TRIGO

La tabla de los diez mandamientos es la balsa más grande que Dios haya arrojado jamás a los hombres para que puedan salvarse; pero le queda un número infinito de chalupas que arrojar al mar en auxilio de otros nadadores en peligro.

Sabemos que el contenido de los mandamientos es bueno porque emana de la infinita bondad de Dios; sin embargo, Dios no puede encerrarse en el único bien finito y limitado de los diez mandamientos, los cuales no son más que una pequeña parte de su Yo infinito. De ello se deduce que el amor infinito de Dios rebasa necesariamente el amor del bien circunscrito en el decálogo. Se da el caso de muchos que observan los mandamientos y, pese a ello, siguen estando muy lejos de Dios. Y también se da el caso contrario. Los obstáculos al amor son distintos en cada individuo.

Cada persona tiene distintas debilidades, distintos vicios derivados de su patrimonio genético, de su índole, de su biografía, de su ADN. Hasta un reloj roto marca la hora correcta dos veces al día; de igual forma, en cada uno de nosotros siempre hay una pizca de humanidad y un destello de conciencia. Por consiguiente, cada uno tropieza con obstáculos distintos y las dosis de culpa no se pueden medir tan sólo en la balanza del decálogo; los pesos morales están en sus correspondientes platillos, el de su conciencia consciente y el de la paternidad divina.

La moral no es un elemento estático, sino un proceso en el que los valores pasados se miden constantemente y se ponen a prueba en contextos de vida distintos. A veces, estos valores éticos se vuelven a examinar a la luz de la experiencia de la vida contemporánea; a veces se descubre que ya no resultan plenamente adecuados y hay que readaptarlos a la autenticidad del mensaje de Cristo que, no siendo jamás estático, es siempre original.

En el primer Concilio de Jerusalén los apóstoles escribieron en su carta a sus hermanos de Antioquía, Siria y Cilicia: «El Espíritu Santo y nosotros hemos decidido no imponeros ninguna otra obligación más allá de estas cosas necesarias: que os abstengáis de las carnes ofrecidas a los ídolos, de la sangre y de los animales ahogados y de la fornicación. Haréis bien por tanto en guardaros de estas cosas.» Sin embargo, en la actualidad ningún moralista impondría bajo pena de pecado grave semejantes prohibiciones, consideradas entonces necesarias y dictadas por el Espíritu Santo a través de la revelación apostólica.

El concepto de las buenas costumbres es más dinámico que estático y en él intervienen en distintos grados múltiples elementos de principio y de praxis, de ideologías y de ambientes, de tradiciones y de técnica, de humanidad y de ciencia, de progreso y de involución, de orientaciones y de conductas.

«El Señor se sirve también de la miseria —dice el sacerdote Primo Mazzolari—. Nosotros ignoramos hasta qué extremo un pecado nos aparta momentáneamente de Dios y dónde establece los cimientos del puente para el camino de vuelta.» Y Einstein afirmaba a su manera su creencia en un Dios grande y misericordioso que piensa en todo, y se ocupa de todo y cuya santidad es ajena a la morbosidad de inspeccionar como no sea más que de pasada los testículos del hombre.

San Isaac Siro llegó a decir: «Dios no es justo sino Amor sin límites»; y Esteban Avtandilian, obispo armenio de Tiflis, enseñaba en 1789: «Una tácita tolerancia en cuestiones morales, represensibles, pero no inquietantes en conciencia, puede ser en la práctica más ventajosa que una estéril enseñanza pastoral prohibitiva. De hecho, el Evangelio enseña que si se arrancara inoportunamente una cizaña enraizada desde mucho tiempo que no ha dañado el trigo que tiene al lado, ello podría dar lugar al desarraigo del trigo y a la esterilización del campo. En cuyo caso no conviene inquietar las conciencias de los hombres.»

La lección de san Bernardo

Cada papa tendría que aprenderse de memoria y recitar cada mañana lo que san Bernardo (1090-1153) escribió a su discípulo cisterciense, convertido en pontífice bajo el nombre de Eugenio III, quien le pedía consejo como maestro, para llegar a ser un buen papa. Si, además, el pontífice reinante viniera de lejos y no tuviera la menor idea de los movimientos telúricos de los cimientos de la Curia romana, debería recitar con la misma frecuencia que el breviario lo que escribió Bernardo en su *Consideración IV*.

Eugenio III (1145-1153), a quien jamás se le hubiera ocurrido la posibilidad de convertirse en papa, había elegido la rígida soledad del claustro de los cistercienses para no hundirse en las ataduras mundanas que ya entonces debilitaban a la Iglesia de Roma. Era uno de los mejores discípulos de san Bernardo, llamado también Bernardo, miembro tal vez de la familia de los Paganelli de Montemagno, en la comarca de Asti. A su muerte se le otorgó el culto de beato, confirmado en 1872. San Bernardo sólo accedió a privarse de él para ofrecerlo a la Iglesia con el fin de que la reformara.

Y, cuando su discípulo se convirtió en papa, lo siguió considerando alumno suyo y le impartió las más severas y duras lecciones de vida que se puedan imaginar. Reproducimos aquí los pasajes más destacados, no para tranquilizar a los protagonistas que están provocando la degeneración de la Curia y de la Iglesia de esta época sino para exhortar a los reformadores a emprender la tarea que pedía la Virgen de Fátima.

Ahora hay que reflexionar acerca de las cosas que te rodean. Éstas también están subordinadas a ti, pero, precisamente porque las tienes más cerca, resultan todavía más molestas. En efecto, no podemos descuidar las cosas que nos rodean ni fingir que no las vemos o que las hemos olvidado. Éstas persiguen con más ímpetu, atacan con más furia y cabe temer que nos dejen reducidos a la impotencia. Quiero hablarte aquí de tu congoja cotidiana, la que procede de la ciudad de Roma, de la Curia, de tu diócesis particular. Éstas son las cosas, te lo repito, que te rodean: tu clero, tu pueblo, los que te prestan servicio diariamente y forman parte de tu familia, de tu mesa, los que desempeñan distintas tareas a tu servicio. Todas estas personas te visitan con mayor familiaridad, llaman más a menudo a tu puerta, te apremian con más insolencia. Ésta es la gente que no tiene reparo en despertar a la amada, antes de que ella quiera.

[*Acerca del carácter del clero y del pueblo de Roma.*] Debes juzgar después el desorden especialmente escandaloso que te rodea. Es importante que quienes te rodean sean como el espejo y el modelo de la máxima honradez y el máximo orden. ¿Y qué decir del pueblo? ¿Qué hay de más notorio que el descaro y la obstinación de los romanos? Gente no acostumbrada a la paz, renuente a doblarse a la autoridad como no sea cuando ya no consigue reaccionar.

Ésta es la llaga: a ti te corresponde curarla y no te es lícito disimularla. Quizá me miras sonriendo en la creencia de que la llaga es incurable. Pero no te desanimes; estás obligado a atenderla, no a sanarla. A fin de cuentas, se te ha dicho «cuídalo» y no «sánalo». Dijo bien un poeta: «No siempre es misión del médico que el enfermo recupere la salud.»

Pero ahora hemos llegado al punto crítico y la discusión adquiere un carácter más bien escabroso. ¿Por dónde tendría que empezar para decir lo que pienso? Soy testigo de que no te interesan las riquezas en mayor medida que a tus antecesores. Aquí está el gran abuso: en el hecho de que se empleen de manera distinta. ¿Me podrías citar a uno solo que no te haya acogido como papa sin que haya habido entregas de dinero o sin esperanza de recibirlas? Y ahora, tras haberse declarado servidores tuyos, pretenden todo el poder. Se declaran fieles, pero para poder hacerles daño con más comodidad a los que se fían de ellos. A partir de este momento no tendrás ningún proyecto del que ellos se crean excluidos; no tendrás ningún secreto en el que ellos no se entrometan. ¡No quisiera encontrarme en el lugar de un ujier que hiciera esperar unos cuantos minutos a uno de ellos en la puerta!

Ahora podrás comprobar lo bien que yo conozco el carácter de esta gente. Son muy hábiles cuando obran el mal e incapaces de hacer el bien. Se les odia en el cielo y en la tierra, pero han extendido las manos hacia ambas cosas; son impíos con Dios y desvergonzados con las cosas santas; turbulentos entre sí, envidiosos de los que tienen al lado, sin compasión con los demás; nadie consigue amar a estos que no aman a nadie y, mientras presumen de ser temidos por todos, es inevitable que ellos mismos tengan miedo. No aceptan la sumisión, pero no han aprendido a mandar; son desleales con los superiores e insoportables para los inferiores. No tienen reparo en pedir y se muestran altivos en la denegación. Insisten con engreimiento cuando quieren obtener algo, se muestran impacientes hasta que lo obtienen y son más ingratos cuando lo han obtenido. Han aprendido a llenarse la boca de grandes palabras, pero se muestran mezquinos en su obrar. Son generosos en las promesas, pero muy tacaños en su cumplimiento, acarician en la adulación y son hirientes en la maledicencia; disimulan con el más inocente candor, traicionan con la más experta perfidia.

Me he dejado llevar por esta digresión porque quería abrirte los ojos sobre este aspecto particular de todo lo que te rodea. Volvamos ahora al tema principal. ¿Qué es este sistema de comprar con el botín de las iglesias saqueadas el favor de los que te aclaman? Es la vida de los pobres la que se derrocha por las calles de los ricos. Es cierto que esta costumbre, o más bien este libertinaje, no empezó contigo, y quiera el cielo que contigo termine. Pero sigamos adelante. Te veo avanzar a ti, el pastor, resplandeciente de oro y rutilante de mil colores. ¿De qué le sirve eso a tu rebaño? Me atrevería a decir que éste es más bien un pastizal de demonios que de ovejas. ¿Se ocupaba en estas cosas Pedro, se divertía de esta manera Pablo?

¡Observa el celo con que se comportan los eclesiásticos, pero sólo para asegurarse el puesto! Todo se hace por la carrera, nada o muy poco por la santidad. Si por alguna razón justificada tú intentaras reducir este aparato y ser un poco más accesible, dirían: «Por el amor de Dios, eso no está bien, no es conforme a los tiempos, no es apropiado para vuestra majestad; tened en cuenta la dignidad de vuestra persona.» En lo que menos piensan es en complacer a Dios; acerca del peligro que corre su salvación no albergan la menor duda, a no ser que consideren saludable lo grandioso y apropiado lo que resplandece de gloria. Todo lo modesto es talmente aborrecido por la gente del palacio que sería más fácil encontrar a alguien que prefiriera ser humilde en lugar de parecerlo. El temor de Dios se considera una ingenuidad, por no decir una simpleza. El que se muestra juicioso y cuida de su conciencia es calificado de hipócrita. El que ama la paz y se dedica de vez en cuando a sí mismo es considerado un holgazán.

Pero acerca de estas cosas ya es suficiente lo que hemos dicho. Me he limitado a rozar la muralla sin atacarla. A ti te corresponde, en tu calidad de hijo de profeta, ir más al fondo y tratar de comprender las cosas. A mí no me es lícito ir más allá. Leemos en el Evangelio que los discípulos discutieron entre sí para saber cuál de ellos era el más importante. Serías un desgraciado si a tu alrededor las cosas se hicieran de esta manera.

La Curia ya me cansa y conviene salir del palacio. Nos espera el personal de tu casa que no sólo te rodea sino que, en cierto modo, está dentro de ti. No es inútil reflexionar acerca de los medios y las maneras de reordenar tu casa; incluso diría que es necesario, siempre y cuando no descuides los asuntos de máxima importancia para empequeñecerte en cuestiones de intendencia, perdiéndote casi en minucias. Sin embargo, aunque hay que atender a las cosas grandes, no se pueden descuidar las pequeñas.

Tienes por tanto que buscarte a un hombre que se esfuerce y haga girar la rueda del molino por ti; y digo por ti, no contigo. Pero, si no te es fiel, se convertirá en un ladrón; y, si no es sagaz, le robarán. Hay que buscar por tanto a un hombre fiel y sagaz para ponerlo al frente de tu familia.

Quisiera que establecieras como norma general considerar sospechoso a quien tema decir en público lo que susurra al oído; y si, además, se niega a repetirlo delante de todos, considéralo un difamador y no un acusador.

Aceptamos más fácilmente las pérdidas de Cristo que las nuestras. El riachuelo excava la tierra con su agua; de la misma manera, el fluir de las cosas temporales corroe la conciencia. Muchas deberás ignorarlas, bastantes desdeñarlas y algunas olvidarlas. Hay algunas, sin embargo, que no quisiera que se ignoraran; me refiero a la conducta y a las inclinaciones de algunas personas. Tú no debes ser el último en enterarte de los desórdenes que se producen en tu casa. Levanta la mano sobre el culpable. La impunidad provoca temeridad y ésta abre el camino a todos los excesos. Aquellos que te sean más cercanos llenarán de rumores la boca de todos a no ser que sean más honrados que nadie.

Los obispos tus hermanos *[cardenales, N. del R.]* tienen que aprender de ti a no rodearse de muchachos melenudos o jovenzuelos seductores *[el consabido vicio de todos los tiempos, N. del R.].* Entre las cabezas mitradas no queda nada bien este trasiego de peinados sofisticados *[entonces exactamente igual que ahora, N. del R.].*

Sin embargo, no te aconsejo severidad, sino seriedad. La severidad es constante para los que son un poco débiles, mientras que la seriedad pone freno a los atolondrados. La primera despierta odio, pero, si falta la segunda, se es objeto de escarnio. De todos modos, es más importante en todos los casos el sentido de la mesura. No te quisiera ni demasiado severo ni demasiado débil. En el palacio compórtate como papa y entre los más íntimos como un padre de familia.

Resumiendo, la Iglesia romana, que tú gobiernas por voluntad de Dios, es la madre de las demás iglesias, no su dueña; por consiguiente, tú no eres el amo de los obispos sino uno de ellos. Por lo demás, considera que tienes que ser el modelo ejemplar de la justicia, el espejo de la santidad, el ejemplo de la piedad, el testigo de la verdad, el defensor de la fe, el maestro de las gentes, la guía de los cristianos, el amigo del esposo, el paraninfo de la esposa, el regulador del clero, el pastor de los pueblos, el maestro de los ignorantes, el refugio de los perseguidos, el defensor de los pobres, el ojo de los ciegos, la lengua de los mudos, el sacerdote del Altísimo, el vicario de Cristo, el ungido del Señor y... finalmente, el dios del faraón.

Todas estas pinceladas de Bernardo no son más que el fiel retrato de la Curia romana de nuestros días en sus protagonistas más inmediatos y elocuentes: el Papa, los cardenales, los arzobispos, los dignatarios, los prelados, los trepas, los embaucadores e incluso el trasiego de melenudos varios.

El dossier y el robo selectivo

Pablo VI, que no ocultaba la asfixia del humo satánico en el centro de la Iglesia, se vio obligado a principios de 1974 a crear una restringida comisión oficialmente encargada de estudiar la reorganización administrativa de la Curia romana; en realidad, le confió la secreta misión de averiguar la podredumbre que hervía en la olla.

Se eligió como presidente de la misma a un prelado canadiense tan cabal como recto y sincero, el arzobispo Édouard Gagnon, quien eligió como secretario, o más bien se lo endilgaron, al monseñor alemán Istvan Mester, jefe de la Congregación para el Clero. Ambos pasaron por casi todos los departamentos de la Curia, invitando a los funcionarios a manifestar libremente sus opiniones acerca de sus superiores y de la marcha del despacho.

En cuanto se sintieron a sus anchas, fueron muchos los funcionarios que se atrevieron a denunciar las irregularidades y los delitos que conocían. El material reunido era interesante, casi revolucionario. El presidente de la comisión monseñor Gagnon se pasó tres meses redactando el voluminoso informe que a la masonería vaticana le pareció de inmediato tremendamente grave y peligroso: se mencionaban los nombres y las actividades secretas de ciertos personajes de la Curia. Tenían que inventarse algo para que la relación inquisitorial no llegara al papa Montini, que ya no andaba muy bien de salud. Todo se tenía que hacer con la máxima reserva. Forjaron el plan y lo pusieron en práctica: «*Nessun dorma!*», «¡que nadie duerma!».

Monseñor Gagnon, una vez terminado en todos sus distintos aspectos el duro trabajo de conjunto acerca del resultado conclusivo de la investigación, pidió, a través de la Secretaría de Estado, ser recibido por Pablo VI para exponerle personalmente y de palabra sus reflexiones acerca de ciertos desvíos en el interior del Vaticano. Pasaban los días y la respuesta no llegaba. Al final le comunicaron que, dado el carácter extremadamente reservado del asunto, convenía que entregara todo el dossier del informe a la Congregación para el Clero, donde el secretario monseñor Istvan Mester se encargaría de guardarlo todo en un sólido arcón de doble cerradura del despacho. El valeroso arzobispo no comprendió la razón, pero obedeció la orden.

La mañana del lunes 2 de junio de 1974 monseñor Mester abrió la puerta y de inmediato comprendió que algo había ocurrido en la estancia: papeles esparcidos por el suelo, libros fuera de su sitio, legajos cambiados. Después observó que el gran arcón situado al lado del escritorio tenía las cerraduras desencajadas: en el estante faltaban los expedientes relativos a la investigación llevada a cabo por Gagnon. Dos días a disposición de los ladrones, la tarde del sábado 31 de mayo y el domingo 1 de junio, suficientes para trabajar con calma y discreción en el robo de los documentos.

Para empezar, se impone a todo el mundo el secreto pontificio acerca de lo ocurrido; nadie tiene que hablar. A continuación, son debidamente informados la Secretaría de Estado y el presidente Gagnon, quien, sin sorprenderse en absoluto, promete estar en condiciones de redactar en muy poco tiempo una copia del informe ya redactado. Por toda respuesta, lo dispensan de la tarea y le dicen que, en caso necesario, se lo pedirán enseguida. El mismo jefe de la oficina de vigilancia Camillo Cibin recibe el encargo de llevar a cabo la inspección, haciendo constar en acta el resultado de la misma y enviándolo todo a la Secretaría de Estado. Se informa al Papa del grave robo y de la desaparición del expediente. Entretanto, se haría caer el más absoluto silencio sobre lo ocurrido.

Pero la noticia del robo empieza a circular a primera hora de la tarde del martes 3 de junio: al parecer, unos ladrones habían forzado una caja de seguridad, se insinúa la desaparición de unos documentos redactados por encargo. Los periodistas reciben con escepticismo el desmentido del portavoz de la sala de prensa vaticana, doctor Federico Alessandrini. Los enterados saben que allí, cuando se apresuran a declarar que no saben nada acerca de lo que se dice, significa que hay algo oculto de lo que están al corriente, aunque lo desmientan. Es lo que se llama reserva mental sobre una verdad distinta. No siendo mentira, tampoco es un pecadillo.

La noticia se extiende como una mancha de aceite hasta el punto de que el *Osservatore Romano*, el órgano de prensa casi oficial de la Santa Sede,* es invitado a facilitar una información acomodaticia: «Se ha tratado de un auténtico y vergonzoso robo. Unos ladrones desconocidos han penetrado en el despacho de un prelado y han robado unos expedientes guardados en un sólido arcón de doble cerradura. Un auténtico escándalo.» La logia masónica conoce a los mandados y a los mandantes, que no eran del todo desconocidos para muchos.

La situación de la Curia romana era por aquel entonces muy tensa y la comisión de monseñor Gagnon no contribuyó precisamente a tranquilizar el ambiente. El jefe de un dicasterio extranjero puso de patitas en la calle a cinco miembros de dicha comisión mientras otro cardenal declaró no estar dispuesto a permitir semejante investigación sobre el personal de su dicasterio. Lo cual significa que el dossier debía de contener opiniones y apreciaciones sobre el personal, los superiores y la marcha de toda la Curia. El robo había sido, por tanto, selectivo.

A pesar de que no se lo pidieron, el prelado Gagnon preparó otro informe similar al anterior; pidió ser recibido en audiencia privada por el Papa y una vez más no le fue concedida. Entonces rogó a la Secretaría de Estado que hiciera llegar en secreto el expediente a Pablo VI, pero el paquete tampoco llegó a su destino, pues le habían dicho al Pontífice que los documentos robados ya eran ilocalizables. La conspiración palaciega había decidido mantener al Papa al margen de los trapicheos de la Curia. Monseñor Gagnon,

* El *Osservatore Romano* nace en julio de 1861 por voluntad de Pío IX, con la participación de ilustres seglares católicos. Se considera desde siempre al servicio del pensamiento del Papa y de los dicasterios de la Curia romana. Se lee en todo el mundo por lo que dice y sobre todo por lo que calla.

al verse engañado, consideró terminada su misión de permanencia en Roma, pidió el parecer de personas prudentes y rectas y tomó la radical decisión de regresar a Canadá, donde ya tenía pensada su jubilación. Volvió a su país considerándose un jubilado a todos los efectos. Sin embargo, el papa Wojtyla, enterado de la rectitud del personaje, lo mandó llamar de nuevo a Roma y lo nombró cardenal para poder servirse de sus consejos acerca de la limpieza del ambiente vaticano, desgraciadamente impregnado de dioxina satánica.

«Con lágrimas en los ojos os lo digo: muchos entre vosotros se comportan como enemigos de la cruz de Cristo.»

6

LA CUNA DEL PODER VATICANO

En el último consistorio del siglo XX, al entregar el birrete y el anillo a los veinte nuevos cardenales elegidos por él, Juan Pablo II les pidió en presencia de todo el mundo que lo ayudaran a llevar el mismo timón de la barca de Pedro, ya consciente de que todo se le escapaba de las pocas fuerzas que le quedaban para gobernarla. El Santo Padre tiene que fiarse necesariamente de sus colaboradores, los cuales precisamente por eso se aprovechan.

Aquella investidura coincidió casualmente con el período del carnaval de Viareggio, el 22 de febrero de 1998, en el que desfilaban unos gigantescos muñecos de cartón piedra, caricaturas de personajes famosos. El quinto poder, el de la información y la comunicación, con el don de la ubicuidad, pasaba con indiferencia a representar en la pantalla los ridículos rostros de las carrozas alegóricas, en compañía y competencia con los sonrientes rostros de los satisfechos cardenales de buen ver, antiguos y nuevos, con quienes se intercambiaba cordiales visitas de amistad.

Con aquel discurso, el Pontífice exhortaba en el fondo a todos los cardenales y dignatarios de la Curia a convertirse, pues a la Iglesia actual no le sirven para nada unos personajes alegóricos que se pasan los 365 días del año exhibiéndose triunfalmente por ahí como unos carísimos muñecos morados por fuera y huecos y vacíos por dentro. «El teatro y la vida no son lo mismo», se canta en la ópera *I Pagliacci*; y Dante lo repite como un eco, diciendo: «Y ellos a mí: ¡Oh, criaturas necias, qué gran ignorancia es la que os ofende!»

Un párroco romano, granuja y sincero como pocos, guarda unos actualizados ahorros para zarpar hacia playas más seguras por si, en algún momento, llegaran a sus oídos los rumores de la persecución, pues no se siente llamado a defender a la Iglesia hasta derramar su sangre en lugar de los cardenales y los prelados de la Curia cuyo purpúreo color los debería inducir a dar este testimonio.

El papa más grande del futuro será el que tenga el valor de eliminar del taller de la Iglesia todos los maniquíes revestidos de púrpura que hoy embellecen el aula del colegio cardenalicio. Siempre y cuando sea muy cauto, pues cabe la posibilidad de que Satanás lo expulse primero a él que a los del colegio, con algunos de los cuales mantiene muy buenos tratos.

Según el dicho inglés, los hijos medianos, los nacidos entre los primeros y los últimos, lloran más que sus hermanos para conseguir más. Se trata de todo un entramado de tráfico de influencias que el Papa conoce perfectamente, pero no tiene el valor de utilizar el látigo para expulsar de la Curia a los intrigantes. Ha comprendido que el juego se le está escapando de las trémulas manos, y su pulso es demasiado débil para eliminar a estos entrometidos que él mismo ha revestido de tanto poder. Con su innata socarronería, finge apreciarlos por lo que no son. «Pero, ¿qué puedo hacer? —le confiaba Juan Pablo II a un polaco de confianza—. Son demasiados los culpables y están demasiado encumbrados. No puedo destituirlos a todos y en tan poco tiempo. La prensa hablaría demasiado.» Ya. La cuestión puede esperar. Lo importante es que entretanto no estalle el escándalo.

El papa Wojtyla, echando mano del anuario pontificio, se apunta los nombres y apellidos de toda la camarilla de cardenales y dignatarios intrigantes, omnipresentes en todos los dicasterios de la Curia: Achille Silvestrini, Pio Laghi, Vincenzo Fagiolo, Luigi Poggi, Carlo Furno, Gilberto Agustoni, Dino Monduzzi, Giorgio Mejia, etc., los cuales han heredado y siguen ejerciendo el poder que antaño perteneciera a Baggio y Casaroli. Con semejantes sistemas y compromisos competitivos, la actual «eminenciería» y «excelenciería» vaticana cuenta en sus filas con toda una serie de sujetos de muy baja estofa cultural y escaso valor espiritual.

De acuerdo, dicen algunos vaticanólogos, pero todos esos ocupan los máximos niveles precisamente porque los quiso y los nombró cardenales y obispos el actual pontífice durante su largo pontificado de más de veinte años: hubiera sido más fácil no nombrarlos, en lugar de destituirlos ahora. A todos los papas se les dirige la advertencia que santa Catalina de Siena (1347-1380) dirigía a su dulce Cristo en la tierra: «He sabido aquí que habéis nombrado unos cardenales. Creo que el honor de Dios exige que cuidéis de elegir siempre a hombres virtuosos, lo sabéis mejor que nosotros. Lo contrario redunda en gran deshonor para Dios y en daño para la Santa Iglesia. Rezo para que obréis con energía en lo que tengáis que hacer bajo el temor de Dios.»

Cuando los cardenales prefectos de los dicasterios de la Curia son fuertes y están bien preparados, el Papa puede permitirse el lujo de ser débil. Cuando, por el contrario, los jefes de los dicasterios son débiles y mezquinos en ciertas connivencias, es necesario que el Papa se muestre inflexible hasta llegar al extremo remedio de la destitución.

Tramas insidiosas

Cada vez que se elige a un nuevo papa, especialmente si no pertenece a la Curia, los listos consiguen averiguar de inmediato cuántos y qué canales quedan abiertos para colarse hasta él y atraerlo hacia su bando. A medida que los tabiques van cerrando las entradas que todavía quedaban, descubren la localización de distintas brechas y galerías hasta que, finalmente, logran comparecer ante su presencia, siguiendo otros atajos. Después enseñan al papa a hacer uso de la sagrada desconfianza apostólica, exceptuándolos sólo a ellos, los corderos.

Los cardenales de la Curia saben cómo descubrir las cartas del juego. Para crear un vacío de autoridad en el centro, alientan al papa, cuyo punto débil adivinan, a dejarse arrastrar por el torbellino de los viajes apostólicos, cada vez más numerosos, *«motus in fine velocior»*, incluyendo en su séquito a sus dos colaboradores *a latere* más inmediatos, el secretario de Estado y el sustituto, para que éstos tampoco se entrometan en los asuntos de la Curia. Lo apremian obsesivamente con cuestiones externas a la Curia para reservarse la gestión de las internas y, de esta manera, logran sustituirlo en el gobierno de la Iglesia.

A partir de ahí, los encuentros entre el papa y las multitudes se preparan de la siguiente manera: millones de jóvenes bailando, famosos que acuden por doquier, estridentes músicas de todo tipo. Sin embargo, cuando la providencia decida escribir las cosas de su puño y letra, encontrará la manera de eliminar todas estas originalidades actuales.

¡Oh, qué éxtasis produce en todo momento la contemplación de las multitudes de oceánica inmensidad, los desfiles en las plazas, los trofeos que despiertan el entusiasmo de los que los preparan y del personaje cuyo paso se aclama! Todos los regímenes políticos se han servido de ellas, incluso para justificar la represión y la violencia. Tenemos ejemplos recientes de hace pocos decenios: no es lícito olvidar esta grave lección.

Así pues, cuando regresan de su triunfal *tour de force*, aturdidos por el baño de multitudes mientras resuenan todavía en sus oídos los hosanas de los pueblos delirantes, les es materialmente imposible descubrir las intrigas de la corte, y aunque las intuyeran, serían consideradas asuntos de muy poca monta en comparación con la apoteosis de las masas delirantes, algo así como una simple acumulación de agua de lluvia que no penetra en el alero del tejado.

El verdadero rostro de la Iglesia de Cristo no es la sistemática organización de desfiles dedicados a las distintas franjas de edad y cosas por el estilo, con tal de llenar las plazas a lo largo de todo el año: el día del niño, el de los jóvenes, el de los enfermos, el de los obreros (no el de los desempleados), el de la familia, etc. Eso es un maquillaje de la fachada que oculta las arrugas de la decadencia; exactamente lo mismo que ocurre con la tosca fachada de Maderno de la basílica de San Pedro que, a pesar de los retoques, jamás conseguirá ocultar su mole.

Pero, entretanto, a los pastores los elige esta gente. «Aunque Dios vele por tu rebaño, procura confiarlo a un pastor que lo cuide con desvelo», aconseja un proverbio ruandés. Aprovechando el vacío de autoridad del centro, consiguen preparar montones de expedientes acerca de toda una serie de proyectos y propuestas a cuál más increíble para presentarlos al papa, que, cuando regresa con su séquito, cargado de gloria, pero agotado y distraído, los firma sin darse cuenta de las insidiosas tramas que representan. Conscientes todos ellos de la imposibilidad material de que el anciano pontífice pueda echar un simple vistazo a los nombres que figuran en las notas acerca de las notas de los expedientes.

Al príncipe de las tinieblas le conviene esta política y la promueve, sometiendo a tentación al Cristo místico: «Y, mostrándole todos los reinos del mundo con su gloria, le dijo: Todo esto te daré si, postrándote, me adorares.»

El Concilio Vaticano II, remitiendo a lo dicho por Pío XI y Pío XII, habló, antes, durante y después, de la colegialidad de todos los obispos con el papa en el gobierno de toda la Iglesia, en virtud del principio de la subsidiariedad. A tal fin, Pablo VI, sometido a múltiples presiones, instituyó en 1965 el Sínodo de los Obispos, una asamblea de obispos elegidos por las distintas regiones del orbe que se reúnen periódicamente para discutir y ayudar al romano pontífice a conocer y resolver los problemas y las cuestiones inherentes a la salvaguardia y el incremento de la fe y la moralidad de la vida humana y la forma con la cual la Iglesia tiene que saber penetrar en la vida del mundo.

Es justo que dicho sínodo, que carece de facultad deliberante a este respecto, no pueda dirimir y promulgar leyes sin el consentimiento del papa. Sin embargo, los obispos consideran que dicho sínodo es una mordaza que atenaza e inmoviliza al mismísimo secretario general el cardenal Jan Pieter Schotte (cuya férrea mano y visión ecuménica lo convierten en papable) y a todo el episcopado mundial. Al parecer, quien sujeta la correa de los obispos no es el papa, sino el estamento curial y, en primer lugar, la propia Secretaría de Estado a la que, de otro modo, se le arrebataría su principal golosina.

Puesto que hasta ahora el principio de la subsidiariedad ha sido insuficientemente aplicado, el hábil cardenal Jan Pieter Schotte, considerado el hombre más adecuado en el lugar más indicado, hace todo lo posible para ganar más espacio para el colegio de los obispos de todo el mundo: igual gobierno y responsabilidad de los apóstoles en torno al Maestro Cristo Jesús que, a pesar de ser la Sabiduría infinita y no precisando por tanto de consejos, los invitaba a expresar su opinión acerca de la construcción del Reino de los Cielos, aunque a veces les hiciera algún reproche: «¡No sabéis lo que pedís!»

Más de un obispo patalea al constatar y experimentar tanta delimitación constrictiva. Uno de ellos fue el arzobispo de San Francisco, monseñor John Raphael Quinn, que a los 68 años presentó la dimisión sin animadversión y, a pesar de sus protestas de fidelidad al Papa, puso valientemente en tela de juicio el predominio supraestructural de la Curia romana. Monseñor Quinn invita al Papa y a la Curia a reconsiderar la actual modalidad de ejercicio del primado apostólico, que ya no está en consonancia con el próximo milenio.

Según el Vaticano II, el verdadero concepto de la colegialidad, hoy ejercida *«sub Petro»*, «bajo Pedro», debería entenderse, por el contrario, como *«cum Petro»*, «con Pedro». Por falta de confianza en el Espíritu Santo, el episcopado se convierte en modelo de control inquisitorial, en lugar de ser un modelo de discernimiento. Se impone una reforma de las estructuras, sobre todo en las relaciones entre el Papa, el Colegio de los Obispos y el sistema actual de la Curia romana. Nadie niega al Pontífice, cabeza del colegio episcopal, el derecho a enseñar en la forma y el tiempo que considere oportunos, pero la pregunta es cuándo y en qué circunstancias tiene que ejercer prudentemente semejante derecho.

El talento del cardenal Newman subrayaba sobre todo los aspectos doctrinales del ejercicio del primado, en el que se presta demasiada poca atención a la prudencia que debe presidirlo. Por su parte, monseñor Quinn considera que los obispos de toda la Iglesia no se sienten libres de expresar su opinión al Sínodo romano acerca de ciertas cuestiones en cuya discusión desearían ser consultados, como, por ejemplo, el divorcio, las segundas nupcias, los sacramentos a los divorciados y la absolución general.

En la Iglesia, por tanto, las cuestiones más serias no se ponen realmente sobre el tapete para su estudio y discusión libre y colegial por parte de los jueces y los doctores de la fe, los obispos. Este residuo de mentalidad medieval vaticana se considera un obstáculo insuperable para la apertura de un diálogo confidencial acerca del ecumenismo. Muchos ortodoxos y otros muchos cristianos se muestran reticentes a una plena comunión con la Santa Sede, no tanto por el aparente prejuicio sobre ciertas cuestiones doctrinales o históricas, cuanto por la actitud manifestada hacia ellos por la Curia romana que se presenta más como controladora que como copartícipe en la fe y el discernimiento en la diversidad de dones y de acción del Espíritu Santo.

El bien supremo de la Iglesia no consiste en el control de un modelo político. La verdadera cuestión del primado y de la colegialidad reside en la respuesta a la pregunta «¿Qué es lo que Dios ha querido para Pedro?». Para encontrar la respuesta teológica apropiada tal vez fuera necesario otro concilio que, en comunión con los demás creyentes en Cristo y en fraternal diálogo ecuménico con ellos, tratara valerosamente de encontrarla.

El poder en sí mismo es inocuo. Pero, sumado al interés, se contamina. El ambiente procura conferirle una forma artificiosa, disfrazándolo de honradez. El hombre, tanto el seglar como el eclesiástico, con su amor, sus pasiones, sus aficiones y opiniones, su valor, su afectación y su espontaneidad, se convierte en expresión del ambiente, que a su vez moldea el poder para convertirlo en una especie de prototipo de revista ilustrada de carácter divulgativo. Por consiguiente, el círculo determina y condiciona el comportamiento psicológico de aquellos que se acomodan a vivir en semejante contexto.

El sistema, la ideología y el aparato burocrático arrebatan a la persona su conciencia, la autonomía de la razón, el lenguaje natural y, por consiguiente, su humanidad, y le imponen la túnica supraestructural del ambiente. El maniquí así completado ya se puede exhibir en el escaparate. Los sistemas ejercen el dominio total de un poder hipertrófico e impersonal, fundado en una ficción ideológica, capaz de legitimarlo todo sin tocar jamás la verdad; un poder que nadie detenta puesto que más bien es él el que los posee a todos y los condiciona.

En este contexto hermético, la discrepancia se rechaza cual si fuera una locura. El que tiene el valor de discrepar sabe que lo hace arriesgando su propia situación hasta el extremo de que puede pagarlo con la pérdida de su carrera. Para los demás, es un insubordinado, uno que siembra confusión y, como tal, tiene que ser marginado, alejado y recluido en el desván.

La Secretaría de Estado es la cuna en la que reside y crece el vivero del poder tal y como existe hoy en día en la Iglesia vaticana. Es un ambiente que, para subsistir, necesita adiestrar a sus individuos, siempre elegidos por recomendación e influencias, predestinados a convertirse por lo menos en representantes del papa cerca de los gobiernos de los países que mantienen relaciones diplomáticas con la Sede Apostólica. Es un elegante generador de energías potenciales destinadas a garantizar que nada cambie. Y el hombre que ejerce semejante poder es el cardenal secretario de Estado, con la ayuda del sustituto de la Secretaría y de todo el servicio, interior y exterior, de los dos departamentos.

Todo el mundo sabe que al frente de la Iglesia se encuentra el Papa.* Pero él no la gobierna personalmente; tiene que fiarse de la honradez ajena (siempre sobreentendida, pero no fácilmente demostrable); la que gobierna en la práctica es su Secretaría de Estado, a la cual están sometidos el resto de la Curia romana y el propio Pontífice.

Peligros y riesgos de autoritarismo masificado, nivelación mecánica, disfraz de las apariencias, predominio de intereses particulares o personales, clan de aprovechados; semejante hipertrofia burocrática empobrece la vida social y corre el riesgo de provocar también una atrofia en los sujetos morales, impedidos de ejercer sus responsabilidades personales y de adquirir capacidad de discernimiento en lo social. La sinceridad y la sencillez no son virtudes muy propias de la casa.

Los cadetes que se educan en la pontificia academia eclesiástica de los nobles plebeyos, la original escuela de los predestinados, donde, junto con las lenguas extranjeras, los aspirantes aprenden la elegancia del porte y la altivez del diplomático, la finura en la conversación y la desenvoltura en el trato. El verdadero diplomático de nunciatura se afianza con éxito cuando finge ignorar lo que sabe y demuestra conocer lo que ignora. Tiene que saber espiar escuchando en las antesalas de las potencias amigas, cerca de las cuales ha sido acreditado, echando mano de la inmunidad.

No cae ni una sola hoja que la Secretaría no quiera. Prácticamente todos los jefes de los dicasterios no sólo tienen que estar a las órdenes del secretario de Estado y del sustituto, sino también a las de los vástagos arribistas que en cualquier momento tratan de llegar, y lo consiguen, a cubrir las

* Con dos concisos versos, «Hombre que cuando débilmente/murmuras, eres escuchado por el mundo», el poeta Giovanni Pascoli dio la más genial definición del poder papal.

tejas del palacio, proyectando una molesta sombra sobre los dicasterios de abajo que, de esta manera, se ven desclasados. En realidad, la Curia romana no debería estar a las órdenes de la Secretaría de Estado, sino directamente a las del papa; la dicotomía se advierte cuando algún jefe de dicasterio se muestra reacio a someterse al yugo y no acepta las órdenes y el predominio de aquélla.

En la vida diplomática, dentro y fuera del ámbito vaticano, el crédito tiene mucho valor. Al que vale a juicio de los demás mucho se le concede. De ahí que, aumentando el concepto de su valía, se incremente en último extremo también su sustancia, que a menudo no existe.

Estructura ultraevangélica, pues Cristo no quiso estudiar diplomacia y en el templo dio muestras precisamente de todo lo contrario con un látigo en la mano y sin andarse con demasiados remilgos, por cierto. Es necesario que Cristo vuelva a azotar con el látigo a los mercaderes del templo, transformado en cueva de ladrones.

Su majestad la casualidad

Por aquel entonces, todos sabían que monseñor Roncalli carecía de importancia como escalador entre los que pintaban de verdad y, por este motivo, no se le tenía la menor consideración. Sencillo hijo de campesinos, no estaba al frente de una cordada digna de respeto, ni había sabido juntarse con ningún grupito de dignatarios de esos que se apoyan mutuamente para poder lanzarse a la escalada. Por pura casualidad lo habían designado delegado apostólico de los cuarenta mil católicos de la pequeña Bulgaria.

En el departamento para los Asuntos con los Estados de la Secretaría de Estado, la actuación de aquel delegado apostólico se consideraba poco menos que desastrosa. Tenían que vigilar a monseñor Roncalli, puesto que, con su carácter bondadoso, éste solía adaptar las directrices superiores a las circunstancias del lugar y el momento, echando mano de un comportamiento que se atenía a la máxima de «mirarse sin desconfianza, reunirse sin temor, conversar sin comprometerse». De tal manera que a menudo obligaba a Roma a aceptar hechos consumados, fruto de una actuación a la buena de Dios que no encajaba con los severos procedimientos de las relaciones diplomáticas con el Estado búlgaro y posteriormente con el turco.

Le habían recordado repetidamente que, en su calidad de delegado apostólico, primero en Bulgaria y más tarde en Turquía, no era un diplomático acreditado cerca del Gobierno sino tan sólo un representante pontificio cerca de los obispos y las iglesias católicas locales, aunque la diplomacia otorgara por extensión al delegado apostólico los mismos derechos que correspondían a los diplomáticos. De ahí que con frecuencia tuvieran que insistir en que se atuviera con más fidelidad a las normas del código diplomático. Pero monseñor Roncalli, muchas veces por iniciativa propia, arrastraba a la Santa Sede a unas situaciones que la Secretaría de Estado no compartía en absoluto.

Por aquel entonces, era impensable, por ejemplo, que el representante del Papa mantuviera tratos de familiaridad con los jefes de las iglesias ortodoxas al margen del estricto protocolo, con el fin de evitar las fáciles instrumentalizaciones y los malentendidos. En cambio, aquel delegado, de repente y sin pararse a pensarlo, tomaba a su secretario monseñor Francesco Galloni, que le sucedió en el mismo cargo en Bulgaria hasta su expulsión política en los años cincuenta, y se iba a visitar a este o aquel patriarca o metropolita, los invitaba a comer y mantenía tratos de amistad con toda aquella buena gente. A pesar de no ser nuncio, Roncalli se presentaba en los ministerios para interceder en favor de la pobre gente de todas las creencias religiosas. Para conseguir su propósito, solía decirle al secretario: «¡Don Francè, déles una buena propina a los ujieres de este despacho, así nos tratarán mejor y nos recomendarán ante los que nos tengan que recibir!» Y todo salía a pedir de boca.

Roncalli, dignatario cortés en grado sumo y libre en grado sumo, sabía que no era apreciado en Roma, pero él era tan contrario a las ambiciones, las aspiraciones y los honores, que no se preocupaba en absoluto por todas estas cosas y le importaban un bledo las pompas superfluas, los formalismos y las recepciones de gala. Cuando tenía que visitar a sus superiores de la Curia en Roma, se armaba de paciencia tal como se lee a menudo en su diario, *Diario de un alma*. En la Congregación Oriental, le enviaban casi siempre al funcionario encargado de los asuntos de Bulgaria y Turquía, monseñor Antonino Spina, diciéndole: «Monseñor, ha llegado este charlatán de Roncalli, vaya a ver qué dice; ¡si quiere verme, dígale que estoy ocupado!» Y, sin embargo, reconocían su suprema dulzura, la íntima cohesión de su capacidad de dominio de sí mismo, la extrema facilidad con la cual penetraba en lo más hondo de su espíritu y su capacidad para la oración.

En la Secretaría de Estado estaban esperando la ocasión para apartarlo de su cargo diplomático, anticipándole un inmerecido descanso de jubilado allá en su pueblo de Sotto il Monte. Era sólo cuestión de tiempo. Por allí el viento soplaba contra él; pero Roncalli iba a lo suyo: «¿Y a mí qué me importa? ¡Mejor!», le confesaba a monseñor Francesco Galloni.

Sólo que por aquellos años, en París Charles de Gaulle no se llevaba muy bien con el nuncio apostólico monseñor Valerio Valeri a propósito de los treinta obispos franceses que, según decía el general, habían colaborado con el gobierno de Pétain, por cuya razón él quería que dimitieran. Como es natural, el Vaticano se guardó mucho de acceder a semejante deseo y ordenó al nuncio que se opusiera firmemente. Las relaciones con la Santa Sede habían llegado al límite de la ruptura, hasta el extremo de que De Gaulle había solicitado y conseguido la retirada de monseñor Valeri, a quien, llamado a Roma, el Papa le anticipó la púrpura cardenalicia.

Al Vaticano no le había gustado el comportamiento de De Gaulle y, por despecho, demoraba la difícil designación del nuevo nuncio. La quisquillosidad del presidente francés convertía la mencionada designación en un verdadero quebradero de cabeza. En la Secretaría se preguntaban qué representante pontificio podría ser de su agrado. ¿Cómo resolver la cuestión? En aquellos momentos no disponían de ninguno que fuera adecuado. Para De Gaulle aquel prolongado retraso en la designación era una amarga represalia diplomática muy difícil de tragar.

Un día el presidente francés recibe las cartas credenciales del embajador de Turquía y, tras la protocolaria ceremonia oficial, en la conversación privada, ambos comentan las dificultades diplomáticas con que tropieza un jefe de Estado cuando, en su mismo territorio y con los mismos ciudadanos, se producen conflictos de intereses que afectan al poder de dos potencias distintas, como, por ejemplo, en el caso de la Santa Sede. El comentario viene como anillo al dedo. El Gobierno turco, precisamente para combatir aquella norma diplomática contraria al Corán, se ha enemistado con medio mundo, incluido el Vaticano.

—¿Cómo actúan ustedes? —pregunta De Gaulle con gran interés.

—Mi Gobierno —contesta el diplomático turco— actúa según sean los personajes que representan a la Santa Sede y a los cuales, aunque lo hagan a través de una delegación y no de una nunciatura, se les concede toda la importancia que corresponde a una de las más influyentes potencias internacionales. El actual delegado apostólico, por ejemplo, es uno de los mejores que hemos tenido, monseñor Giuseppe Roncalli: bueno, humano, disponible y astuto como todos los curas.

De Gaulle toma nota. Pide que le cuenten otras anécdotas, como la de los trescientos niños declarados bautizados por Roncalli para ponerlos a salvo, y da por finalizada la audiencia. Dos horas después se envía un mensaje cifrado desde París al Vaticano en el que se manifiesta el agrado del Gobierno francés por el delegado apostólico en Turquía en caso de que el Vaticano tuviera a bien nombrarlo nuncio en París. Hábil estocada: uno a uno. El anzuelo de la apro-

bación a cambio de la designación. Monseñor Domenico
Tardini, del departamento de Relaciones con los Estados Extranjeros, que tenía una impresión totalmente negativa de
aquel delegado chapucero y parlanchín, se queda de piedra
ante la propuesta de París. Dadas las tensas relaciones con
Francia, monseñor Roncalli no podría estar a la altura de la
delicada y compleja situación del momento, allí donde los
más hábiles diplomáticos se habían llevado un chasco. Una
rareza más que añadir a la lista del Elíseo. Se toma la decisión
de dar largas al asunto y demorar la respuesta.

Eran los primeros días de diciembre de 1952, no faltaba
mucho para la Navidad. De Gaulle tenía que recibir la felicitación del cuerpo diplomático, presentada según los acuerdos de Viena por el nuncio apostólico decano del cuerpo
diplomático, todavía no designado. En su defecto, lo hubiera
tenido que hacer el vicedecano que, casualmente, era el embajador ruso, acérrimo comunista. De Gaulle era la ultrade-
recha. Por aquel entonces guardar las formas era esencial.

El cuerpo diplomático estaba al corriente de aquella
humillación. De Gaulle se lo comunicó al Vaticano para que
actuara en consecuencia. No había tiempo que perder. Tardini, acuciado por las presiones, envía un mensaje cifrado a
monseñor Roncalli en Estambul, rogándole que se apresu-
re a regresar a Roma para, desde allí, trasladarse a la nunciatura apostólica de París en calidad de nuncio en Francia.
Roncalli, a quien habían llegado insistentes rumores acerca
de su apartamiento de la diplomacia, pensó inmediatamente que se trataba de una broma de mal gusto por parte de
algún guasón. En su ingenuidad, contestó cándidamente que
le había hecho mucha gracia la broma y aprovechaba para
desear felices Navidades y un feliz Año Nuevo. A veces, el
ingenuo es más refinado que el provocador. Esta vez monseñor Tardini tuvo que ser más explícito y se apresuró a decirle que la cosa iba muy en serio y que era necesario su urgente traslado antes de Navidad. Tenía que darse prisa.
Roncalli se trasladó de inmediato.

El papa Pacelli le recomendó que tuviera mucho cuidado con lo que dijera en su discurso inaugural a principios de año; es más, le aconsejó que, antes de leerlo, lo presentara para su revisión a la Secretaría de Estado. Monseñor Roncalli prometió hacer todo lo que pudiera, pero no tuvo tiempo de ordenar las ideas para redactar un borrador.

Una vez en París, una de las primeras tareas de Roncalli fue visitar al vicedecano, el embajador ruso, quien lo invitó a cenar. Entre plato y plato y entre copa y copa, entre bromas y veras, las relaciones no tardaron en adquirir un cariz amistoso y fraternal. Monseñor Roncalli aprovechó la ocasión y le preguntó a quemarropa a su amigo ruso:

—Usted, señor embajador, ¿qué hubiera dicho en su felicitación si yo no hubiera llegado a tiempo?

¡Excelente jugada! El embajador vicedecano depositó el papel ciclostilado en las manos del nuevo decano, éste le suavizó las aristas, lo completó y, con todo el énfasis del neófito, lo declamó en presencia de De Gaulle y de todos los embajadores del cuerpo diplomático acreditado en Francia, quienes se quedaron asombrados ante la fina sensibilidad de experto diplomático con que el nuevo nuncio había tocado los puntos más destacados del discurso. Sólo el ruso se reía para sus adentros.

La enhorabuena se extendía también al presidente De Gaulle, que de aquella manera se salvaba de sus adversarios de la otra orilla del Tíber. Fue tal su satisfacción que los treinta obispos no fueron defenestrados. Las relaciones con la Francia gaullista adquirieron un carácter más conciliador. El nuncio Roncalli actuaba de enlace en todas las circunstancias delicadas entre la Santa Sede, Francia y los demás países del Este cuyos problemas políticos se resolvían gracias a la intervención del bonachón y sonriente nuncio, muy apreciado al otro lado del Telón de Acero.

Cuando llegó el momento de sustituirlo, ya muy entrado en años, el papa Pacelli lo nombró patriarca de Venecia y cardenal (1956), y allí hubiera terminado sus días, una carrera que él mismo jamás hubiera podido soñar. En la Curia todos decían: «¡Que disfrute de lo que ha conseguido, aunque no lo haya pedido! ¡Un viento de popa excesivamente benévolo!»

Al morir Pío XII, se abrió el abanico de las candidaturas: el patriarca de Venecia ocupaba el último lugar, en calidad de *quinta ratio*, un papa de transición dados sus setenta y seis años de edad. El primer candidato era el patriarca armenio cardenal Gregorio Agagianian, una impresionante figura de pastor y de asceta que, originario de Oriente, había pasado buena parte de su vida en contacto con Occidente en la Curia romana, cuyos entresijos conocía muy bien. Pero todos sabían también que el que entra en el cónclave como papa, sale cardenal.

Sin embargo, el Sacro Colegio consideró oportuno elegir a un cardenal anciano que no molestara demasiado y que dejara para su sucesor el considerable *aggiornamento* que la Iglesia necesitaba urgentemente. Al tercer escrutinio fue elegido Giuseppe Roncalli, que tomó un nombre que nadie esperaba, Juan XXIII. Monseñor Tardini, que lo tenía en muy poca estima y ahora lo veía convertido en papa, se esperaba una destitución fulminante; pero Roncalli lo nombró cardenal y lo convirtió en su secretario de Estado.

Desde sus primeras apariciones, Juan XXIII se manifestó ante el mundo como el auténtico profeta que era: enraizado en su época. Estimulado, iluminado y alimentado por las riquezas históricas del pasado, preparó e inauguró el Concilio Vaticano II, cuyas aperturas y realizaciones previó.

Federico el Grande en una carta a Voltaire sentenció: «Su Majestad la casualidad hace tres cuartas partes del trabajo en este miserable mundo.» Pero esta vez fue el Señor quien le hizo las cuatro partes a Roncalli.

La colada del pasado

Dos monseñores unidos por una estrecha amistad, uno italiano y el otro norteamericano, trabajaban en la Secretaría de Estado en plena armonía y acuerdo. A principios de los años sesenta adquirieron un apartamento y decidieron irse a vivir juntos en plena armonía, con un ama de llaves que los atendiera.

El monseñor norteamericano se había dejado tentar por pequeñas dosis de drogas blandas que más tarde se convirtieron en ligeramente más duras. Su amigo el monseñor italiano trataba de disuadirlo por medio de la vigilancia. Sin embargo, en tales cuestiones, una cosa es prometer y otra dar trigo. En ocasiones cada vez más frecuentes, la gente sorprendía al prelado norteamericano indispuesto y tumbado en el suelo de las paradas de los autobuses, otras veces lo recogían desmayado y lo llevaban a urgencias, donde su amigo el prelado italiano lo iba a recoger a toda prisa para llevarlo a una privadísima clínica de confianza, en la que su nombre jamás se anotaba en el registro.

En el despacho, el italiano decía que su amigo americano había regresado a su país por enfermedad de un familiar y a los vecinos de su casa les decía que había tenido que emprender un viaje en misión secreta; de esta manera, la cuestión se llevaba con la más estricta discreción. Pero no eran pocos los que sospechaban ante estas repentinas ausencias. Cuando por la mañana el monseñor italiano iba a celebrar la misa a una institución religiosa, el monseñor norteamericano celebraba en casa la suya. A menudo, el efecto de la dosis de droga no se le había pasado del todo y la liturgia doméstica, más que para él, se convertía en una penosa experiencia para los que asistían a ella: en un amodorrado duermevela, se pasaba el rato eructando y se saltaba a menudo los momentos sagrados más importantes, incluso la misma consagración.

A pesar de algunas cartas «de carácter amoroso» escritas por el prelado americano a una amiga y publicadas en la prensa, gracias a que su nombre figuraba en el libro blanco de la oficina de personal, el poderoso monseñor italiano supo defender de tal manera su propia causa y la de su amigo que no sólo él sino también su amigo fueron nombrados nuncios y llegaron a pisar nunciaturas de lo más prestigiosas. Una vez muerto el monseñor italiano, el amigo americano sigue disfrutando con todo honor de su pensión de embajador.

O sea que en la Secretaría de Estado el pasado de los que están destinados a la carrera diplomática se lava en una colada tan deslumbradoramente blanca, que más blanco, imposible. Se recupera toda la blancura de la estola bautismal. Por lo demás, la suciedad que no se consigue eliminar no se divulga; y todo vuelve a estar limpio.

Sobre los predestinados está prohibido recabar una información considerada suplerflua, pues su pasado es ceniza. Sin embargo, el predestinado no tendría futuro si el humo del pasado no siguiera ardiendo como las brasas bajo la ceniza.

7

EL DICASTERIO DONDE SE AFILAN LOS OBISPOS

La Curia romana posconciliar se ha vestido de internacionalidad, como si semejante cosa fuera un nuevo descubrimiento. En otros tiempos eso se llamaba exterofilia. La Curia siempre ha sido internacional, tanto en los vértices como en la base, es decir, católica. Con la diferencia de que antes tanto los italianos, gente de gran amplitud de miras y de perspectivas cosmopolitas, como los procedentes del extranjero empezaban el noviciado desde cero.

En cambio, ahora los extranjeros modernos no son muy partidarios de seguir todo el recorrido y aspiran a los puestos de más prestigio y de mando saltándose las etapas y, como inexpertos que son, dejan que les devane los ovillos aquel ochenta por ciento de excelentes y santos funcionarios ocultos en el anonimato de los que hemos hablado al principio y que Juan Pablo I definió «el aparato indispensable del reloj que sabe indicar la hora apropiada en la historia de la Iglesia». El remedio está resultando ser peor que la enfermedad, un puro farol.

Los nuevos superiores extranjeros, los polacos sobre todo, convencidos de ser unos expertos conocedores de nada, se dejan manipular en el ejercicio del mando por sus monseñorones secretarios factótums, que se las dan de amos. Es el habitual reinado de los vasallos, a las órdenes de los señorones prelados de turno que llegan casi siempre a sus puestos de mando mal preparados y escleróticos, sujetos por la correa de sus servidores. De esta manera, el último maletero que llega usa y abusa de su superior incluso en cuestiones de importancia capital, no sólo en lo tocante a los ascensos sino también a las destituciones.

Todos saben que la Iglesia es de Cristo, pero Dios la alquila a los valientes. Sin embargo, los arribistas se apresuran a tomar enfitéuticamente posesión de ella para roturarla a su manera y de por vida.

Excelendas, Excelencias y Exceladronas

Después de la Secretaría de Estado, el dicasterio-clave de la Curia, antiguo feudo absoluto del cardenal Sebastiano Baggio, es precisamente la congregación encargada de hacerle nombrar obispos al Papa, lo cual es un decir, teniendo en cuenta que el pontífice firma únicamente el primer nombre cuando hay una terna y todo lo demás ya lo han pactado los jefes de la cordada. Se trata por tanto de un dicasterio de la máxima importancia, punto estratégico del poder de la Iglesia, sobre todo ahora que, con el Sínodo de los Obispos, se tiende a sustraer al Papa el mayor poder posible, por lo menos en Occidente por parte de los obispos de rito latino.

Según el método actualmente en vigor, para llegar al episcopado los aprobados se pueden clasificar en las siguientes categorías:

a) Las *Excelendas*, título atribuido a las personalidades eclesiásticas que destacan realmente por su santidad y por sus cualidades de estudio y de ministerio pastoral; sacerdotes a la altura del episcopado, en posesión de licenciaturas diocesanas o curiales, considerados sobrantes por su propio superior de medio pelo; hombres tenidos por santos por la mayoría, por más que hayan sido descartados; o que han rechazado el nombramiento por considerarse indignos de él.

b) Las *Excelencias*, es decir, los dignatarios que son nombrados obispos aunque hayan hecho poco o nada para obtener el nombramiento, una lista muy breve, por cierto.

Muchos de ellos tienen incluso la modestia de no considerarse a la altura de la misión que les ha sido confiada.

c) Finalmente, la larga lista de las *Exceladronas*, título adquirido por la furtiva manera con que han alcanzado la dignidad eclesiástica, a golpe de *do ut des*, «te doy para que me des»: amistosas atenciones hacia los que están arriba, donaciones prelaticias, guiños y prestaciones de todo tipo, crucifijos de oro como regalo de cumpleaños y hasta valiosas bandejas repujadas para los influyentes amigos del amigo. Se muestran altivos y orgullosos de haber llegado *quomodocumque*, a toda costa y de la manera que sea. Incluso por medio de furgonetas llenas a rebosar de víveres por la intercesión del padre Pío, gracias a los cuales reciben como agua de mayo el ascenso al episcopado, aunque sea con efecto retardado.

Las excelencias y las eminencias son excrecencias bubónicas en el secular árbol desnudo de la verdadera Iglesia de Cristo. Cuando afirman no haber hecho nada para obtener el nombramiento, siembran en los oídos de quienes les escuchan la duda sobre la posibilidad de que, bajo mano, otros puedan hacer y hagan siempre algo para obtenerlo. Sólo ellos han recibido inesperadamente y como llovido del cielo el nombramiento episcopal, que aceptan tan sólo para someterse a la voluntad de Dios; pero, debido a los enredos y subterfugios, el nombramiento no puede por menos que haber sido de carácter fraudulento.

Entretanto, el dignatario que lo ha empujado se esfuerza por su parte en convencer a todo el mundo de que él «siempre sacude las manos para no aceptar regalos»; siempre que sean de poca monta, murmuran por lo bajo quienes lo conocen. Se trata, como es natural, de paradojas de un círculo en el que los prejuicios de los malpensados siempre quedan confirmados por los hechos que posteriormente se producen.

Muy pocos son los que en este lapso de tiempo posconciliar reciben el premio por su mérito personal. Casi todos son ascendidos gracias a descarados chanchullos y prestaciones de todo tipo.

Muchas mitras sin cabeza

La forja natural en la que antes del Concilio tenía lugar la gestación y el nacimiento de un obispo era precisamente la Congregación de los Obispos, en colaboración, para los países de rito latino, con el dicasterio de la Propagación de la Fe. Los de rito oriental utilizan otro sistema en el que tampoco faltan los enredos y las connivencias.

Pues bien, después del Concilio Vaticano II, la afiladura de los candidatos al episcopado se produce en dos momentos y a dos niveles consecutivos, es decir: en las distintas conferencias episcopales, tanto nacionales como regionales, de común acuerdo con el nuncio apostólico del país; tras lo cual, los trámites pasan al correspondiente dicasterio de Roma, que examina la posible existencia de algún grave impedimento en los nombres de la terna de los candidatos sometidos a la aprobación del Sumo Pontífice.

La nueva disposición posconciliar actualmente en vigor está revelando sus puntos débiles relacionados con posibles obrepciones, subrepciones y sobornos que falsean o silencian la verdad sobre el candidato al que se desea promover. Habría que delimitar y controlar mejor las interferencias.

Con esta nueva normativa, el peloteo de las responsabilidades entre la conferencia episcopal, el nuncio y el dicasterio romano se trenza a menudo con descarada habilidad. Sobre todo en presencia de ciertos episcopados nacionales, celosos de su autonomía y defensores de sus derechos de elección, los nuncios tienden a lavarse las manos para no dañar su propia carrera, precisamente en los casos en que la verdad acerca del candidato propuesto por ciertos obispos resultara ser otra.

Por consiguiente, desde hace unos treinta años, la Iglesia elige los obispos que se merece y cuenta con muchas mitras sin cabeza, prolongación del vacío y tapadera de la presunción que hay debajo; y guarda en el cajón muchas cabezas sin mitra.

Es preciso revisar y perfeccionar la cuestión del nombramiento de los obispos de tal manera que el método obedezca a una participación de toda la Iglesia y no sólo de la jerárquica. El derecho divino sólo exige la presencia de un obispo en cada Iglesia local; la forma en que se elijan los obispos corresponde al derecho humano eclesiástico cuyo ejercicio a lo largo de los siglos ha presentado distintas formas jurídicas. Hasta el año 1829, la política de la Santa Sede era la de dejar la cuestión del nombramiento de un obispo para una sede vacante a los obispos de la región circunstante. A la muerte de León XII (1823-1829), de los 646 obispos diocesanos que había sólo 24 eran nombrados directamente por la Santa Sede, fuera del Estado pontificio; y estos nombramientos directos se debían en general a las dificultades de ciertos países como Albania, Grecia o Rusia.

En la actualidad, al Papa no se le cuenta todo, sino tan sólo la conclusión acerca del preferido, que es casi siempre el primer candidato de la terna. Sobre el papel, el candidato es descrito como un dechado de perfecciones, aunque en la práctica lo sea mucho menos e incluso mucho peor. Como ya se ha dicho, los expedientes que se presentan al Papa son de tal envergadura que éste no tiene tiempo material, pues deliberadamente se le limita, para poder examinarlos aunque sea a grandes rasgos. Ante la necesidad de tener que fiarse de los demás, el Papa se limita a estampar la sigla y la fecha, y es así como se obtiene la aprobación papal al nombramiento del recién elegido obispo. Muy poco, ciertamente, para garantizar que el elegido esté a la altura de la misión que se le quiere encomendar en la diócesis o en la Curia romana. Y mucho menos para cerciorarse de que no pertenezca a alguna logia masónica o mantenga contactos y relaciones con el mundo del hampa.

No es exacto decir que el Papa toma decisiones. Su firma basta únicamente para que los listos la puedan imponer como codicilo dogmático ligado a la infalibilidad papal. ¿Cómo podría el Papa ejercer con eficacia tan siquiera aproximada el necesario control de los cinco mil nombramientos episcopales? Lo único que puede hacer el Sumo

Pontífice es fiarse de sus colaboradores. Nacen así las concentraciones malsanas de poder en un hinchado aparato centralizado, dirigido por unos clanes de prelados que a menudo no son los mejores. La información sólo es creíble cuando es autorizada, está por encima de las partes y no es tendenciosa; de lo contrario, se halla en realidad más cerca de los enredos y la corruptela.

Pío XI, el papa Ratti, terror del Duce Mussolini, antes de dar el visto bueno al nombramiento de los obispos, utilizaba información procedente de otros canales. A un eminentísimo que seguía insistiendo en ensalzar las grandes cualidades de un protegido suyo al que deseaba convertir en obispo a toda costa, aquel enérgico Papa le replicó con gran agudeza y valentía: «¡Señor cardenal, no tendría nada en contra de su candidato, si quien lo presentara no tuviera tanto interés como Vuestra Eminencia pone de manifiesto!»

La amplísima visual del dicasterio antes del Vaticano II estaba en condiciones de situarse por encima de las partes y conseguir encontrar personalidades e individuos cualificados para los distintos cometidos en el seno de la Iglesia. De esta manera, se nombraba para el gobierno de la diócesis o de la Curia a excelentes personalidades a la altura de las misiones que se les confiaban. Basta recordar las nobles y santas figuras del episcopado italiano y europeo de las últimas décadas del siglo pasado y las primeras del actual, muchas de ellas elevadas al honor de los altares o con probabilidad de serlo.

En esta última década se ha registrado una inversión de la tendencia a este respecto. Ya en 1984, por ejemplo, el episcopado de Francia, con un acertado neologismo, *recentrage* («recentramiento»), invitaba a regresar tanto a la centralidad de Roma como a la del obispo con su diócesis. Actualmente, el punto de vista está restringido al ámbito territorial en el que cada conferencia episcopal, a menudo regional (como en Italia, España, Francia y Latinoamérica), lleva a la práctica sus decisiones, casi todas ellas adoptadas por el ramillete de sus preferidos.

La mayor parte de las opciones suele ser casi siempre

interesada y competitiva. ¿Quién no sabe que el secretario-chófer del obispo diocesano tiene un elevado porcentaje de probabilidades de concentrar sobre su persona el ascenso al episcopado por encima de otros? Se trata casi siempre del joven sacerdote ambiciosillo que se ofrece al obispo para hacerle de chófer-secretario-factótum a la espera de un futuro agradecimiento del prelado obispo al que durante tanto tiempo tan eficazmente se ha servido.

En todas las conferencias episcopales, unas asambleas no homogéneas y muy poco amalgamadas, difícilmente los obispos presentes ponen reparos a los candidatos por temor a ser considerados minoría. Cuando se pasa a la votación, se trata simplemente de una formalidad ritual. El voto sobre el candidato, al que la mayoría de las veces no se conoce, se otorga como deferencia al obispo que lo propone y se sobreentiende como devolución de un voto en agradecimiento a un favor anterior para la promoción del candidato del otro.

Por consiguiente, la criba de los eventuales candidatos se lleva a cabo casi de manera fiduciaria, *in verbo tuo*, fiándome de tu palabra: en la recta final hacia metas superiores, no se sitúan los hombres dignos y santos que desdeñan los exhibicionismos externos, sino los más ávidos de éxito y de poder. Difícilmente una personalidad culta y de vida santa recurre a semejantes compromisos con su obispo, aunque sepa que, obrando así, sus posibilidades de promoción son mínimas, por no decir nulas.

Cuando un obispo se sirve en demasía de semejante sacerdote factótum, es obvio y natural que el mencionado servidor condicione a su superior para la consecución de sus fines. Al cabo de diez o quince años de simbióticos e interesados servicios, al obispo ya no le resulta fácil prescindir de él sin una adecuada y agradecida recompensa. Y, en caso de que el obispo evite el compromiso, el mismo que le ha servido se lo recuerda primero de manera soterrada y después con claridad meridiana.

A un desmemoriado cardenal prefecto que había prescindido de su secretario particular, éste le recordó que sus largos servicios no habían recibido la adecuada recompensa, que había de consistir por lo menos en un nombramiento episcopal. Puede que el cardenal lo hubiera intentado en vano, dados los antecedentes de su servidor. Cuando el avergonzado purpurado le replicó que no había que aspirar a ciertas metas, el monseñor recordó sin ambages al fatuo cardenal que, cuando su nombramiento episcopal y cardenalicio tardaba en llegar, él había estado a punto de sufrir un infarto a causa de la ansiosa espera y que él mismo había tenido que calmarlo, exhortándolo a tener un poco más de paciencia y a confiar en el Papa. Ahora no estaba dispuesto a escuchar un sermón desde aquel púlpito.

A veces ocurre, sin embargo, que la fría indiferencia del poderoso se desprende del instrumento que ya no necesita y, librándose de cualquier obligación de recompensa, encuentra la manera de hacer que el que hasta entonces lo había servido con una finalidad muy concreta se sienta en mal lugar, lo cual constituye una embarazosa situación en sentido inverso.

De una conversación entre dos obispos antes de reunirse al día siguiente en la conferencia, se cita lo siguiente: «Eminencia, ¿recuerda la última vez que me pidió que lo apoyara en la votación de su candidato? Esta vez quisiera rogarle que hiciera usted lo mismo para mi secretario, una persona excelente como candidato al episcopado. Hace casi quince años que me sirve también como chófer y puedo dar fe de su incondicional disponibilidad al servicio de la Iglesia *[a la que el obispo creía representar, N. del R.]*... Comprenderá usted, Eminencia, que hay que premiar a estos sacerdotes por su entrega al obispo. ¡Imagínese si hubiera tenido que echar mano de un seglar para semejante servicio durante todo este tiempo! Qué ahorro para la diócesis.»

Alguien que estaba presente en la conversación telefónica comentó para sus adentros: «¡Todos los servicios tienen un precio!»

Es un juego de intercambio y reciclaje de votos antes de que los propios obispos se reúnan en la sede de la conferencia episcopal para contabilizar los puntos de su favorito; de lo contrario, se abandona el intento a la espera de poder proponerlo de nuevo en otra ocasión. Ciertas cumbres de conferencias episcopales ya están previamente amañadas y se desarrollan con prisas y sin entrar en detalles. Más acuciantes y condicionantes resultan las intrigas de ciertos religiosos dispuestos a vender su alma con tal de ganarse el favor de su Curia generalicia o provincial y todos los respaldos posibles e imaginables de los sectores legítimos e ilegítimos, éticos y no tan éticos. Ciertos religiosos sin ninguna posibilidad de ascenso se lanzan de cabeza, sabiendo que ya no tienen nada que perder, pues ya lo han perdido todo.

Tal como en otro lugar se ha señalado, las informaciones se controlan hábilmente hasta el extremo de guiar a los tiradores de precisión para que digan exactamente lo que ellos quieren para sus propios fines. A continuación, se espulga únicamente lo estrictamente necesario para promover o bien rechazar la candidatura. Un cóctel de medias verdades y medias mentiras suficiente para promover a los menos dignos o bien para depurar a las mentes más brillantes y a las personalidades más destacadas.

Ninguna investigación seria podría anular el vientecillo difamatorio de los síes y los peros, tanto a favor como en contra. Ya son muy pocos los que consideran tendenciosos, difícilmente imparciales, autorizadamente creíbles y fiables semejantes informaciones. Los datos sobre los «episcopables» están precocinados en su justo punto y los datos preparados por los expertos en tales actividades son comunicados por el ponente a los demás miembros del dicasterio o de las respectivas conferencias episcopales que toman pasivamente nota de ellos.

¿Qué valor atribuir a ciertas votaciones que se producen tanto en el ámbito de estos dicasterios que crean obispos como en las distintas conferencias episcopales o similares? ¿Poseen un valor específico que las haga creíbles? ¿Se puede considerar que todos los participantes son conscientes de las responsabilidades que asumen? Los interrogantes son muy graves y exigen una autorizada respuesta adecuada a la gravedad del asunto.

Según el cardenal Joseph Ratzinger, una votación sólo puede encontrar la verdad, no producirla. Sería como sustituir el poder de la verdad por la verdad del poder. La unanimidad de los votantes no puede crear ni constituir la verdad, sino que debería ser tan sólo un testimonio del hecho de haberla señalado.

Una vez aclarado este punto, se deduce de ello que una conferencia episcopal no puede votar acerca de la verdad de algo, como si, en virtud de su voto, lo inverosímil se pudiera convertir en algo concreta y verosímilmente avalable.

En muchas conferencias episcopales, el espíritu de grupo, tal vez la voluntad de vivir tranquilos o incluso el conformismo, llevan a la mayoría a aceptar las posturas de emprendedoras minorías firmemente decididas a seguir unos determinados caminos previamente establecidos. La mayoría amorfa se agrupa con ficticia unanimidad en torno a unas palabras polivalentes de significado extremadamente heterogéneo, como diciendo: «Nosotros no creemos en lo que votamos, pero votamos, siguiendo el criterio de lo que vosotros, la minoría, esperáis.» Tengamos por seguro que a los componentes de esta amorfa mayoría jamás se les pasará por la cabeza la idea de divertirse, jugando a los francotiradores. ¡Dios los libre de ganarse la enemistad de los poderosos del clan, por muy minoritario que éste sea!

Y Ratzinger, a propósito de esta conjura del silencio, añade: «Conozco a obispos que confiesan en privado que hubieran decidido otra cosa y no lo que se hizo en la conferencia, si hubieran tenido que decidir por su cuenta. Aceptando la ley del grupo, se evitaron la molestia de parecer "aguafiestas", "retrógrados" o "poco abiertos"... Parece muy bonito eso de decidir siempre "juntos". Pero cuántas veces esta forma de unión corre el peligro de perder el "escándalo" y la "locura" del Evangelio, aquella "sal" y aquella "levadura" hoy más que nunca indispensables para que un obispo, investido de responsabilidades muy concretas hacia la Iglesia de los fieles, sea la persona exacta y adecuada para resolver la gravedad de las crisis recurrentes.»

En otras ocasiones se registra el caso concreto de ciertos obispos que comparten los mismos objetivos de algunos sacerdotes suyos de indomable ambición y que, para que éstos los puedan alcanzar, los envían a licenciarse a alguna universidad pontificia de Roma con el fin de obtener una puntuación más elevada a favor de su candidato cuando llegue el momento de proponerlo. Mark Twain dio en el clavo cuando escribió: «La coliflor no es más que una berza que ha estudiado en Harvard.» Algunas botellas vacías precintadas en Roma las veremos mitradas por el voto de la conferencia, un voto tan secreto que ya se establece sobre el papel, en la mesa o por teléfono. Tanto en el propuesto como en el proponente, el afán de medro, la carrera, las preferencias y las opciones compiten al mismo ritmo.

En el mercado de los monseñores

En un colegio romano muy exclusivo, tres sacerdotes indios muy amigos compartían estudios y aficiones, incluso eróticas. Hacia las tres de la madrugada se despertaban para ver programas de televisión, tanto homosexuales como heterosexuales, muy atrevidos y anotaban las distintas direcciones de citas, aparte de los recíprocos intercambios de amistades particulares.

Espiados y vigilados por uno de sus correligionarios, éste se reservaba el derecho de sermonearlos, pero jamás los denunciaba a quien correspondía.

Una vez de regreso en su país, dos de ellos se convirtieron de inmediato en obispos, primero auxiliares y después diocesanos; el tercero, religioso, ha tenido que esperar unos cuantos años más. Hasta ahora, nadie ha tenido nada que objetar acerca de su conducta pastoral; se comenta en susurros la benevolencia con que tratan a ciertos jóvenes clérigos complacientes.

Un religioso enfermo de episcopitis aguda consiguió hacerse nombrar administrador apostólico de una comunidad de un centenar de católicos en un país islámico. Su frenesí lindaba con lo patológico y el servilismo acompañaba cualquier generoso donativo pecuniario con sabor de corruptela. Ya ni él mismo sabía distinguir dónde estaba lo auténtico y dónde lo fingido en su persona. Para dar muestras de piedad, inclinaba hacia abajo el labio inferior y lo movía soltando silbidos inarticulados mientras pasaba entre sus dedos las cuentas de un rosario.

Seis veces su candidatura fue rechazada por los cardenales reunidos hasta que se prohibió su reproposición. Pero, muertos los dos primeros papas, quince días después de la elección del nuevo pontífice, sometieron subrepticiamente el nombre de dicho religioso a la augusta firma, sin una terna. El Papa fue informado de la trampa, pero sus protectores lo defendieron a capa y espada, convirtiendo el asunto en un caso diplomático con el Gobierno de aquel país.

Una vez nombrado obispo, los aires ya no fueron de su gusto; consiguió que le certificaran la necesidad de regresar a alguna diócesis de su país o a algún santuario pontificio, habida cuenta de su acendrada devoción mariana. Lo nombraron canónigo de Santa María la Mayor, pese a la oscuridad de aquel cargo, él, que era la exhibición personificada.

Piensa que te piensa, de pronto se le ocurre la chispa genial: hacerse promotor de una recogida de firmas de obispos de todo el mundo para su presentación al Papa, solicitando la definición del dogma de María Mediadora. Inicia los contactos con los presidentes de las conferencias episcopales y, como es natural, se empiezan a recibir los correspondientes donativos. Los interpelados solicitan el parecer de Roma, que llama al interesado y le prohíbe que siga adelante con la iniciativa. Los vientos no siempre soplan a favor.

Todos los secretarios personales y los encargados de las relaciones públicas del cardenal Achille Silvestrini han hecho hasta ahora una buena carrera y han sido debidamente recompensados con la dignidad episcopal y otros cargos de gran prestigio que son preludio de cosas mejores. El actual secretario particular confía en la clemencia de su amo para llegar a tiempo, antes de que llegue el letargo de la sagrada siesta, de cuyos benéficos efectos relajantes disfruta el eminentísimo. Dios le hizo primero la cabeza, pero, al ver que le había salido mal, la sustituyó por los cabellos.

Aquellos pupilos suyos, haciéndose siervos inútiles de tanta eminencia, consiguieron con la máxima seguridad apostar por el caballo vencedor. Y, de hecho, son todos obispos, nuncios y dignatarios de la Curia. El Espíritu Santo les debió de sugerir cuál era el caballo más indicado para la triunfal cabalgata.

En las páginas que aquí se dedican a la estafa de ciertas tesis de licenciatura, se comentará el ascenso de un secretario personal del mencionado cardenal Silvestrini, que, de acuerdo con otros miembros del grupo, montó una farsa de proceso informativo encaminado a arrancarle al Papa la sigla con la que se le nombraba obispo por aclamación general gracias a la alcahuetería de su clan.* El cardenal-protector

* En el *Diario degli eredi esclusi* (Diario de los herederos excluidos), se lee: «Hoy, 10 de junio de 1994, festividad del Sagrado Corazón de Jesús, a las 12 en punto, repican alegremente las campanas. Mientras el portamaletas monseñor Edoardo Menichelli, tras varios intentos infructuosos, era finalmente alabado por su desvergonzado amo, el cual buscaba con visible turbación las palabras más persuasivas para convencer a los presentes de los méritos ocultos del designado para la sede de Chieti, aterrizaban en el aeropuerto de Fiumicino, gloriosos y redivivos, los santos Cirilo

había alentado las esperanzas de dicho secretario de regresar muy pronto a algún dicasterio de la Curia, aunque fuera al de la pastoral sanitaria.

Se descubrió que al protegido silvestrino le habían concedido una falsa licenciatura en Derecho tras discutir una tesis que él ni siquiera había leído. Lo que aquí se describe no es una comedia sino la pura verdad.

Los dignatarios de la Curia hacen como los muchachos mencionados por Bachaumont en el Parlamento francés, que, fingiendo jugar con los tirachinas, arrojaban piedras contra los guardias que trataban de impedir su entrada. Aquí los guardias son los demás empleados con derechos adquiridos a distintos títulos.

Cuando el prefecto de un dicasterio considera su cargo como un feudo adjudicado a su persona, las elecciones arbitrarias y las visibles cacicadas no se pueden discutir ni castigar. Aquí viene a cuento también citar a san Bernardo: «La impunidad provoca la temeridad y ésta abre el camino a todos los excesos.»

Un monseñor funcionario sabía que debido a ciertas indiscreciones amorosas, los obispos de su país evitaban sistemáticamente proponerlo para el episcopado; él, que trabajaba en la Curia de Roma, estaba al corriente de ello. Con mucha habilidad jugaba descaradamente y sin el menor recato a todas las cartas: cardenales, embajadores, políticos y cenas y almuerzos en su casa, en cuyo transcurso las más

---

Cabra Montés y Metodio Pastor, nuevos superapóstoles de regreso de Rumania y Hungría, en compañía de otros dos subapóstoles enviados en misión secreta a dichos países para tomar la temperatura de aquellas dos Iglesias. En realidad, el *excursus* se ha transformado en una gozosa y dorada *tournée* a expensas pontificias, transcurrida por los privilegiados en medio de los fastos de las hospitalarias recepciones entre nunciaturas y embajadas para inspeccionar todo lo que previamente se había preparado. En su informe se leerá que han conseguido, en medio de toda suerte de peligros y sacrificios como san Pablo en sus viajes, derrotar y encaminar prodigiosamente por la senda de la curación el maligno carcinoma de las dos augustas enfermas, recién salidas de sus catacumbas.»

altas autoridades vaticanas se reunían con autoridades extranjeras. Al final del banquete, los invitaba a firmar en el registro doméstico para que vieran quiénes los habían precedido. A base de insistir, al final el parto se produjo de la siguiente manera.

Consiguió una audiencia para el embajador de su país en la Santa Sede con el jefe de su dicasterio, que tenía la debilidad de embaucar a la Curia y al mismísimo Pontífice. El diplomático le habló al prelado del monseñor, señalándole que no estaba bien que le hicieran aguardar tanto tiempo el episcopado. El purpurado prometió al embajador su pronto nombramiento. El diplomático se lo comunicó de inmediato al monseñor para calmar sus ansias.

Aquellos días llegó de aquel país la lista de nombres de los candidatos a la elección episcopal. Como era de esperar, el del monseñor no figuraba en ella. El jefe del dicasterio organizó en tres días una farsa de proceso informativo, rogando a tres obispos amigos suyos que dieran excelentes referencias sobre él. Uno de ellos, que antes se había opuesto a él, adujo, como argumento decisivo para el ascenso, el hecho de que una vez se corrió la voz de que el mencionado monseñor había sido nombrado obispo de una diócesis de su país y entonces las campanas de su pueblo repicaron erróneamente en señal de fiesta, por lo que era lógico que ahora se le nombrara obispo. Sólo que el relato no podía referirse a él, pues en la época en que sucedieron los hechos el interesado no era todavía sacerdote. ¡Menuda información!

Pero lo cierto es que, a pesar de las reticencias sobre su conducta, se creó de la nada un nuevo departamento de inspección y el prelado presentó al Papa, sin la debida terna y juntamente con los demás que habían sido elegidos como Dios manda, también al monseñor, que de esta manera obtuvo la aprobación pontificia para su episcopado.

Pero fue un auténtico desastre pues el nuevo obispo empezó a causarle a su protector toda suerte de problemas y quebraderos de cabeza. Un error que fue motivo de reproche para el purpurado a causa de las graves intrigas del recién nombrado obispo. Hace poco, al ver que no lo respaldaban en su deseo de traslado a otra importante archidiócesis, el desastroso obispo instigó a algunos sacerdotes para que firmaran una petición, en la que rechazaban al candidato elegido en el sínodo y optaban por él. El nombramiento se paralizó durante tres meses, pero él no se salió con la suya. Nunca estará tranquilo, pues la paz interior no nace de la posesión, sino del don.

Se paseaba por la Secretaría de Estado y por los más importantes dicasterios un metementodo monseñor corsario que no había conseguido colarse en ningún puesto importante de la Curia. Sus paseos por los despachos con el fin de averiguar nombres y secretos acerca de posibles candidatos que él pudiera mencionar a los respectivos embajadores para que éstos a su vez los hicieran llegar a los gobiernos, eran contemplados con tal indignación que nadie se fiaba de él. Pero él volvía a la carga, e incluso hizo intervenir a las más altas autoridades políticas de su país, a través de un hermano suyo, diputado regional.

Al final, próximo a cumplir los setenta años, consiguió su propósito al ser nombrado vicepresidente del Pontificio Consejo para la Familia, adjunto al jefe del dicasterio, a la sazón pro-presidente: perífrasis propias de mensajes cifrados.

Un amigo le escribió al jefe del dicasterio: «La noticia acerca de semejante colaborador ha provocado mofas en los palacios vaticanos y ha dejado de piedra a los que conocían al elegido, sobre el cual se cantaban loas y alabanzas sin fin, que bien las merecía. Los comentarios corrían parejos con el estupor. La gracia de nombrarlo vicepresidente de algo que ya tiene un pro-presidente, si no se considera una recomendación, se interpreta por lo menos como un pequeño exceso. El elegido frecuentaba también nuestra casa, pero se le impidió anidar en ella. Algunos atribuyen su nombramiento para este cargo a su habilidad para manejarse entre chismorreos y mangoneos de familias blasonadas, donde seguirá efectuando correrías como experto corsario que es. La Iglesia es como una diligencia: el que está en el pescante seguirá llevando las riendas; los afortunados viajarán en el vehículo; los vencidos se quedan al borde del camino; pero el timonel, con la mirada clavada en el horizonte, parece no preocuparse por el agua que la embarcación lleva en la bodega: el Señor se encargará de achicarla.»

Un ciclotímico subsecretario sujeto a unos cambios tan grandes de humor eufórico o depresivo que molestaba a todo el mundo y se mostraba constantemente insatisfecho, era conocido dentro y fuera del Vaticano por su debilidad por toda suerte de corrupciones, lo cual lo había llevado a adquirir indebidamente unos falsos iconos rusos pagados por el dicasterio como auténticos.

Un anciano párroco norteamericano se había percatado de la debilidad de muchos prelados de la Curia por los regalos y las compensaciones y se había pasado toda la vida corrompiendo a monseñores de la Curia y a prelados de su país sin ahorrar esfuerzos, pero sin el menor resultado. A medida que pasaban los años, los eliminaba de su registro, que iba poniendo al día. Su llegada a Roma se parecía a la de Papá Noel: incesantes visitas a los personajes más influyentes e invitaciones a almuerzos y cenas en los restaurantes más lujosos de la capital. Hasta que uno de los personajes propuso su candidatura a obispo a pesar de sus setenta y dos años de edad, logrando convencer a los remisos de que un poco de Espíritu Santo no hace daño a nadie y no se tiene que negar jamás. Así pues, de la noche a la mañana, el hombre fue nombrado obispo en los años setenta.

Fue un escándalo para todos los sacerdotes y los fieles de aquella diócesis y zonas limítrofes. Malgastó enormes sumas que ascendieron a varios millones de dólares y hubo que vender bienes diocesanos hipotecados por él, entre ellos, los edificios del obispado y la catedral. Cuando murió, se supo que los había legado a una hija natural que no había cesado de chantajearlo vergonzosamente hasta su mismo lecho de muerte.

Aquel obispo corrompido y corruptor llenó de dólares a nuestro venal subsecretario para que utilizara sus buenos oficios y consiguiera que el Papa no aceptara su preceptiva dimisión por razón de edad. Ya minado por el cáncer, sólo consiguió que le permitieran permanecer en el puesto hasta la llegada de su sucesor.

El subsecretario tan generosamente recompensado a escondidas del cardenal ordenó al encargado de la nunciatura del país que escribiera a todo el mundo que el obispo no regresaba como dimisionario sino en pleno uso de todas sus facultades de obispo en su diócesis. Mentía, sabiendo que su afirmación contradecía la decisión pontificia.

Enterado de lo ocurrido por caminos indirectos, el cardenal prefecto llamó al subsecretario, le mostró una fotocopia de su manuscrito y le exigió que se explicara; cosa que no pudo hacer. Entonces el purpurado le dijo: «Monseñor, si usted traiciona de esta manera las decisiones del Papa, le digo que en este despacho ya no hay sitio para uno de nosotros.»

Por toda respuesta, el subsecretario fue a llorar al tercer nivel de la logia vaticana, preguntando cómo tenía que actuar. Para un pobre funcionario de categoría inferior, la solución hubiera sido muy fácil: destitución o traslado a un despacho inferior. Para aquel prelado, en cambio, el remedio fue un ascenso. El tercero en autoridad le aconsejó que se buscara algún nuncio o secretario de Curia que le escribiera al Papa, presentándolo como un posible, excelente e inigualable nuncio; en cuanto la carta llegara a sus manos, alcanzaría el objetivo pactado.

Aquel subsecretario denunciado por insubordinación a las órdenes del Papa, se convirtió en nuncio en un país del Este, donde permaneció muy poco tiempo, rápidamente destituido por sus muchas malversaciones de fondos y las muchas habladurías. El que sube muy alto cae de golpe y aparatosamente; pero siempre sale bien librado.

Un monseñor empleado en el dicasterio en el que se afilan los obispos, a pesar de su incapacidad para afilar y ser afilado, tenía la ventaja de ser sobrino de un obispo muy emprendedor y contaba por tanto con una considerable baza a su favor. Pese a sus limitaciones y su timidez, sabía ganarse la benevolencia de sus superiores.

Debido a su temperamento apocado, gustaba de colocarse bajo el paraguas protector de alguna comunidad de monjas, donde era objeto de las solícitas atenciones de la superiora. El hecho llamaba mucho la atención, por lo que el Vicariato lo invitó a buscarse otra capellanía. Tras haberse buscado otra comunidad de monjas y haber recibido de un prelado del mencionado despacho la misma invitación a alejarse de la otra superiora, el astuto monseñor comprendió que se estaba jugando la carrera.

A principios de los años ochenta decidió pedir un año de excedencia de aquel despacho para vivir la experiencia apostólica como misionero en Kenia. Y así, en lugar de una humillación, el alejamiento de las religiosas se convirtió en un motivo de mérito, digno de recompensa.

No permaneció allí más que dos o tres meses. Seguido con gran sigilo hasta allí por la religiosa, a la que una fotografía alcahueta sorprendió con el prelado misionero en África, cuyo clima éste no soportaba, la monja lo convenció de que regresara a su despacho romano, tras haberse apuntado en su haber el tanto de aquella experiencia misionera. En el ínterin, había quedado vacante el puesto de subsecretario del mencionado dicasterio, que por antigüedad hubiera tenido que corresponder a un compañero suyo de su misma edad. Pero perder el cargo significaba jugarse la carrera. Él y su tío actuaron en hábil sincronía.

Media hora antes de que terminara el plazo del secreto pontificio, el prefecto del dicasterio comunicó al monseñor en quien hubiera tenido que recaer el nombramiento que, a pesar de la irregularidad del procedimiento, a él le estaba reservado un cargo de obispo diocesano, que obtuvo puntualmente un mes después mientras que al otro, para recompensarle su actividad misionera, se le nombraba subsecretario, tal como se anunció al mediodía a través de la radio vaticana. El perjudicado puso a mal tiempo buena cara.

La noticia no fue del agrado de nadie debido a la falta de materia gris del cerebro del ascendido. Y tanto es así que sólo ocupó el cargo unos cuantos añitos, pues al inepto subsecretario le fue ofrecido el puesto de obispo en una pequeña diócesis de la periferia, con tal de librar de su presencia al dicasterio. ¡Unos van y otros vienen!

Así pues, otro monseñor, sobrino también de un obispo ya fallecido, se dio buena maña en los ambientes vaticanos para que lo nombraran administrador pontificio del hospital Casa Sollievo della Sofferenza de San Giovanni Rotondo a la muerte del santo religioso estigmatizado, el padre Pío. Pasaban los años, pero a nadie se le ocurría nombrarlo obispo. Él se asomaba a menudo a los ambientes vaticanos, pero nadie le hacía caso. Comprendió que era preciso tomar cartas y empezó a soltar sobornos.

Cargaba con toda suerte de exquisiteces unas elegantes furgonetas puestas a su disposición por aquella casa, que resultaba efectivamente de mucho alivio *(sollievo)* y las descargaba personalmente en casa de este o aquel cardenal, e incluso de los dignatarios más influyentes de la Curia, para que tomaran en consideración su caso, pues estaba a punto de alcanzar el límite de la edad canónica para el nombramiento episcopal. En los ambientes vaticanos ya era notoria la llegada sistemática de las furgonetas de «alivio de la Divina Providencia» a costa del padre Pío. Decían los malpensados: «ya han llegado los camellos del rey mago con los dones nada simbólicos del oro, el incienso y la mirra, además del relleno del bocadillo en ofrenda a los dioses protectores».

Uno de sus protectores de la Curia romana, un purpurado bien forrado gracias al benéfico alivio, interrumpió a un miembro de la Curia que le recordaba que el generoso monseñor ya había superado la edad canónica y no podía ser nombrado obispo, y se apresuró a señalar que éste aún estaba a tiempo y que muy pronto se tendrían noticias acerca de él. Ahora el Rico Epulón se convertía en profeta.

Sabiendo que era venal y sensible a las riquezas y recordando que la simonía jamás se ha considerado un grave delito canónico, hoy menos que nunca, aquel aspirante al episcopado se mostraba cada vez más pródigo y generoso con él. El hospitalario cardenal, para justificar los excesivos donativos, se refugiaba en Jeremías. «¡Me sedujiste y yo me estoy dejando seducir!» Como los metales, cada hombre tiene su propia temperatura de fusión, superada la cual se vuelve corruptible.

Unos meses después, como por casualidad, se produjo su extraño nombramiento: él, el generoso corruptor de más de sesenta y ocho años, se convertía en obispo auxiliar del arzobispo titular que tenía quince años menos que él. Ateniéndonos por tanto al significado etimológico y pese a la incongruencia del hecho, él, que era el más viejo, tenía que auxiliar al joven titular que gozaba de muy buena salud y jamás hubiera tenido la ocurrencia de pedir semejante auxiliar para sus cien mil fieles. ¡Arcano misterio de los circunloquios eclesiásticos!

Poco después de su ordenación episcopal, el arzobispo ordinario tuvo que acudir a toda prisa a infundir ánimos a su titular, ingresado, por ironía de la suerte, en aquella misma casa-hospital, debido a un gravísimo infarto que lo incapacitaba para auxiliarse a sí mismo y no digamos a los demás. Pero semejante circunstancia no se dio a conocer por respeto al Espíritu Santo, que se había empeñado en que fuera obispo a toda costa. Eso fue por lo menos lo que dijeron.

El padre Pío, con irónica e hiriente mirada, habrá sonreído sin duda desde allá arriba. ¡Santo socarrón, procura que no se den cuenta de que les tomas el pelo a ciertos prelados enemigos tuyos, de lo contrario, son capaces de aplazar *sine die* tu canonización! ¡Ya puedes ir multiplicando los milagros, ya! *Deus autem subsannabit eos!*», «el Señor se burla de ellos desde el cielo».

El insigne profesor de Historia Eclesiástica del Seminario Mayor de Roma, monseñor Pio Paschini, tras haber tenido noticia a través de las páginas del *Osservatore Romano* de ciertos extraños nombramientos de obispos, les comentaba a sus alumnos con una leve e irónica sonrisa en los labios: «¡Conque a éste lo ha elegido el Espíritu Santo! Pero ¿os dais cuenta de lo mal que estamos haciendo quedar al Espíritu Santo delante del mundo?» Es difícil que un mundo racionalista admita la misteriosa acción del Espíritu Santo que sopla donde quiere: le colocan unos carriles para que no se desvíe y él los sobrevuela por fuera; le ofrecen una cañita para que sople a través de ella y él sopla hacia un lado; le preparan un programa pastoral y él prescinde de él.

Cuando ya están a punto de perder la paciencia, deciden seguir adelante por su cuenta y, una vez consumados los hechos, procuran arreglarlo como pueden: «Dios lo ha querido», casi como si fuera obra de la ternura de Dios. Están convencidos, lo dicen y lo hacen: «*Spiritus, ubi volumos, spirat*», «el Espíritu sopla donde nosotros queremos»... pero malinterpretan el sentido que se tiene que dar al viento.

Corrupción incluida

Los impacientes aspirantes al episcopado se lanzan a la desesperada búsqueda de la mayor cantidad de apoyos posible. A cualquier precio, literalmente hablando, corrupción incluida. Sus protectores, prestándoles su apoyo, los califican de perlas y, en lugar de enriquecer el entorno de su propia diócesis, se declaran dispuestos a privarse de ellas para regalarlas a otros lugares. Cuando sus protegidos llegan finalmente a su destino, se convierten en minas submarinas en busca de mejores puertos. Pero una mina en el seno de una institución eclesiástica es siempre peligrosa, sobre todo cuando la espoleta carece de seguro.

A este respecto, un arzobispo que ya había conseguido

el ascenso de cuatro de sus predilectos, todos ellos sacerdotes diocesanos, comentaba que al quinto, nombrado obispo a los cuarenta y cuatro años, otra perla de gran valor, lo había propuesto diez años antes, pero los del correspondiente dicasterio le habían aconsejado que lo dejaran madurar un poco más en su ministerio: ya hablarían del asunto cuando se cumpliera el plazo, tal como efectivamente ocurrió. Se acaba perdiendo el control del tiempo y el sentido de la medida: el protector consideraba que su protegido ya estaba en condiciones de acceder al episcopado a sólo treinta y un años de edad y ocho de sacerdocio. Lo menos que puedes hacer, querida exceladrona, es callarte, de lo contrario, empezarán a contar los años que ambos lleváis recorriendo los despachos, poniendo las obligadas zancadillas...

Vosotros, partidarios de este corrompido sistema condescendiente y competitivo que carcome la Iglesia, con los datos objetivos en la mano, demostráis que las vuestras son unas vulgares perlas cultivadas y viciosamente manejadas para vuestro uso y consumo.

Quede bien clara la existencia del caso opuesto, es decir, de los obispos que, por un exceso de escrúpulos, por celos congénitos o, cuanto menos, porque no consiguen encontrar en su clero a nadie cuya valía pueda equipararse a la suya, bloquean todas las promociones durante su largo episcopado, casi siempre de más de treinta años. Los que pagan el pato son entonces las mentes más preclaras y los mejores sacerdotes.

Alguien ha escrito: «En tiempos menos elegantes y más crueles, se colgaba a los ladrones en las cruces; en estos tiempos menos crueles y más elegantes, les cuelgan cruces a los ladrones.»

No siempre las palabras son más elocuentes y convincentes que el digno silencio para denunciar lo absurdo de ciertas situaciones anómalas. La Iglesia tiene que saber perder los complicados sistemas habituales, sus privilegios y sus seguridades trasnochadas, y adaptarse a la más cristalina transparencia.

A ningún cristiano le está permitido ser creyente sin ser al mismo tiempo creíble; y tanto menos, a quien opta por vivir el ansia apostólica de la Iglesia en el sacerdocio y más todavía en el episcopado.

8

CLIENTELAS EPISCOPALES
Y BARONÍAS CARDENALICIAS

En la cuestión de los nombramientos episcopales, durante dos mil años la Iglesia se ha limitado a aceptar las informaciones sobre la vida del candidato indicado y recomendado por el protector más influyente. Una vez comprobado que no tiene hijos sueltos por ahí ni padece enfermedades hereditarias, que es suficientemente respetuoso, no está loco de remate y es un buen administrador de bienes, ya se le considera capacitado para ser el obispo de cualquiera de las diócesis que salpican la faz de la tierra.

Pero, a las puertas del tercer milenio, que involucra cada vez más en el torbellino de la esfera de Dios y de Satanás a hombres de negocios y de Iglesia, eso ya no basta. No es posible que, mientras la sociedad prepara el futuro de la informatización, la telemática, la programación interplanetaria de la informática, la astrofísica y la astronáutica, la Iglesia se siga limitando a elegir a sus obispos a través de las recomendaciones e indicaciones de los interesados directos, protegidos y protectores, y abandone después al clero y a los fieles de cada Iglesia individual a la improvisación y al ingenio de un personaje desprevenido que de la noche a la mañana se ve obligado a preguntarse de qué forma podrá empezar a ser el obispo de la diócesis que se le ha encomendado o que él mismo ha ambicionado y buscado con las más inimaginables lisonjas y engatusamientos.

A propósito de la formación del clero de las distintas diócesis, las autoridades de la Iglesia, ya a partir del quinto o sexto siglo de su existencia, comprendieron que sin unos sacerdotes bien preparados, ésta no podría enfrentarse con los complejos problemas pastorales y espirituales de sus fieles. Entonces creó unos lugares de formación de los clérigos, diocesanos y religiosos, antes de su ordenación sacerdotal. Con el tiempo perfeccionó semejantes institutos posteriormente denominados seminarios y noviciados. El Concilio de Trento fue una piedra miliar y marcó la más severa reforma de dichos centros de formación.

Pero, durante sus dos mil años de existencia, ¿qué otra cosa ha hecho la Iglesia para instruir y formar a los candidatos al episcopado, que no sea limitarse a aceptar las indicaciones y recomendaciones de los prelados amigos? ¿Se puede seguir practicando este anticuado método de destinar al episcopado a los aspirantes que sólo ansían alcanzar esta meta sin la indispensable preparación de una auténtica escuela en la que se les forme e instruya de tal forma que puedan ser unos buenos obispos y, al mismo tiempo, unos auténticos pastores y padres?

No, ya no basta este criterio mezquino y arbitrario de echar mano de ciertos sacerdotes, casi siempre arribistas y amantes del mangoneo, y considerarlos al día siguiente aptos y capacitados para ejercer el oficio de ser obispos. Y todo gracias a las simples indicaciones y a la condescendencia de los que pactan el éxito de su delfín. Eso ya no puede seguir bastando. La Iglesia, abandonando estos dos mil años de apaños, hubiera tenido que comprender hace mucho tiempo la necesidad de un cambio de rumbo. Asombra que a las puertas del año 2000 aún no haya conseguido encontrar una fórmula más adecuada para este urgente cambio de rumbo. Es curioso que hasta ahora ni a un papa ni a ninguno de sus colaboradores se les haya ocurrido la idea de crear una forja de este tipo, tarea hoy en día ya inaplazable. Es preciso crear una escuela de formación para los candidatos, algo así como un cursillo de especialización eclesiástica.

Ante la propuesta de creación de un auténtico centro de formación para los candidatos al episcopado, habrá quienes, sin reflexionar demasiado, la rechazarán de plano, por considerárla irrealizable e improcedente. ¿No será que, en su afán de seguir disfrutando de libertad de maniobra, saben que ello les impediría manejar por su cuenta las palancas de un poder encerrado actualmente en sus manos no excesivamente limpias?

De la misma manera que es justo que el pueblo vea y valore a los jóvenes clérigos que se disponen a acceder al sacerdocio para que, en caso de que tenga algo que objetar, pueda hacerlo en el tiempo oportuno, conviene también que los mismos fieles se interesen y participen en la elección de los sacerdotes que toda la Iglesia, desde la base hasta el vértice, prepara como posibles candidatos al gobierno, en su calidad de obispos, del timón de la barca, con la que todos juntos deberán enfrentarse a los golpes de mar, las tormentas y los comunes peligros de la travesía.*

---

* «*Episcopus annuntiat clero et populo dicens: Quoniam, Fratres carissimi, rectoris navis, et navigio deferendis eadem est vel securitatis ractio, vel communis timoris, par eorum debet esse sententia, quorum causa communis existit. Neque enim fuit frustra a Patribus institutum, ut de electione illorum, qui ad regimen altaris adhibendi sint, quod nonnumquam ignoratus a pluribus, scitur a paucis; et necesse est, ut facilius ei, cui oboedientiam exibeat ordinatio, cui assensum praebunt ordinando. Horum si quidem diaconorum ut presbiteros, auxiliante Domino, ordinandorum conversatio, quantum mihi videtur, probata, et Deo placita existit et digna, ut arbitror, ecclesiastici honoris augmento. Sed ne unum fortasse, vel paucos, aut decipiat assensio, vel fallat affectio, sententia est expetenda multorum. Itaque qui de eorum actibus, ut moribus noveritis, quid de merito sentiatis, libera voce pandatis; et his testimonium sacerdotii magis pro merito, quam affectione aliqua, tribuatis. Si quis igitur habet aliqua contra illos, pro Deo et propter Deum, cum fiducia exeat et dicat, veruntamen memor sit conditionis suae.*»

Traducción: «El obispo enseña al clero y al pueblo, diciéndoles: Carísimos hermanos, puesto que idéntico es el afán de seguridad y el común temor tanto en el timonel como en los navegantes de la barca, igual debe ser también el sentimiento de todos los que tienen una causa en común.

En efecto, no en vano instituyeron los Padres la votación de los fieles sobre los que tienen que ser destinados al ministerio del altar con el fin de que lo que pueda ser ignorado por la mayoría sea conocido por la mi-

Por consiguiente, si por un simple clérigo destinado al sacerdocio, la Iglesia pedía hasta hace muy poco tiempo el parecer del clero y del pueblo, incluso con una pública denuncia («si tiene algo contra él, ante Dios salga y lo diga»), ¿cómo es posible que para un sacerdote candidato a dirigir una diócesis, la Iglesia siga manteniendo el velo del más riguroso silencio pontificio para que nadie meta las narices en el agiotaje de semejante sistema?

Hay que cortar de raíz la vergüenza del necio secreto pontificio que sólo beneficia a los manipuladores. Con la creación de una escuela de preparación para todos los aspirantes, éstos podrían presentarse ante el pueblo de Dios para ser juzgados y aprobados por todos o, en caso necesario, ser denunciados por alguna circunstancia privada, sin excluir la posible pertenencia a sectas masónicas, mafiosas o de partido, tal como por desgracia ocurre muchas veces.

Su matriculación, libremente solicitada o aconsejada, en la escuela de preparación, no tendría que otorgar de por sí al alumno ningún derecho de carrera, pretensiones de prelación y tanto menos velados acaparamientos por encima de otros posiblemente más dignos y capacitados. Semejante actuación, obligaría a muchos de ellos a comprender que carecen de las cualidades necesarias y deben seguir ejerciendo su sacerdocio sin hacer castillos en el aire.

---

noría; y es necesario que a aquel a quien la ordenación exige obediencia y está a punto de ser ordenado todos ofrezcan su conformidad. En verdad, su vida de formación al sacerdocio, con la ayuda del Señor y por lo que me consta, parece demostrada, establecida por la voluntad de Dios y digna de ser promovida a semejante honor eclesiástico. Sin embargo, para que tal conformidad de uno o de pocos no resulte engañosa y el afecto no traicione, conviene solicitar el parecer de muchos. Por consiguiente, si conocéis o sois conscientes de algo relacionado con su moralidad o sus actos, estáis invitados a exponerlo libremente, y así el testimonio en favor de su sacerdocio se preste más por el mérito que por el afecto hacia la persona. Por lo tanto, si alguien tiene algo que alegar contra él, por Dios y en razón de Dios, salga y lo diga con toda confianza, recordando con benevolencia la debilidad de todo hombre.»

Esta formación de carácter superior se podría dividir en dos niveles sucesivos. Un *primer nivel* para instruir a los alumnos acerca de la mejor manera de ejercer el ministerio episcopal, las cualidades indispensables, el comportamiento adecuado en presencia de problemas de cualquier tipo o de algunos en particular, la preparación pastoral, espiritual y cultural, la gestión de la diócesis, las cualidades pedagógicas de un pastor, las relaciones sociales e interpersonales, sobre todo con los hermanos sacerdotes diocesanos y muchas otras cosas. El *segundo nivel* tendría que estar reservado exclusivamente a los candidatos ya designados para el perfeccionamiento de su cualificación episcopal, con un ulterior curso de lecciones teóricas y prácticas sobre la mejor manera de plantear su acción pastoral en el ámbito de las diócesis a las que han sido destinados o en el cargo en que estén llamados a ejercer un cierto poder sobre sus subordinados, es decir, sus colaboradores cualificados.

En este segundo curso de aprendizaje, el elegido tendría que aprender específicamente con qué deberá enfrentarse, cuál deberá ser su comportamiento como obispo de su diócesis, quiénes serán los hermanos sacerdotes con los que tendrá que convivir durante diez, veinte o treinta años, cuáles serán los fieles que se le encomendarán, qué problemas heredará, qué obras deberá continuar, qué programas deberá cumplir, qué bienes tendrá que administrar, qué dificultades deberá superar, qué obstáculos habrá de afrontar, qué cualidades y virtudes deberá ejercer y qué entuertos tendrá que enderezar. Y cualquier otra contingencia que pueda haber.

En la actualidad, cuando llega el nuevo obispo, éste, de una manera consciente o inconsciente, para que se note su presencia, empieza a cambiar las cosas y a hacer justo lo contrario que su predecesor. *«Ecce nova facio omnia»*, «mirad, lo cambio todo», aunque no lo manifieste abiertamente.

Un obispo todavía en activo tenía la manía de destruir para poder reedificarlo todo desde los cimientos; y, puesto que siempre lo destinaban a zonas de tradición autoritaria, ejercía presión sobre el clero y los fieles para sacarles dinero. En la bula episcopal alguien le escribió: «Llegué, vi, rompí.»

Que se nos diga, por favor, qué empresa seria cambia de sistema cada vez que llega un nuevo director en menoscabo de válidas actuaciones anteriores. Si semejante proceder no está autorizado en cualquier empresa que se respete, ¿no parece igualmente razonable que obre de la misma manera la empresa-diócesis que se propone la salvación de las almas y que, al mismo tiempo, encierra en sí muchos y complejos problemas a veces muy graves?

En la era de los viajes incluso siderales no queda espacio para la improvisación y todo se confía a la inculturación y la programación calculada para el futuro. El Espíritu Santo no se encarga de sustituir al elegido en todas aquellas imperdonables deficiencias, que hubieran tenido que desaconsejar su designación. Un psicópata, un desequilibrado, un arribista, un ambicioso o, peor todavía, un indigno sin escrúpulos, puede estar tranquilo, pues el Paráclito Divino jamás lo forzará hasta el extremo de obligarlo a cambiar de la noche a la mañana en contra de su voluntad. Una escuela adecuada y el pueblo que conoce al candidato sí podrían hacerlo: o lo transforman o lo suspenden.

Hoy más que nunca la Iglesia se traga los obispos elegidos con un método que a lo largo de dos mil años ha demostrado ser extremadamente estúpido, por su carácter de recomendación, siguiendo las interesadas indicaciones de personajes que se ocultan detrás del llamado secreto pontificio, que siempre es un secreto a voces.

El obispo improvisado de hoy para mañana se las arregla como puede, navegando entre dos orillas: o bien está convencido de que se encuentra a la altura de las circunstancias y desarrolla su creatividad o bien es consciente de su incapacidad y se encomienda al primer secretario emprendedor que encuentra, el cual lo manejará a su antojo, en detrimento de otros mejores que se apartarán a un lado.

Estos riesgos y estos excesos que se registran desde hace muchos siglos tanto en la Iglesia central como en las locales, se tienen que erradicar del todo, o por lo menos en parte, con este o con otro planteamiento, ahora que la Iglesia se dispone a cruzar el umbral del tercer milenio. Ya no es tiempo de vendarse los ojos y afirmar que no existen problemas por el simple hecho de no poder verlos en toda su gravedad. ¿De qué sirve enterrar las verdades, sabiendo que tarde o temprano éstas volverán a aflorar a la superficie con más vehemencia y urgencia?

La Iglesia de Cristo tiene que adquirir agilidad y perder el lastre que la ata a los retorcidos enredos del vaticanismo. Los papas del próximo milenio no podrán por menos que afrontar y resolver estos urgentísimos interrogantes que llegan hasta el mismo corazón de la Iglesia. Hay que frenar a los presuntuosos que, a pesar de sus diferencias de carácter y costumbres, comparten un afán tan morboso de carrera y poder que ya ni siquiera consiguen disimularlo.

El Dios infinito que derramó su sangre en el Calvario para la salvación de toda la humanidad no puede en modo alguno permitir que su obra más grande, la Iglesia universal, esté condicionada por la actuación de las distintas camarillas y sometida a un puñado de embaucadores, hoy de Brisighella, ayer de Piacenza y mañana de otros conspiradores vestidos de escarlata. Aquella preciosísima Sangre de valor infinito se mancilla y se marchita cuando está en unas manos interesadas y sectarias.

¡Ha llegado la hora de liberar a la Iglesia de Dios de las ataduras de un sistema que la aprisiona!

Baronías, cordadas y clanes

Conviene subrayar el carácter incisivo de ciertas baronías cardenalicias, deteniéndonos sólo en algunas de ellas, justamente las que en estos momentos se encuentran en plena actividad y se intersecan entre sí. Cada una trata de convencer a las demás de que Dios le ha encomendado la misión de transportar la Iglesia en su propia balsa neumática para salvarla en caso de que caiga en la poderosa falla de otros movimientos telúricos vaticanos contrarios. A juicio de todos estos eminentes barones, Dios es algo así como un pozo de petróleo infinito y la Iglesia una especie de compañía petrolera encargada de su explotación.

En el vértice, la Curia se abre como la roca del Calvario casi siempre en dos mitades, entre la mitad que tiene en sus manos las palancas del poder y la que espera ansiosamente el cambio de turno. A juicio de los miembros de ambos bloques, la división tiene orígenes apostólicos, pues muy a menudo los doce se disputaban la preeminencia en el reino de la Iglesia. Por consiguiente, el hecho de que ellos también se encaramen hasta la cumbre es una cuestión de mística divina.

Cuando les conviene repiten hasta la saciedad que los superiores representan la autoridad de Dios, pero en la Curia han obtenido la dispensa de representarse más bien a sí mismos, un cómodo privilegio que les facilita la carrera, a pesar de lo mucho que ello les aparta de la orientación divina.

Los monseñores de la Curia difícilmente permanecen aislados. Si un prelado decidiera mantenerse aislado, cortaría el cordón umbilical que lo une a los demás y quedaría fuera de la liza. Una mosca blanca, una anomalía del ambiente, una misofobia propia de eunuco. La red de complicidad y de servilismo, firmemente sujeta por la asfixiante colusión de los que se aglomeran en una misma familia, arrincona a los no asociados y les asesta unos mandobles tan precisos que los deja fuera de combate.

Los miembros de la Curia que quieran consolidar su posición tienen que apresurarse a elegir a su familia adoptiva y al jefe, al que deberán prestar la máxima atención y tributar un incondicional homenaje de vasallos que roce los límites de la humillación. De palabra y de obra tienen que dar muestras de máxima fidelidad al clan en una participación de propósitos que excluya cualquier posibilidad de pasarse al otro bando.

No se admite la discrepancia; el «arrepentidismo» es un neologismo eliminado del vocabulario de Estado. Se exige a los socios una sincera actitud propia de los forofos del fútbol con el propósito de alzarse con el título de campeones de Liga. Todos para uno y uno para todos, exactamente como en la Cosa Nostra. En este deporte alpinista, todos tienen el deber de apoyarse mutuamente a medida que avanzan. Hombres que remolcan a otros hombres, como los *rickshaws* indios.

Todo ello da lugar a un hábil juego de contrapesos y de acrobacias virtuosistas, mediante el cual se pretende mantener el equilibrio entre las corrientes y los personajes de los dos clanes contrarios. Los contendientes de ambos bandos conciertan pactos cuando comprenden que no se podrán eliminar. Entonces se reparten los cargos como si éstos fueran una presa y recurren al sistema del reparto del poder: este ascenso será para tu cordada y este puesto será para la mía, de conformidad con los parámetros.

Los dignatarios de la Curia pertenecientes al clan van subiendo en racimos, como las cerezas. Eliges a uno y se agarran diez o viente, sin contar la pléyade de aduladores que los rodean. Se trata de toda una serie de pequeños contubernios que tienden a amalgamarse para defender sus intereses chauvinistas, todos ellos ávidos de carrera y de dinero bajo la forma de corruptelas y favores personales, a su juicio irrelevantes. Centros de poder para mandar, complacer y escalar hacia la cumbre, todos ellos dominados por la figura de un jefe de cordada de calibre casi siempre cardenalicio.

En semejante clima, la Curia, aparte del hecho de adquirir una frialdad glacial, fomenta en su seno rencores y divisiones que la convierten en víctima y súcubo de muy indignos repartos de camarilla. No va con ellos la advertencia de san Pablo a Timoteo: «Te conmino a que observes estas normas con imparcialidad y que no hagas nada por favoritismo.» Para los adeptos al clan, categoría privilegiada como *status symbol*, la enseñanza es la de que, cuando recibes un don, un ascenso, un premio, seas consciente de que alguien lo ha pagado por ti y le tienes que corresponder por lo menos con reverente disponibilidad. En el mundo curial, nada se da a cambio de nada. ¡Con un hombre insignificante y una gran idea del clan, Dios obra sus maravillas! Por lo menos, eso enseñan ellos.

«Leemos en el evangelio —dice san Bernardo— que hubo una discusión entre los discípulos para saber quién de ellos era el más importante. Serías un desgraciado si a tu alrededor [Juan Pablo II] todas las cosas ocurrieran de esta manera. Pero sobre estas cosas basta lo que ya hemos dicho. He rozado apenas el muro sin atacarlo. Ahora te toca a ti; a mí no me es lícito ir más allá. La Curia romana ya me cansa y conviene salir del palacio.»

9

LUCHAS DE PODER
EN LA CURIA ROMANA

El papagayismo curial es una cantinela incesante. Pero, puesto que a los papagayos la lengua les sirve para emitir sonidos, pero no para expresar ideas, en la Curia romana es bien sabido que quien sabe mover la lengua, da lo mismo que piense o que no piense o cómo piense: igualmente hace carrera. El funcionario no dice lo que realmente piensa porque la expresión de su pensamiento ya la ha pensado y pre-pensado su superior hasta el extremo de que las órdenes autoritarias que se utilizan ocultan las palabras de amistad que se callan. En un pasillo tan estrecho de libertad se abre camino la ambigüedad.

La humanidad ya está harta de palabras sin un punto de referencia seguro, es decir, Dios. En esta época tan atormentada, una religión de palabras, de documentos, de edictos pontificios destinados a quedar olvidados en el papel, es como un edificio construido sobre la arena. Los hechos concretos, traducidos a la vida, permanecen firmes sobre la roca y desafían las tormentas.

Se ha dicho que la vida es el parangón de las palabras. «La sabiduría de este mundo —decía san Gregorio Magno en sus tiempos—, consiste en cubrir con astucia los propios sentimientos, en ocultar el pensamiento con las palabras, en mostrar lo falso como verdadero y lo verdadero como falso.» Y Bacon escribió: «Los hombres creen que sus mentes dominan la lengua; pero ocurre que es la lengua la que gobierna sus mentes.» Las palabras ejercen sobre nosotros una tiranía que llega a convertirnos en víctimas involuntarias dotadas de un cerebro sojuzgado.

George Orwell llamó la atención de los estudiosos sobre el peligro del doble pensamiento, es decir, de la manipulación del pensamiento humano por medio de la atribución a las palabras de un significado distinto, rellenándolas cual si fueran unas empanadillas. Semejante método lleva a dar por sentado que todas las motivaciones y todas las experiencias válidas residen en el cuerpo dirigente y en el jefe; por consiguiente, los súbditos ideales y las personas completas que quieren triunfar en su maduración humana, tendrán que identificarse con aquellos que razonan sólo en conformidad con el jefe: obedecer en silencio sin el menor desarrollo mental y social; obrando de esta manera, evitarán que les atribuyan errores y culpas.

La jerga curial conserva y transmite un lenguaje corporativista con léxicos privados y código propio: un verdadero idioma de circuito cerrado, contraseñas, eslóganes que hay que descifrar, locuciones de grupo y comunicación global tipo Internet planetario, con reserva de acceso al sitio cifrado.

Sí, el ambiente de la Curia conduce a una forma técnica de pensamiento con un vocabulario muy especial. Las distintas formas de palabra-fetiche, palabra-prejuicio, palabra-sentencia, palabra-retórica, palabra-mística ya no turban ni inquietan, sino que más bien tranquilizan al destinatario. Es una jerga integrada que produce euforia mental, adormece la reflexión y anula la responsabilidad, pues el que piensa es el grupo, no la persona. En el interior del clan no funciona el diálogo clarificador y la convicción. Es un lenguaje en blanco y negro sin el menor espacio para la duda, una fuerza de choque de carácter verbal que da por descontada la persuasión del que ya ha hecho suyos los esquemas ideológicos y comunicativos de la familia.

Los latinos decían: «*Verba ligant homines, taurorum cornua funes*», «las palabras atan a los hombres como las cuerdas los cuernos de los toros». Unas reservas mentales que entrañan ascensos o aplazamientos, anticipos o retrasos, soluciones ambiguas o esperas que se pueden apagar en expectativas sin esperanza. El que no utiliza el lenguaje del grupo comprueba la marginación a la que lo someten los demás adeptos, los cuales lo consideran alguien que, en lugar de «junto con», piensa «en contra» o «de manera distinta». A pesar de vivir en la era del tan cacareado diálogo a cielo abierto y a todos los niveles sociales, aturdidos por la abundancia de medios de comunicación interplanetaria, hundidos por una catarata de documentos pontificios de chorro continuo, los funcionarios de la Curia, los eclesiásticos en mayor medida que los laicos, se ven impotentes ante la dictadura del pensamiento que domina y esclaviza las mentes de quienes se esfuerzan por no dejarse atrapar por este mundo.

El chauvinismo curial transforma al eclesiástico de original en fotocopia, con una adaptación absoluta en la que destaca su impermeable hipocresía bajo una máscara de begardo. La constancia del goteo crea a la larga una ética catódica de pantalla fija que conduce al lavado del cerebro y la conciencia del integrado en el grupo. A medida que pierde progresivamente su originalidad, a éste le resulta más espontáneo reproducirse.

¿Qué decir de la ultrabimilenaria lengua latina, con la que la Iglesia se expresaba hasta hace unos cuantos decenios? En la Curia romana, la utilización de esta lengua ha desaparecido por completo. Se terminan los auténticos latinistas y disminuyen los que la entienden. Schopenhauer consideraba que el latín afinaba las funciones lingüísticas y Bergson señalaba que la lengua latina habitúa al estudioso a penetrar en el significado de los términos. Ya nadie se refiere a ella como la lengua de la Iglesia.

El conjunto de todo este doble pensamiento para los enterados de la Curia es de tal transparencia y obviedad que no es necesario que sea demostrado. Pero los ajenos a ella necesitan algunas explicaciones.

Ardides para el reparto del poder

Para ascender a los vértices de la Curia romana hay que pertenecer siempre a un grupo compacto y cohesionado con un líder a cuya disposición tienen que estar en todo momento los colaboradores designados. Es un trabajo de años y a veces de décadas, pues no es fácil reunir a unos eclesiásticos de una misma tendencia, elegidos a ser posible en una misma región, cuando no en una misma diócesis y zonas limítrofes. Sin embargo, se trata de una norma muy elástica que admite numerosas excepciones de inclusión de prelados de fuera, según los intereses, las simpatías y las conveniencias.

Así se produce el ciclo de la alternancia de los prelados dignatarios, de un determinado grupo que, para llegar primero a la cima, tiene que poner obstáculos y, a ser posible, interponerse en el camino de los demás líderes. Todas las armas son válidas para cortar el paso al grupito competidor.* Cuando los petimetres superiores llegan tan pimpantes al dicasterio designado, tal cosa no ocurre porque se les considere competentes, sino por simple derecho de primogenitura. De tal forma que, más que iluminar el despacho con su presencia, lo desorientan y lo entorpecen como otros tantos envases desechables. El profeta Oseas en nombre del Señor los apostrofa de la siguiente manera: «Como bandidos al acecho, una chusma de sacerdotes asesina en el camino de Siquem.»

Para poder conservar la cohesión de la familia del circo, el escobajo tiene que arrojar las uvas cual si fueran otros tantos satélites alrededor del universo interplanetario eclesiástico y teclear el alfabeto morse en competición con las demás

---

* La mala costumbre tiene orígenes antiguos y se remonta a la Edad Media. Todos conocen los trapicheos de las familias reinantes de aquella época, que llegaban a convertirse en auténticas batallas y asesinatos para asegurar a la familia la sucesión a la elección papal de un familiar. Así nos lo enseña Marozia, del ducado de Túsculo. Hoy en día les ha sucedido la masonería, que en el Vaticano campa como ama y señora.

familias. Entretanto, el racimo tiene que extender, como un gigantesco pulpo, sus tentáculos en todos los más importantes departamentos de dentro y fuera de la Curia, comprendidos las nunciaturas, los dicasterios y los organismos internacionales, para agarrarse fuertemente a ellos con sus ventosas el mayor tiempo posible con el fin de poder utilizar en el momento oportuno el apoyo y la influencia de los adeptos en las decisiones de los distintos dicasterios y, sobre todo, en las del encargado de elegir a los obispos, tal como ya se ha dicho en otro lugar.

En estos manejos encaminados al reparto del poder se echa mano de unos subterfugios más o menos ajustados a derecho, con pequeñas y grandes guerras de despacho y de familias. Los VIPS de la Curia, que se reparten los puestos clave en sincronía de tiempos y métodos operativos, tratan de eliminar a los adversarios derribándolos cual si fueran bolos, al tiempo que retiran hábilmente la silla a aquel a quien le corresponde por derecho, dejándolo en suspenso sobre un almohadón de nubes. «Concebimos, sufrimos dolores como si tuviéramos que parir: era sólo viento.»

Los excluidos alimentan en sordina los murmullos y los chismorreos, tratando de adivinar quiénes son sus compañeros, los juegos de equipo, las aficiones de los forofos, el sprint de la recta final. Insatisfechos y críticos, refunfuñan por lo bajo su oposición a la intriga. Pero ya no hay nada que hacer. En la Curia no cuesta mucho arrojar a quien sea al polvo y el barro de la calumnia. Es un molesto pisoteo en menoscabo de la dignidad de las personas rectas, denigradas o bien lisonjeadas en caso de que no se pueda prescindir de ellas. Son un signo de contradicción para los que actúan de otra manera y son incómodas incluso para sí mismas porque el «*tibi non licet*», «no te es lícito», casi siempre se decapita junto con la cabeza del Bautista.

Una nidada que pronostica la duración de la escalada, que vigila los principales puestos a ocupar en el futuro y en los que es necesario introducir a pacientes candidatos dispuestos a superar toda una serie de dificultades. Todo ello no es jamás una prueba de fuerza en la Iglesia sino una prueba de auténtica debilidad, signo de los tiempos que corren.

La prefectura de la Casa Pontificia, por ejemplo, es un despacho que ningún líder debería dejar escapar. Por importancia de poder ocupa el lugar inmediatamente inferior al que se reserva al secretario de Estado. El prefecto de la Casa Pontificia, si sabe manejarse, guía al Papa a conciencia y a su antojo, como las riendas al caballo.

Si bien se mira, es él quien establece los tiempos y las maneras de los encuentros del Papa con los demás, no sólo con los laicos, sino también y sobre todo con los cardenales de la Curia. Cuántos cardenales se ven obligados a hacer cola varios meses porque el prefecto tiene orden de no introducirlos tan siquiera entre dos audiencias. A diferencia de lo que ocurre con otros cardenales y prelados de su mismo racimo que consiguen ser recibidos con facilidad por el Pontífice, incluso a escondidas y a espaldas del mismísimo secretario de Estado, en caso de que éste no pertenezca a su mismo nido. Cuando el clan tiene de su parte al jefe de la Casa Pontificia, sabe que cuenta con el hombre adecuado en el lugar preciso para resolver muchas situaciones de su grupo sin tener que pasar por la criba del tamiz de Estado.

Dentro de semejante esquema se tenía que interpretar la asignación de la prefectura a un natural de Piacenza durante la permanencia imperial de dicha familia, la Nasalli Rocca; y a la de un natural de la ciudad de Brisighella durante la permanencia en el poder de la mencionada familia romagnola, Dino Monduzzi, actual cardenal reinante de la Curia, elector de obispos y conclavista en ciernes. Estos juegos de fichas se les escapan de las manos a los prelados extranjeros, más dispuestos a permitir que jueguen con ellos y los engañen que a jugar de centrocampistas. Sin embargo, parece ser que el paso de Monduzzi desde el cargo de prefecto de la Casa Pontificia a cardenal dejó desguarnecido aquel despacho, sin que se produjera una justa e inmediata reposición.

Y he aquí la urgente sustitución con otro fiel miembro del clan romagnolo. ¿A quién envían? No hace falta ni decirlo: al último de los tres hermanos De Nicolò, Paolo, nombrado regente.

Al convertir a Monduzzi en cardenal, el Papa ha colocado de una sola vez en la única casilla de prefecto de la Casa Pontificia tres fichas una detrás de otra, tres nuevos obispos, a los que se han antepuesto los prefijos de pre-, pro- y sub-: un americano, un polaco y uno de Piacenza. Se ve que al Pontífice le dejan muy poco espacio para complacer a sus aspirantes favoritos.

Cuando se produzca el inevitable y repentino cambio de alianzas y el próximo papa tenga que habérselas con el grupito que actualmente ocupa la pista, lo convencerán de que envíe de nuevo a casa a los tres prelados «prefijos» y encomiende las riendas a De Nicolò, a aquel Paolo adiestrado para manejar al Pontífice a su antojo a través de las intrigas vaticanas.

Sabedor de lo que ocurrirá dentro de no mucho tiempo, durante el traspaso de poderes al nuevo papa, el recién elegido piacentino Piero Marini, antaño dedicado a llevar cuadernillos de apuntes y a hacer las inclinaciones y las genuflexiones de rigor, y que en la actualidad luce con orgullo la cruz de la Congregación de San Tarsicio sobre el pecho, ya ha hecho saber que no le va el papel de monaguillo que sostiene al frágil Papa en los momentos de derrapaje y más bien le corresponde un cargo de secretario en algún dicasterio. Hablando en plata, ¡a cada cual lo suyo!

Un juego divino-masónico que ninguno de ellos se atreverá a relacionar con la acción del Espíritu Santo. Éste, que es sencillo, no sabe jugar a las damas ni al ajedrez. En cambio, Satanás, sí; y en eso consiste su diversión.

Basta comparar los distintos anuarios pontificios de los últimos veinte años de «cordadas» para comprobar el alcance de su influencia en la Iglesia, asfixiada por los tentáculos de estos poderosos pulpos que no dejan ninguna escapatoria.

En semejante minoría mayoritaria, los caminos del Señor son muy pocos, tan pocos que los adeptos están en todas partes y adornan con su presencia todos los dicasterios de la Curia. Casi todos ellos son personajes pertenecientes a los dos grupos de Piacenza y Romagna, a los que antes nos hemos referido; sus nombres, entonces como simples monseñores, ya figuraban hace veinte años en la lista masónica. ¿Profecía del tercer secreto de Fátima? ¿O más bien secreto a voces?

Basta deslizar el dedo índice por el Anuario Pontificio de 1998: en él encontraremos, por ejemplo, los nombres de los cardenales Achille Silvestrini, Carlo Furno, Dino Monduzzi, Eduardo Martínez Somalo, Vincenzo Fagiolo, etc., y podremos contar el número de remisiones de cada uno de ellos a las páginas de los más importantes dicasterios curiales. Hay quienes tienen doce y quienes tienen quince, hasta llegar a Pio Laghi, que tiene nada menos que dieciocho. Gracias al sistema corporativista de los protagonistas de los repartos se puede adivinar el carácter tentacular, los condicionamientos y la actuación conjunta de los coordinados dignatarios —la unión hace la fuerza— encaminada a «orientar» la esencia y la existencia de la Iglesia romana, cuyo recorrido político consiguen encajar en este envoltorio que todos llaman vaticanismo.

Oigamos una vez más al maestro san Bernardo que alerta a todos los papas: «Todas estas personas, que persiguen con más ímpetu y agreden con más furia con el peligro de reducirnos a la impotencia, te visitan con mayor familiaridad, llaman con más frecuencia a tu puerta y te apremian con mayor engreimiento. Éstos son los que no tienen reparo en despertar a la amada, antes de que ella lo quiera. ¿Podrías citarme a uno solo de ellos que, tras haberse declarado a tu servicio, no haya exigido todo el poder? A partir de este momento no tendrás ningún proyecto del que ellos se crean excluidos; no tendrás secreto en el que no se entrometan...

Me atrevería a decir que éste es más un pasto de demonios que de ovejas... Me he dejado arrastrar a esta digresión porque quería abrirte los ojos acerca de este aspecto particular de lo que te rodea», oh, Juan Pablo II.

De esta manera, el protector que quiere ensanchar su círculo de influencia y el protegido, que espera de él consideración y ascensos, amplían la camarilla de intrigas y favoritismos en su propio beneficio. El que tira de los hilos de los subordinados es casi siempre el titiritero, que no está dicho que tenga que ser forzosamente el superior: podría ser su entrometido secretario personal.

Según el cardenal Richelieu, defensor del absolutismo estatal o galicanismo, el que ocupa el poder tiene que rodearse de hombres de confianza. En esto la actuación del vaticanismo es perfecta: la Curia los elige y Dios los confirma. Está claro que las corrientes submarinas del piélago vaticano condicionan la vida de la Iglesia de Jesús.

Los ejemplos los tenemos a la vista. No es necesario enumerarlos todos, bastan los de los últimos prelados todavía en ejercicio. La aparente colaboración del clan parece ideal, pero los respectivos miembros tratan de descabalgarse los unos a los otros, mediante un procedimiento indoloro que hay que preparar desde lejos, con tiempo, y entre bastidores. Los hechos, en los casos más increíbles y sorprendentes, se presentan como una normal alternancia que casi siempre se produce en plenas vacaciones del mes de agosto.

Numerosos ascensos vaticanescos se denominan «agosteños» porque se producen en el mes en que los distraídos prelados se encuentran de vacaciones. Los más curiosos, en cambio, pegados a los teléfonos móviles aunque estén en las montañas nevadas o en las soleadas playas, de crucero por los mares o diseminados por doquier, no se pierden ni una sola palabra de la Radio Vaticana a mediados de agosto, en su afán de descifrar los lapsus y las modalidades de abuso de estas falsas pistas veraniegas, elegidas a propósito por los impulsores de injusticias por considerarlas el medio más apropiado para la eliminación de ciertos nombramientos que en otras épocas del año darían más que hablar.

Cada cosa en su sitio: todos los ascensos eclesiásticos poseen su propio código; y los que dan más que hablar, también tienen su tiempo. Los agosteños y los de otros equinoccios curiales son bocados exquisitos para los más expertos vaticanistas, acostumbrados a echar mano de ellos en caso de necesidad. Los intersticios sólo sirven para los incautos e ingenuos que no saben leer entre líneas la correcta interpretación de ciertos ascensos. Los agosteños son, por tanto, los más absurdos y se parecen a las carreras amañadas con más o menos habilidad o descaro, pero jamás punibles en virtud del axioma, según el cual los superiores no se equivocan ni siquiera cuando sus intrigas engañan al papa.

En tiempos de Pío IX y Pío XII, la Curia romana estaba dirigida por cardenales, prestigiosos tanto por origen como por formación, que respondían a los nombres de Pietro Fumasoni Biondi, Pietro Ciriaci, Paolo Giobbe, Luigi Traglia, Alfredo Ottaviani y otros: dignatarios romanos dignos del máximo respeto por su fidelidad al servicio del Papa y de la Iglesia y por su altura intelectual. A medida que el grupo romano disminuía, aumentaba la importancia de los dos clanes cadetes, el de Piacenza y el de Romagna que, bajo el secretario de Estado Tardini, se miraban con hostilidad y se enfrentaban con la mayor consideración, repartiéndose alternativamente los puestos clave de la Curia.

Las cordadas de Piacenza y de Romagna

La cordada de Piacenza – Siguiendo el ejemplo de la disposición del sistema solar, esta familia se suele comparar actualmente con la Osa Menor del hemisferio boreal de la Curia romana, pero su vista sigue siendo muy buena.

En los años sesenta y setenta, la archidiócesis de Piacenza tenía el honor de contar con cinco cardenales vivos, entre ellos, un secretario de Estado, Agostino Casaroli, rodeado por otros hermanos cardenales de Piacenza: Mario Nasalli Rocca di Corneliano, Silvio Oddi, Opilio Rossi y Antonio Samoré, a los que más tarde se añadieron Luigi Poggi y Ersilio Tonini. El aspecto de algunos de ellos resulta de lo más divertido, pero ellos, sin rendirse al desánimo, siguen adelante con su papel; por otra parte, hasta los feos pueden convertirse en unos simpáticos cardenales. Toda esta amalgama de la cordada constituye de por sí un condicionamiento muy especial en la Curia y en la Iglesia, habida cuenta de que copa los cargos de mayor importancia, empezando por el de secretario de Estado.

Pegados a cada uno de ellos, viven en simbiosis otros muchos eclesiásticos de la Curia y del mundo que se apoyan y sostienen mutuamente. De no ser así, no podrían gobernar el vértice durante mucho tiempo. Hay que reconocer que siete cardenales casi todos de la Curia y otros tantos obispos y prelados pertenecientes a una misma diócesis son una muestra de providencia un poco excesiva. Los observadores veían demasiada Piacenza paseando por la corte papal. Soplaba demasiado viento de popa desde aquella zona.

Por regla general, la duración del viento favorable viene a ser de unos veinte años, antes de que se produzca el reemplazo. Una duración suficiente para gobernar el timón de la barca de Pedro hacia el siguiente cónclave y poder señalar en clave al sucesor en la cátedra de Pedro.

La cordada de Romagna – En la actualidad vaticana podría compararse con la Osa Mayor, que en el hemisferio celeste de la Iglesia ejerce más influencia y tiene más posibilidades de alzarse con la candidatura del próximo papa, cuyos conclavistas ya han sido puntualmente alertados.

El clan de Romagna, en el que figuran monseñores de todo pelaje procedentes de otras localidades, estaba muy bien representado por los hermanos Gaetano y Amleto Cicognani y por Marcello Mimmi ai Vescovi; por otra parte, también contaba con los refuerzos de Gaspare Cantagalli (elegido antes de morir como arzobispo de Pompeya, segado por una embolia asesina), Aurelio Sabattani, Achille

Silvestrini, Pio Laghi, Dino Monduzzi y Luigi Bettazzi. Y los tres hermanos De Nicolò: Piergiacomo, Mariano y Paolo, llegados a Roma desde la localidad de Cattolica y pegados a las costillas de Amleto, secretario de Estado, ávidos de fortuna y de ascensos; los tres, con el episcopado en el bolsillo, ocupan ahora altos cargos en la Curia. El último en medio de todas estas lumbreras es el eminente Claudio Celli, perteneciente, huelga decirlo, al mismo clan. ¡Cuánta gracia del Señor!

Por el camino, la cordada de Romagna ha ido adquiriendo otros augustos miembros: Renato Martino, observador en la ONU; Riccardo Fontana y Edoardo Menichelli, ambos secretarios de Silvestrini, y Mario Rizzi, cuyo nombre ya figuraba en la lista de prelados masones de 1978: traidor, hipócrita, escurridizo, conciliador cuando le conviene, dado a los chismorreos y a las calumnias más despiadadas. Y más tarde Pietro Giacomo Nonis de Vicenza, Arrigo Miglio de la ciudad sarda de Iglesias, Lorenzo Chiarinelli de Aversa, Attilio Nicora de Verona, Benito Cocchi en Módena, Cesare Bonicelli en Parma, Italo Castellani en Faenza, Silvano Montevecchi de Brisighella en Ascoli Piceno, etc. Todos ellos ascendidos gracias a los buenos oficios del jefe de la cordada, Silvestrini, con el fin de que sirvieran de contrapeso al grupo de Piacenza.

Son gente que se irradia con sus tentáculos hasta los puestos de más prestigio y cuya sombra pesa como una fúnebre losa sobre la Iglesia, asentada sobre un volcán sumergido que entra en erupción a intervalos regulares muy concretos. Por otra parte, una de las características de los poderes ocultos y, como tales, incontrolados, es la de extender cada vez más sus raíces por todo el cuerpo místico de la Iglesia, aquejada de metástasis tumorales.

Hace poco, un miembro de la cordada de Romagna, monseñor Andrea Cordero Lanza di Montezemolo, amigo íntimo de Silvestrini, ha sido nombrado nuncio en Italia, lo cual significa —lo decimos para los no enterados— facilitarle los nombramientos episcopales en favor de sus soldados y la eliminación de los adversarios.

El cardenal Giuseppe Siri consideraba probable, en enero de 1988, la manipulación de un papa sugerido por la secta masónica. Pero, admitiendo que en el próximo cónclave resultara elegido un pontífice de otra procedencia, el hecho de que los puestos clave de la Curia estén ocupados por influyentes miembros de la cordada de Romagna obligará al nuevo papa a ajustar las cuentas con ellos y llegar a compromisos en la cuestión del gobierno de la Iglesia.

En su escrito «Servizio, non carriera» (Servicio, no carrera), el propio Silvestrini se encarga de confirmar lo dicho anteriormente: «En el seminario jurídico de Sant'Apollinare estábamos tres de Faenza: don Dino Monduzzi, Laghi y yo; todos asistíamos a clase en la facultad de "Utriusque Iuris" de la Pontificia Universidad Lateranense. A dos pasos del Apollinare, en el colegio Capranica, don Franco Gualdrini terminaba sus estudios en la Universidad Gregoriana. Los cuatro estábamos unidos por una fraternal amistad que ha perdurado a lo largo de toda la vida. Ésta era la "carrera" en la que entramos don Pio Laghi y otros como él y como yo.» ¡Viva la sinceridad! La familia de Faenza ha estado desde entonces en la cresta de la ola, lo sabemos de labios de su propio portavoz y jefe de cordada, convencido (o bien tratando de convencer a los demás) de que ellos son la vara con que se tienen que medir los hombres y las cosas en el ámbito eclesiástico. Un puñado de arribistas dignatarios con denominación de origen suficientemente controlada por las órdenes de su fundador, una brújula que orienta, aunque autoritariamente, a todos los miembros de la familia romagnola para que, unidos y en concordia, estén atentos a lo que ocurrirá dentro de no mucho tiempo, cuando se convoque el próximo cónclave.

Éstos también son signos de los tiempos. En su papel de líder vaticano, Silvestrini extrae del cubilete de los ascensos eclesiásticos a los candidatos que más le convienen para los subrepticios ascensos, presentados con astucia al visto bueno papal para enviarlos posteriormente a vegetar como plantas saprófitas sobre el tronco secular de la Iglesia. Todas ellas elecciones de interés humano y de presión injustificada, en claro contraste con la voluntad divina. El complejo de superioridad del mencionado jefe de este clan estropea la relación de reciprocidad con sus hermanos cardenales mientras que su complejo de inferioridad daña sus relaciones con todos los demás prelados de la Curia.

En el drama divino-humano del Calvario se adivina el trajín de los soldados romanos que querían repartirse los pocos bienes del Crucificado. Dos mil años más tarde, sigue ocurriendo lo mismo: *«Diviserunt sibi vestimenta ecclesiae et super vestigia eius miserunt sortem»*, «se repartieron las vestiduras de la Iglesia y las echaron a suerte».

Puesto que los hermanos Cicognani, junto con Cantagalli, Silvestrini y Monduzzi, eran todos de Brisighella, cuando llegó don Renato Bruni, tan ambiguo como maléfico, los satíricos miembros de la Curia pertenecientes a otros grupos, comentaban en broma: *«Christus brisighellatus est»* que, traducido en su verdadero significado, quiere decir: habían obligado a Nuestro Señor a retirar la concesión de la ciudadanía honoraria de Brisighella y entonces Él envió a su primo-sosia Judas Tadeo; hacía siempre lo mismo, incluso cuando lo querían nombrar rey. Sin embargo, cuando se trató de sufrir y morir, permitió que Judas Iscariote lo identificara aquella noche con un beso.

El recién llegado Renato Bruni sirvió a la cordada de Romagna —y se sirvió de ella— durante veinte años y ejerció el mando absoluto sobre el personal, saltándose el orden de precedencia hasta conseguir imponerse durante el interregno de tres cardenales prefectos, débiles mentales, frágiles e imbéciles, en un importante dicasterio de la Curia. Tanto los de arriba como los de abajo estaban indignados, pero nadie se atrevía a denunciar su vergonzoso comportamiento. El hombre se había mostrado extremadamente hábil en el tejido de la trama invisible de la telaraña del clan.

El insulto de la esclerosis se asoma con frecuencia al boato del Sacro Colegio Cardenalicio, eligiendo a las eminencias que mejor pueden rimar con las correspondientes demencias. Qué amarga decepción para los que se han pasado toda una vida cabalgando a lomos de un rocín que iba cayendo progresivamente en la decrepitud. ¡Adiós, sueños de gloria!

Los miembros de los dos clanes de Piacenza y Romagna salen de vez en cuando a enfrentarse en singular combate, cuando hay que repartirse algún cargo de especial prestigio. En semejante duelo, los sables permanecen mudos en la pared mientras las vainas se baten en silencio. Después, cada cual regresa a su campamento.

Gladiadores y fieras

Es bien sabido que, debido a la alternancia en los puestos del vértice de la Iglesia, primero fue secretario de Estado Amleto Cicognani, natural de Romagna, y después lo fue Agostino Casaroli, natural de Piacenza, al cual estuvo a punto de seguir el romagnolo Achille Silvestrini, que lo deseaba con toda su alma y a toda costa, a pesar de su proverbial adormecimiento.

Cuando los dos Cicognani desaparecieron de la escena vaticana, Silvestrini, que ya ocupaba el importante cargo de secretario del Pontificio Consejo para los Asuntos Públicos de la Iglesia bajo el secretario de Estado Casaroli, natural de Piacenza, consideraba que estaban tardando demasiado en nombrarlo cardenal y, para mantener vivas sus expectativas, se sacó de la manga la idea de celebrar cada año en Brisighella un solemne funeral por las almas de sus dos presuntos tíos abuelos cardenales, haciéndose pasar por sobrino de los Cicognani, por más que sus paisanos negaran cualquier relación de parentesco, ni siquiera lejano, entre ellos.

Una vez establecida la fecha anual, el esforzado Achille encargó a sus agentes provocadores Renato Bruni (todavía no caído en desgracia) y Mario Rizzi (un emiliano de la peor especie) el traslado a Brisighella, en caravana de vehículos de superlujo, de la mayor cantidad posible de peces gordos de todas las tendencias imaginables, con el fin de que rezaran hasta nueva orden por las dos almas que tanto lo necesitaban todavía, al menos a juicio de su sobrino nieto. ¡Pobrecillos! ¡Que Dios los tenga en su gloria!, clamaban en los pasillos de la Curia. Como es natural, el Papa leyó en el *Osservatore Romano* el mensaje en clave y los nombres de los VIPS que allí habían acudido vestidos de luto para rezar. Los funcionarios seglares de la Secretaría de Estado, romanos de pura cepa, comentaban entre sí: «¡Ése llora a los muertos y jode a los vivos!» El ansioso sobrino de los Cicognani debió de ser advertido tal vez en sueños por sus falsos tíos de que ya no se celebrarían más sufragios por ellos. Todo ello coincidiendo con la fecha en que la Santidad de Nuestro Señor Juan Pablo II lo nombró cardenal en el consistorio del 28 de junio de 1988. Una vez obtenida la investidura, no por intercesión de sus presuntos tíos Cicognani, que ya habían perdido toda su influencia, sino gracias a los buenos oficios del honorable Bettino Craxi, el filomasón socialista con quien don Achille había colaborado en la organización del famoso Desconcordato de 1984 entre el Vaticano e Italia, firmado poco antes de que el fugitivo y poco honorable se largara precipitadamente para fijar su residencia permanente en la fortaleza tunecina de Hammameth.

La cosa vino como anillo al dedo precisamente cuando todo estaba a punto de malograrse: «El viento sopla donde quiere y nadie sabe de dónde viene ni adónde va», le explicaba Nuestro Señor a Nicodemo aquella noche.

A propósito del Desconcordato, la prensa recordó en su tiempo la fuerte oposición de todos los cardenales y obispos de la Conferencia Episcopal italiana al texto redactado por el entorno socialista del honorable Bettino Craxi y del honrado Silvestrini. La opinión pública fue informada del violento enfrentamiento entre dicho prelado de la Curia y el plácido patriarca de Venecia, cardenal Albino Luciani, portavoz de la esfera eclesiástica y del laicado católico que estaban en contra del proyecto de aquel texto tan desconcordado.

Los adversarios señalaban que aquel Desconcordato era un clásico ejemplo de documento redactado sin tener en cuenta la realidad de la situación, al margen del contexto histórico y social, y sin haber consultado la base del clero de las diócesis, en beneficio exclusivo de los firmantes.

Cuando Albino Luciani, sin ninguna mezquina intriga burocrática y sin que se hubiera producido ningún conflictivo adelantamiento, fue elegido inesperadamente papa con el nombre de Juan Pablo I, Silvestrini, que, a pesar de sus refinados modales, no conseguía presentarse ante el nuevo papa como un personaje totalmente convertido al cambio de situación, comprendió que se había jugado el cardenalato. El rigor moral del nuevo pontífice le era lo bastante conocido como para hacerle comprender que no podría atraerlo a sus sectarios objetivos.

Largo y profundo fue su suspiro de alivio al enterarse de que, al cabo de apenas treinta y tres días, aquel pontífice había sido encontrado muerto en su lecho. ¡Loado sea Dios! El eminente romagnolo podía seguir esperando tranquilamente la escalada. ¡Oh, muerte bendita, jamás fuiste tan bien recibida como aquella vez! Al ver que los adversarios no se calmaban ni siquiera después de la firma del Desconcordato, se le ocurrió la estratagema de encomendar al prelado Vincenzo Fagiolo, cual si éste fuera la pluma del padre Giuseppe de Luca o del padre Lorenzo Milani, espíritus libres de toda servidumbre, la tarea de ensalzar en la prensa las ventajas y virtudes del pacto mientras reclutaba a varios eclesiásticos del clan para que hicieran de recaderos por medio de conferencias y seminarios y convencieran al clero y a los obispos de las diócesis más rebeldes.

Sometido a análisis, el Desconcordato dejaba al descubierto unas incongruencias y superficialidades que ahora, sin laureles y oropeles, resultan cada vez más graves y preocupantes, sobre todo en la cuestión de la formación escolar. Los protagonistas de aquella intriga, a pesar de su sonrojo, están siendo juzgados por la historia y ahora esperan al acecho a uno y otro lado del Tíber.

Volviendo a la sucesión de Casaroli, los dos pretendientes de la época, Silvestrini y Martínez Somalo, llegaron al enfrentamiento directo y, para su gran deshonor, intercambiaron injuriosas cartas, respaldados por sus respectivos partidarios, quienes se mostraban directamente interesados en la victoria de su gladiador que sufría el ataque de las fieras. El gobierno de la Iglesia sigue su camino a golpe de sordas peleas entre bandos enfrentados. Los duelos del ático provocan temblores en los pisos inferiores.

Una muestra del escrito de Silvestrini contra Martínez Somalo, que se hizo llegar a muchos dignatarios de la Curia, decía entre otras cosas: «Arrastrado por el afán competitivo de los profesionales que tratan de hacer carrera [...] se queda uno asombrado cuando piensa en los detalles de la delicadeza y la habilidad con las cuales has desacreditado a tu posible rival, Achille Silvestrini, inventando contra él toda suerte de falsedades [...] lengua mordaz, la perfidia es tu mayor virtud [...]» El mordaz Martínez Somalo envió a los dignatarios ya citados una fotocopia del escrito, añadiendo a pie de página el simple comentario: «Advertencia mafiosa – firmado: con mucho rencor, Achille y el querido amigo Giovanni Coppa.»

En el breviario de aquellos días los sacerdotes leían: «No hay sinceridad en sus bocas, su corazón está lleno de perfidia: su garganta es un sepulcro abierto, su lengua es adulación. Condénalos, Señor; que fracasen en sus intrigas, pues se han rebelado contra ti.» Unos prelados de tanto rango se rebajan a pincharse con saña sin desdeñar los golpes bajos cuando se trata de conseguir la prioridad del adelantamiento en el poder. La zancadilla, aunque por más que torpe e incorrecta, está tan de moda en la Curia y fuera de ella, que ya casi ha perdido toda su gracia.

Estos hombres, con la vesícula y la próstata maltrechas,

se invitan amablemente a comer y después se desafían a un rústico duelo. Y, cuando alcanzan la recta final, la carrera para la eliminación del adversario adquiere un carácter violento, aunque jamás pierda la sutileza y la elegancia. El digno y capacitado sucumbe; el hábil y astuto triunfa. Cuando el juego es rudo, los más duros salen a la palestra para enfrentarse en batalla. El que gana impone su opinión, aunque ésta no sea acertada. En las últimas fases, la fuerza del derecho cede ante el derecho de la fuerza.

A propósito del «querido amigo Giovanni Coppa», el lector podría sorprenderse con razón de su presencia en la cordada de los romagnolos, siendo natural de Alba, Piamonte. Era uno de los más íntimos colaboradores del entonces omnipotente sustituto Giovanni Benelli que colocó hábilmente a Jean Villot y a Pablo VI ante los hechos consumados, lo cual le granjeó el apodo de «Su Excelencia», por haberse pasado más de lo debido. La congregación benelliana era otra cosa.

Monseñor Benelli llamó a Coppa a la Secretaría de Estado, le confirió amplios poderes para que vigilara el trajín de los juegos y lo nombró asesor. Se fiaba ciegamente de él, tal vez porque estaba medio cegato a causa de las muchas intervenciones que había sufrido en la retina. El que lo sustituyó por entero, Giambattista Re, también pretendía que lo nombraran asesor, habida cuenta de que ya era como de la casa. Pero ni Benelli ni Coppa dieron su brazo a torcer. Guardándose en el congelador su sucesión para la sede de Florencia, el sustituto trató de permanecer el mayor tiempo posible en el gobierno de la Iglesia durante aquellos meses tan decisivos en que Pablo VI ya estaba en las últimas.

No hay ningún perro que suelte de buen grado el hueso que lleva en la boca. Justamente lo que está haciendo actualmente el sucesor de Benelli, que se ha negado a ir como cardenal a Génova y prefiere conservar su despacho de sustituto en la Secretaría de Estado. Hace cincuenta años, la

Secretaría de Estado de Pío XII, el papa Pacelli, era más sobria y eficaz sin estar dirigida por ningún cardenal: hoy en día Sodano y Re ni siquiera son suficiente pues siempre andan por ahí con el Papa, mareando la perdiz.

Un día, mientras hacía cola en el economato, el ama de llaves de Coppa le reveló en secreto a una amiga suya que aquella mañana su prelado aún estaba durmiendo, pues había permanecido de guardia hasta las dos de la madrugada en su despacho hasta que regresó Benelli para relevarlo; hacía varias noches que ocurría lo mismo, pues el anciano Pablo VI sufría unas crisis de fiebre muy alta y su salud podía venirse abajo de un momento a otro: tenían que estar alerta para cribar los papeles del despacho que deberían enviarse a otro lugar en caso de que se produjera un inesperado fallecimiento. Un chismoso monseñor que precedía a las mujeres en la cola, aguzó el oído y después difundió el comunicado revelándolo individualmnente a varias personas, tal como se suele hacer con todos los secretos pontificios.

Cuando el Papa se recuperó un poco, monseñor Benelli se dio cuenta de que no había tiempo que perder y apremió al anciano pontífice para que convocara un consistorio, digamos de emergencia, para nombrarlo cardenal y arzobispo de Florencia, junto con otros tres nombres reunidos a toda prisa sólo para hacer bulto. Un año después murió Pablo VI.

Así pues, con la marcha de Benelli de la Secretaría de Estado y su traslado a Florencia, donde lo esperaba la hermana muerte, Coppa y todos sus restantes protegidos se quedaron huérfanos y se lanzaron al abordaje como los cruzados cuando se quedaban sin un capitán que les pagara el sueldo: sálvese quien pueda. Cada uno se buscó un benévolo protector que quisiera acogerlo y Coppa eligió a Silvestrini, el cual lo incluyó de muy buen grado en su carro. Es más, consiguió que le asignaran nada menos que un cargo que ya había ocupado, el más secreto e importante de la Secretaría de Estado, llamado «Oficina de Personal», en el que se guardan los expedientes de los más altos dignatarios destinados a los vértices de la Iglesia, obviamente condicionados y dirigidos según las directrices del *diktat* de los jefes que el papa aprueba sin sospechar nada.

En esta oficina, los destinados a hacer carrera se inscriben en el *registro blanco*, con sus correspondientes expedientes no menos blancos y transparentes; en cambio, los repudiados, es decir, los destinados a las catacumbas, si adquieren notoriedad, se inscriben en el *registro negro*, junto con un montón de notas opacas, oscuras y dudosas. Huelga decir que los del *registro blanco* están destinados a escalar las nevadas cumbres de las distintas carreras eclesiásticas.

La excesiva injerencia de Coppa en los asuntos de la Curia incluyó arbitrarios nombramientos de prelados de Alba para cargos de universidades pontificias y dicasterios y dio lugar a que se disparara el resorte de su apartamiento y a que se le relegara como nuncio en el minúsculo estado de la República Checa (1990), donde se maneja muy bien para representarse a sí mismo, siempre en estrecho contacto con su protector Silvestrini. Basta decir que en poco más de un año y medio ha conseguido que el Papa regresara nada menos que tres veces a aquel pequeño país sin un motivo político o religioso justificado. En paciente espera, aguarda a que el viento cambie de proa a popa, léase Coppa.

En todo este carrusel, el que se aprovecha es siempre el consabido e intrigante cardenal romagnolo, el cual se ha puesto al frente del Gobierno en la sombra de la Iglesia y se considera más que suficiente para regirla él solito, tanto en ausencia como en presencia de los corifeos de la Secretaría de Estado.

10

BURLAS, DIVERSIONES
Y MANGONEOS SAGRADOS

Muerto Pablo VI el 6 de agosto de 1978, los medios de difusión y la prensa designaban al cardenal Giuseppe Siri, un auténtico gigante del Sacro Colegio por sus dotes pastorales, su formación intelectual, su coherencia de fe y vida y su fidelidad a la tradición de la Iglesia, papa electo antes incluso de su entrada en el cónclave. Aquellos días en Roma, el cardenal tenía una lista de citas con cardenales, embajadores, políticos y prelados de todas clases y tendencias. El cardenal arzobispo Siri, modesto, de palabra pausada, precisa y cortante como una espada de doble filo, prestaba atención sin hacerse demasiadas ilusiones: sabía que una categoría masónica muy bien asentada en el Vaticano se oponía a él. Sin embargo, no podía adivinar la puñalada trapera que ésta le había preparado a su espalda para destituirlo de aquel plebiscito de pronósticos y consensos. Como es natural, a los gigantes hay que contemplarlos desde lejos para poder apreciar su ciclópea estatura y no correr el riesgo de confundirlos con unos monstruos.

La mañana del cónclave, Siri apenas tuvo tiempo de enterarse a través de los titulares de la prensa de que había concedido una entrevista que él jamás había concedido, a propósito de la actuación del futuro papa y de lo que éste debería hacer, en la que se le atribuían unos delicados y peligrosos comentarios encaminados a oscurecer su figura de cardenal papable. El arzobispo de Génova ni siquiera tuvo tiempo de desmentirlo: la puerta del cónclave se cerró a su espalda. El mensaje de aquella camarilla tuvo eco en el cónclave y fue inmediatamente recibido por la asamblea que, por prudencia según dijeron, apartaron a un lado al coloso predestinado.

Pero Siri no fue sólo un papa fallido. Todo el mundo sabe que fue también un fallido secretario de Estado a comienzos del pontificado de Wojtyla.

En los archivos secretos del cardenal de Génova se conserva también la carta de un prelado romano, escrita después de la elección de Juan Pablo II: en ella se lee que algunos cardenales habían señalado la conveniencia de tener como secretario de Estado a un hombre de la talla de Siri, por lo que se exhortaba al arzobispo a que hiciera el enorme sacrificio de renunciar a Génova para enfrentarse valerosamente con la tarea de limpiar enérgicamente de prelados sospechosos hasta el más recóndito rincón de la Curia romana y ofrecer posteriormente sus servicios cuando se produjera el cambio de guardia. El purpurado contestó a la misiva al día siguiente de la Navidad de 1978, disculpándose por el retraso para añadir a continuación: «Por lo que a mí respecta, siempre he obedecido, incluso cuando la obediencia me costaba muy cara; no tengo la menor intención de cambiar de proceder en la última parte de mi vida. Estoy a las órdenes. Pero tengo la impresión que las "órdenes" no vendrán.» Su rigidez no hubiera sido del agrado de los planes de la Curia y de las logias de Rafael.

Benelli y Baggio fueron protagonistas en el primero y en el segundo cónclave, pero sus respectivas corrientes se enfrentaron providencialmente de tal forma que por muy poco no salió elegido el papa de su gusto. Los dos clanes, intransigentes en el apoyo a su respectivo candidato, se negaron a que sus votos fueran a parar al otro. Llegaron a una solución de compromiso: por de pronto, les bastaba con eliminar al temible coloso de Génova. El bloqueo burocrático permitió que la providencia llamara por primera vez con Juan

Pablo I, el sonriente papa Luciani, muerto al trigésimo tercer día de pontificado: ¿de muerte natural?

En el cónclave reunido por segunda vez, los bandos se enfrentan más que nunca con las espadas en alto. Pilladas por sorpresa, las piadosas camarillas hicieron un rápido recuento y comprobaron que corrían el peligro de que el cardenal Siri se alzara cómodamente con el triunfo aunque entretanto otros se hubieran alineado en favor de Baggio. Las órdenes de la superioridad hicieron que los votos de ambas corrientes fueran a parar al extranjero, en cuyo nombre se habían concentrado diecisiete votos en el anterior cónclave. Puede que, en aquella ilustre asamblea, el número les diera suerte.

Mientras asistía con benevolencia a la llegada de los polacos, la Curia tomaba nota de la repentina muerte del vicepontífice Jean Villot. En su caso, los magos y videntes también se preguntaron si había sido una auténtica enfermedad la que con tanta celeridad se lo llevó.

En el Vaticano, a cada cambio de guardia en el vértice, se produce una composición y descomposición de efímeros conglomerados de familias, plenamente conscientes de que allí lo único estable es lo provisional y lo único fiable es el engaño. Pero lo efímero, decía Catón, resulta caro aunque sólo cueste un céntimo.

Cuando, por ocultos motivos, sucumbe una corriente que estaba en lo más alto, los prelados de la cordada se disponen a entrar en la cámara frigorífica, en la que con modestia y paciencia aguardarán el regreso de la esperada primavera. Lo cual puede durar un papado o el período suficiente para que un cardenal de los suyos haga un salto de calidad.

El fin de cualquier pontificado que se encamina hacia el ocaso siempre es perjudicial para la elite de la Iglesia, como la larga agonía del Crucificado entre los dos ladrones. De tal manera que la muerte del ya muy debilitado pontífice polaco se empareja con una suprema esperanza de un radical cambio futuro. Según Aristóteles, la esperanza es un sueño hecho por gente despierta. Sin embargo, mientras esperan bajo la capa de hielo, ya preparan su plan de ataque y miden el tiempo en la esfera de un reloj planetario. Cuando llegue la hora, se despertarán de su letargo como las termitas y saldrán al aire libre más orgullosos y agresivos que nunca.

Durante esta hibernación, la punta del iceberg es sólo la novena parte del todo; las nueve décimas partes sumergidas, anodinas y sin denominación, son precisamente lo más peligroso, la que hay que evitar en caso de enfrentamiento. Los grandes camaleones quedan así mimetizados en el interior de la puerta giratoria, listos para volver a entrar en juego en cuanto cambie el viento. Los excluidos son tan sólo los que han tenido la mala suerte de quedarse atascados.

Cada vez que Cristo se asoma a los umbrales de la historia, por ejemplo, en Fátima, el padre Pío, Medjugorie, salen inmediatamente a su encuentro los preocupados miembros de la Curia, lo sujetan por la manga, le insinúan la conveniencia de cambiar de rumbo, de silenciar determinados secretos, suavizar las afirmaciones y modificar el contenido, lo cual es, en definitiva, una desviación en forma de prudencia. Justo como recordaba san Bernardo: «El celo de los eclesiásticos sólo les sirve para asegurarse el puesto. Todo se hace por la carrera y nada o muy poco por la santidad. Si yo tratara de reducir este aparato y de ser más accesible, dirían: "Por el amor de Dios, eso no es conveniente, no es acorde con los tiempos, no es propio de Vuestra Majestad; recordad la dignidad de vuestra persona."»

En el Vaticano, Dios se divierte; crea paraísos en conflicto, donde los poderosos dignatarios de los bandos en liza disfrutan con sus asechanzas, pero los deja sin un infierno común en el que poder reunirse como en el bar.

Intrigas, clientelas y recomendaciones

El desorden lleva a la corrupción y a la concusión. Los magistrados de «Manos Limpias» en Milán tuvieron el valor de denunciar sin ambages ante Italia y el mundo entero todas aquellas corruptelas. La denuncia es muy grave en todas las sociedades civiles. Les pusieron las esposas a los VIPS de la política, de la aristocracia y del mundo industrial y arrastraron indirectamente a los partidos, la masonería y la Iglesia. Una limpieza saludable que, sin embargo, no fue del agrado del *Osservatore Romano*.

¡Lástima que semejante equipo anticorrupción jamás pueda surgir en el corazón de la ciudadela vaticana! El dedo señalaría la purulencia cancerosa que infecta aquí y allá todo el cuerpo místico de Cristo. Si alguien denunciara su existencia, sería ahogado en el silencio de los que bajan a la tumba.

La moralidad en el Vaticano está plagada de intrigas, corruptelas, clientelismos y enchufes. Ya hemos comentado las recomendaciones de los candidatos al episcopado, el único sistema que existe para su elección. Pues bien, en todos los demás ascensos que se producen en la Curia romana, en lugar de concursos de méritos, impera la desvergüenza de la clientela y la recomendación.

Es bien sabido que todos los que están destinados al éxito en la Curia cuentan con más bendiciones que carismas. Pero ¿qué más da eso? Es algo que ocurre en todas partes: ¿cuántos obispos, interesados en ciertos ascensos eclesiásticos, ayudan al nuncio de su país a hacer elecciones equivocadas? Alguien ha dicho que sólo existen dos categorías que precisan de un protector para medrar en la vida: las prostitutas que esperan clientes en las aceras y los monseñores ávidos de hacer carrera en el Vaticano.

Como cualquier funcionario, el de la Curia guarda siempre un sueño en el cajón. Consciente, sin embargo, de que no lo podrá alcanzar simplemente con sus fuerzas, se lanza a la desenfrenada búsqueda de un prelado protector, a ser posible el más taumaturgo que haya en la plaza, a cualquier precio y aunque tenga que dejarse por el camino algunos jirones de ética, dispuesto a inmolar todo lo que en su persona se pueda inmolar. De tal manera que los sementales salen a la pista y los purasangres se ven obligados a tirar inexorablemente del carro. El ascenso se convierte en moneda de cambio y se regatea con él como con un caballo de raza.

Unos griegos les pidieron a Felipe y a Tomás una recomendación para que los presentaran a Jesús; de este hecho deducen los curialistas el origen divino de la recomendación que induce a los interesados a encomendarse al prelado de más prestigio y más en la cresta de la ola, capaz de ayudarlos a hacer carrera con sus recomendaciones. No se examina la mejor o peor preparación del candidato y no existen los concursos: sólo intercambios de favores entre los poderosos en beneficio de sus protegidos. Cada funcionario de la Curia romana, a pesar de ser un hombre histórico y concreto como los demás, está por inveterada costumbre a la merced de su superior. El superior está autorizado a anteponer, posponer o discriminar a cualquiera que pertenezca al ámbito de su despacho. Su voluntad es ley. *«Stat pro lege voluntas»*, «la voluntad dicta la ley». De esta manera, el emprendedor miembro de la Curia acaba por convencerse de que cumple la voluntad divina cuando consigue hacerla converger o, mejor todavía, torcer para que coincida con la suya hasta el extremo de considerarla una confirmación divina de su proceder, como «si tuvieran a Dios en sus manos».

El monarca superior no siempre es ecuánime y justo; no se considera obligado a remunerar a sus colaboradores según sus méritos, su antigüedad en el puesto o su competencia. Sus decisiones pueden apartarse del código deontológico y obedecer a simpatías o antipatías o bien a la pertenencia a clanes y familias o a la necesidad de recompensar favores.

En el ambiente curial, chismoso y receloso, el hecho de que alguien no sea ascendido equivale a una difamatoria denuncia pública en presencia de los demás, los cuales se preguntan qué clase de graves delitos habrá cometido aquel colaborador para que lo hayan castigado. De ahí que el fallido ascenso o el retraso en la concesión de un honor equivalgan a una acusación pública: el interesado la espera o la pide no por lo que da sino por lo que quita.

«He escrito a la Iglesia, pero Diotrefes, que aspira al primer puesto, no nos recibe» (San Juan Evangelista). Desde entonces, ¡horror!, cuántos diotrefes como aquel primero se han multiplicado en la Iglesia, aspirando a los puestos más altos a los que se pueda llegar, incluso, ¿por qué no?, al de papa.

Memorables han sido los almuerzos y las cenas de ciertos prelados. Los de la época actual no les van a la zaga. Bástenos recordar el faraónico banquete que se organizó a la vista de todo el mundo para celebrar el 50 aniversario de la ordenación sacerdotal de Juan Pablo II por iniciativa del entonces secretario del Dicasterio para el Clero, monseñor Crescenzio Sepe. Un suculento menú que el Papa compartió con dos mil alegres sacerdotes de su quinta, todos con sus platos, su vino y sus mondadientes. De los tiempos fuertes a los platos fuertes no hay más que un paso. ¡Cuántas veces lo que no se consigue resolver con la mollera se resuelve fácilmente con la sopera y un buen vaso de vino! Se trata de un auténtico ministerio almorzoral.

A la hora del desayuno y del bufé se urde la historia, degustando sabrosos manjares regados por excelentes caldos en compañía de gente encantadora, con la cual se diría que Josué ha detenido el tiempo hasta que, al final, se alza con el triunfo el candidato de turno o una determinada tesis. En la mesa se habla de buen grado de toda suerte de cosas: de las reformas y de los ascensos que hay que llevar a efecto casi inmediatamente después de la cena, mientras la historia sigue el ritmo de la digestión y se organiza el destino dentro del horario de la alegre brigada de comensales. Todos parecen estar de acuerdo sobre la causa que hay que llevar a buen puerto y por cuyo triunfo desciende generosamente el zumo de la vid hacia la centelleante copa.

Los monseñores, salvo honrosas excepciones, son unos sibaritas en la mesa, sobre todo cuando el que invita es otro. Tanto el anfitrión como los convidados saben que detrás de aquel rito se esconde la necesidad de sacar conclusiones en un futuro no lejano. Pero, entretanto, se hace tranquilamente honor a la mesa y, para saciar el hambre y experimentar el placer de la saciedad, se siguen utilizando los dos carrillos.

Los almuerzos ofrecidos a los superiores de la Curia se convierten a menudo en concursos internos. La aprobación del pez gordo equivale a la contratación o al ascenso o bien a una licenciatura en el bolsillo. En la mesa no tiene que faltar el examinando, es decir, el aspirante, casualmente sentado (es un decir) al lado del examinador, que es el que ha de tomar la decisión. El primero, el examinando, tiene que echar mano en igual medida de maña y de buchada, lo justo para dar a entender modestamente que el aspirante promete. El segundo, el examinador, también tiene que jugar a interpretar el papel de delegado del delegante, a quien teóricamente debería corresponder la última palabra. Pero, si la degustación es inmejorable, el asunto se considera zanjado.

Muchos prelados se reúnen de buen grado en desayunos de trabajo para que se les pase precisamente la embriaguez gastronómica y alcohólica. En semejantes reuniones los ascensos de los recomendados se resuelven más rápido. Los camareros profesionales de más confianza observan con disimulo que hasta a los prelados más serios, a medida que levantan el codo junto con el vaso, se les va levantando el ánimo. Los que están acostumbrados a la mezcla de los vapores hacen apuestas sobre el resultado: ¡bueno, lo consiguió!

En lugares reservados, en el interior de salas a resguardo de oídos indiscretos, con una intimidad rigurosamente garantizada, servidos por personal muy discreto y a toda prueba, lo espiritual se alía mejor con lo material: entre burlas, diversiones y mangoneos sagrados, ¡misión cumplida! Tras las primeras confidencias, sueltan las informaciones de mayor interés; se hacen promesas de absoluta discreción; siguen después las evaluaciones personales; se mencionan los nombres de los protegidos, se indica el recorrido que se deberá seguir y los prelados a los que habrá que implicar en el proyecto para que éste llegue a buen puerto. Y las personas de las que se podrán obtener informaciones absolutamente garantizadas. Cuando el Papa dé su visto bueno, el Señor también estará de su parte para que su Vicario no quede en entredicho.

Al final, el camarero presenta en un platito la cuenta de la cena. El que la paga, aunque sea muy elevada, se dará por satisfecho: ¡París bien vale una misa!

Compromisos, presiones y delaciones

El predominio del ansia de poder más desenfrenado, el reinado de la megalomanía de los ascensos y de la más cínica desfachatez de los favoritismos rayanos en la corruptela, todo eso se puede encontrar en el Vaticano.

Muy hábiles en mantener el equilibrio sobre la cuerda floja, los que han llegado a los vértices superiores, en los casos en que se revelan ineptos para los puestos que ocupan, hacen saber a la superioridad que, por dignidad y por el prestigio del cargo que hasta entonces han ocupado, sólo se irán a cambio de un ascenso a un puesto mejor, del que emergerán a su debido tiempo para seguir mangoneando. Un ave fénix que renace constantemente de sus cenizas, utilizando hábilmente sus derrotas como rampa de lanzamiento. Ellos, en lugar de expiar sus culpas, consiguen ascensos y aplausos gracias al admirable mecanismo cuyo secreto todos conocen.

Si un recomendado o un ascendido, a pesar de haberla armado buena, consigue no perder el apoyo de su protector, recurre inmediatamente y como *ultima ratio* a la regla de oro: *promoveatur ut amoveatur*, es decir, «el ascenso a cambio de la destitución». La máxima abre a menudo el camino a grandes injusticias, pero sirve para ocultar enormes fallos en los misteriosos engranajes de los juegos de la Curia. En el reverso de cada uno de ellos se lee en clave romanesca, *«Dejantri nun ce ne frega gnente!»*, «a nosotros nos importa un comino». A costa de los que merecen el ascenso, los protectores del emergente, a pesar de ser culpable, lo premiarán, silenciando sus fechorías y convirtiéndolas en falsos méritos. En la Curia triunfa el que sabe manejarse mejor a la sombra de su protector. La candidatura del enchufado corre velozmente sobre el hilo del molesto cuchicheo y se convierte en noticia.

Dios, en su sencillez, sabe colocar el bien exactamente en la parte contraria del mal. Los hombres, en cambio, consiguen acoplar hábilmente el mal sobre el bien, invirtiendo e intercambiando los papeles de ambos cuando les conviene. Y, en los casos en que resultaría repugnante obligar a aceptar sin más lo contrario de lo opuesto, revisten el bien con impúdicas palabras, es decir, con calumnias, y el mal con espléndidas falsedades y, una vez camufladas de tal guisa, no pudiéndolas presentar a Dios omnisciente que las rechazaría con desagrado, se las presentan a su Vicario en la tierra, ignorante de la verdad, para que elija el mal disfrazado de bien y rechace el bien mancillado por las calumnias. Tras haber obtenido la aprobación del proyecto, dicen que ha sido obra del Espíritu Santo, el cual no tiene absolutamente nada que ver con semejantes engaños.

Así se producen ciertos ascensos: mediante compromisos, presiones, maniobras y delaciones. La esencia de las cosas no varía jugando con las palabras, tal como se suele hacer. Y la gratitud se convierte casi siempre en aval y esperanza de futuros favores, recíprocos, naturalmente.

Son vicios y defectos de la Curia que ya aburren hasta a los corderos. En la Iglesia hay suficiente luz para los que creen y suficientes sombras para los que dudan, dice Pascal.

Mediante uno de estos juegos sucios un prelado norteamericano había conseguido ocupar un lugar preeminente en la Curia, precisamente allí donde se moldean las vajillas episcopales. En los pocos años que transcurrió en aquel importante dicasterio, dio mucho que hablar a causa de la extraña manera que tenía de llevar a cabo ciertas tareas extraordinarias de despacho, encerrado hasta muy tarde con algunos apuestos jóvenes.

Pero los porteros de ambos edificios, el del domicilio particular y el del despacho, no eran de la misma opinión; se hablaba mucho acerca del motivo de aquellos encierros nocturnos. Ante la inevitable necesidad de la destitución, el prelado fue destinado a una gran archidiócesis de su país. Él lo aceptó, pero con una condición: que *pro hac vice*, para compensarle de la molestia del cambio, aquella archidiócesis fuera también sede cardenalicia. Poco después, casi por consenso divino, el prelado americano tan aficionado a los servicios «extraordinarios» fue nombrado cardenal de la Santa Iglesia Romana.

En el Vaticano se acaba de celebrar un Festival para el Clero: una «manifestación en ocasión del simposio promovido por la Congregación para el Clero para celebrar el trigésimo aniversario de la promulgación del decreto conciliar *Presbyterorum Ordinis*, con la intervención del Papa al término del festival. Huelgan todos los comentarios que ya se pudieron leer entre líneas en la prensa internacional y han quedado para la historia. Todo se debió al mal disimulado exhibicionismo del prelado secretario, un hombre vulgar que quiso colocarse en una situación extraordinaria para parecer excepcional. En resumidas cuentas, lo había organizado todo para situarse en la recta final de la dirección de su dicasterio, dado que el cardenal prefecto estaba a punto de alcanzar el límite de edad canónica. No lo consiguió por un pelo.

Pero aquel festival le sirvió para adjudicarse la organización de los futuros festejos para el 50 aniversario de la ordenación sacerdotal del Papa, cuyo éxito le valió el nombramiento de secretario general del Comité para el Jubileo del año 2000. La fastuosa celebración cincuentenaria se transmitió durante varios días por Mundivisión. La prensa no hablaba de otra cosa en primera plana. Acallaron las noticias sobre los tres pueblos del Cuerno de África que aquellos días se estaban diezmando mutuamente con el fin de que no distrajeran al resto del mundo de aquel espectáculo que muchos calificaron de carnavalesco.

Una parte excesiva de la Iglesia se entretiene con cosas materiales y terrenas y confunde nuestro paseo transitorio por el planeta con una perenne palestra de aspiraciones egoístas y satisfacciones corporales. Por más que todos sepan que la felicidad no estriba en el tener sino en el ser, al prelado que lleva la escalada en las venas le cuadra mejor decir, como Oscar Wilde: «Dadme lo superfluo y prescindiré de lo necesario.»

Durante aquellos festejos parecía oírse la voz de repudio de Dios por boca del profeta Malaquías: «Y ahora esta advertencia a vosotros, sacerdotes. He aquí que os romperé el brazo y os arrojaré excrementos al rostro, los excrementos de las víctimas inmoladas en vuestras solemnidades para que se os lleven con ellas.»

Otro ejemplo reciente de desplazamiento de fichas equivocadas en el tablero curial se podía leer en los diarios de la capital cuyos articulistas, a instancias de los prelados interesados, presentaban a la opinión pública el cambio de guardia en la pista —el cargo de secretario general del comité central del Año Santo que pasaba del saliente Sergio Sebastiani al entrante Crescenzio Sepe— como si fuera un feliz hallazgo, descubierto casi por arte de ensalmo. Dos ascensos, dos candidatos al cardenalato, dos afortunadas promociones en cuya partida de ajedrez asoma incluso un inquieto alfil, un tal monseñor Liberio Andreatta, de duro léxico sardo, aspirante a entrar en el torbellino de los grandes acontecimientos religiosos de dicho comité, como lógica consecuencia de un hecho indiscutible: quien quiso a Sepe previó también a Andreatta. Cuánta clarividencia en su favor: ¿por qué?

Se trata del monseñor que dirige una lucrativa organización multimillonaria de aquellos ambientes y que se dio a conocer a través de la obra de turismo religioso que tan ingentes beneficios económicos reporta.* Después de mucho pensar, al final se inventa la distribuición de un pañuelo de colores, incluido en el precio, para que los instrumentalizados e ignaros peregrinos lo lleven al cuello y en la mano y lo hagan ondear repetidamente y con el mayor entusiasmo durante las ceremonias y las audiencias generales, y todo para que se enteren de sus ocultos propósitos los que tengan que enterarse: «¡Ojo que yo también estoy aquí!»

Los que saben leer los acontecimientos al revés ven con toda claridad que la elección de monseñor Sebastiani para aquel comité fue un error: una persona que carece de iniciativa, pero que está lleno de soberbia. ¿Cómo enmendar el fallo? Con un posible intercambio que complazca a todo el mundo, siempre con la mirada puesta en la púrpura cardenalicia. El viento de la Curia no sabes dónde nace, pero puedes prever hacia dónde va a través del espectáculo de los juegos de funambulismo eclesiástico que se montan en la plaza.

Tales prelados, como míseros mortales que son, irán un día a llamar a la puerta de la fiesta del Esposo: «Señor, Señor, ¿no profetizamos en tu nombre y arrojamos demonios en tu nombre e hicimos milagros en tu nombre?» Qué humillación después de tanto contonearse y exhibirse, de tanto asomarse y de tantas fanfarronadas, oír que desde dentro les dicen con voz distante: «Apartaos de mí, obradores de iniquidad.»

---

* Liberio Andreatta es presidente de la Obra Romana de Peregrinaciones, un negocio multimillonario derivado de la gestión de los viajes a Tierra Santa, Lourdes y otros lugares de peregrinación. Dicen que está emparentado con el honorable Beniamino Andreatta, el político católico.

11

LA JABALINA
DE LA HOMOSEXUALIDAD

En el ambiente eclesiástico y particularmente en la Curia vaticana, la homosexualidad es una calumnia que deja inservible a la víctima durante toda su vida, o es un lanzamiento de jabalina que los deportistas arrojan lo más lejos posible para poder ganar la competición. Se trata de todos modos de un deporte muy arduo que sólo practican los menos sofisticados.

El fenómeno de la homosexualidad —una condición del ser ante la cual en la actualidad se mantienen actitudes más conciliadoras y comprensivas— sirve en los ambientes vaticanos para acelerar los ascensos de los *emergentes* y para excluir de cualquier aspiración a los *sumergidos*, a quienes se ensucia con la mayor cantidad de estiércol posible para disuadirlos de sus aspiraciones a metas más altas. ¡Tan mezquinas son las intrigas como sus protagonistas!

A veces, en la lista de los emergentes tiene más posibilidades el que se ofrece de cintura para abajo que el que, de cintura para arriba, utiliza el corazón y el cerebro al servicio de Dios y de los hermanos. Allí vale más la gracia que el mérito.

Muchos prelados de la Curia, a causa de su inconfesada debilidad, ponen de manifiesto más benevolencia y predilección por el guapo que por el capacitado. En el fondo de ciertas simpatías del superior se advierte casi siempre un ligero efebismo. El súbdito, ya desde el primer momento de su fichaje, es consciente de su prerrogativa y recurre gustosamente a ella para sacarle provecho. El aspecto del muñeco, que de masculino tiene sólo lo indispensable y de femenino el agradable porte, se engaña a menudo incluso a sí mismo y juega provechosamente con el equívoco, gracias a las recónditas armonías de sus distintos rasgos. Por lo menos, hasta que su debilidad le quema las alas por un exceso de mariconería.

Los lanzadores de jabalina

En una diócesis italiana un joven presentó una querella civil contra su obispo por abuso sexual. Como es natural, el obispo lo negó todo, pero el juez emitió un veredicto de culpabilidad contra el prelado, que quedó en libertad condicional. Cuando le pidieron la dimisión, el monseñor exigió un nombramiento para la Curia en Roma, señalando que, si no se lo concedían, no pensaba moverse de allí.

En los códigos civiles nacionales semejante chantaje es perseguible como delito; en el eclesiástico, en cambio, la pretensión se justifica con la píldora dorada del *promoveatur ut amoveatur*, es decir, ascenso a un cargo superior a cambio de la destitución de un puesto que se ocupa con escándalo. Así pues, con todo el desparpajo y la mayor naturalidad, aquel obispo obtuvo el traslado a Roma, donde le asignaron un cargo de delegado en un despacho de la Curia, creado especialmente para poder apartarlo del escenario. De nada sirvió la resistencia del jefe de aquel dicasterio, empeñado en no cederle al culpable ni siquiera una silla detrás del escritorio.

El obispo promovido-destituido recurrió inmediatamente a un tira y afloja de competencias y conflictos, jugando con habilidad y desfachatez la carta del malestar que estaba experimentando sin culpa por su parte. Si el *promoveatur ut amoveatur* sirve para resolver todas las situaciones molestas, ¿por qué no servirse también de él en este caso? Un buen día aquel delegado se vio ascendido a secretario de otro dicasterio encargado de las migraciones, tal vez porque ahora también los diferentes pretenden vivir en núcleos de trashumancia. Hasta ahora, el viento le ha sido favorable.

Hace algún tiempo en Roma la policía se acercó de noche a un lujoso vehículo estacionado bajo los árboles en una calle lateral de las inmediaciones del Circo Máximo: al observar que sus dos ocupantes estaban casi en cueros, los agentes los invitaron a acompañarlos a la comisaría para tomarles declaración. Al día siguiente, la prensa publicó el nombre del prelado, cuya debilidad era bien conocida, y el de su amigo particular.

A partir de aquel día, los malos funcionarios de la Curia empezaron a parafrasear el aforismo *«Si non caste, saltem caute»*, («si no puedes ser casto, por lo menos sé cauto»), con otro que decía *«Si non caste, saltem castel»*, en referencia al apellido del protagonista y a su apaño erótico. Pero, viento en popa, aquel grandísimo hijo de diplomático, a pesar de la vida un tanto especial que llevaba, se situó en el carril de adelantamiento y llegó plácidamente primero a subsecretario y últimamente a arzobispo secretario de dicasterio. ¡Señor, qué generoso eres hasta con los diferentes!

Como castigo, Dios mandó decir a Israel, *«Et dabo pueros principes eorum; et effeminati dominabuntur eis»*, «y les daré muchachos por príncipes y los afeminados los dominarán».

En el Vaticano es bien conocido el caso de un importante prelado que mantuvo en jaque a la Curia durante casi cuarenta años. Decían: ése manda más en la Curia que un general. Siendo hijo único, descubrió en la edad adulta su vocación al sacerdocio, que abrazó sin una formación adecuada, en parte por aburrimiento y en parte por afición. Trató por todos los medios de servir fielmente a la Iglesia en la Secretaría de Estado, adonde llegó directamente a pesar de no contar con el beneplácito de muchos.

Estuvo en período de prueba bajo el sustituto Giovanni Battista Montini que, tras dudar de la conveniencia de aceptarlo, lo nombró secretario personal suyo y, a partir de entonces, lo defendió a ultranza mientras vivió. El astuto prelado se ganó el aprecio de su protector Montini con toda la puntillosa precisión y el rigor del que tanto se enorgullecía. En la Curia conocían su moderada paciencia a la espera de que le llegara el turno.

De vida egocéntrica, carácter rígido y áspero, inteligencia brillante y comportamiento tiránico, su trato era rudo y expeditivo, pero también generoso y a veces bondadoso y comprensivo. Había adquirido el mismo defecto que su jefe: parcial y partidista con todo el mundo hasta extremos morbosos, tanto en el proteger como en el perseguir. Era un perfecto concentrado de vicios y defectos sabiamente dosificados y ya se sabe que en la Curia los vicios del superior se adornan y presentan de tal manera que parezcan virtudes. La decadencia moral conduce, en contra de toda lógica, a la mental.

A lo largo de su carrera diplomática, tuvo un desliz con una joven monja de la nunciatura de Berna, con quien deseaba casarse como Dios manda. La monja fue trasladada y el prelado fue trasladado a otra nunciatura de nivel superior. El único inconveniente era el hecho de que la monja pertenecía a la misma congregación religiosa que sor Pasqualina, la monja que servía a Pío XII. Mientras estuvo al servicio del papa Pacelli, ésta consiguió que lo excluyeran del episcopado. Sólo con la muerte del Papa, la retirada de sor Pasqualina y la elección del papa Roncalli, consiguió que lo nombraran obispo y nuncio.

Cuando Montini, procedente de Milán, se convirtió en Pablo VI, su ex secretario particular le hizo saber en mensaje cifrado desde la nunciatura egipcia su deseo de volver a servirlo más de cerca en Roma. El arribista prelado se presentó en la Curia, donde le ofrecieron un dicasterio no cardenalicio que no aceptó. Entretanto, ya habían llegado sus efectos personales que le había dado tiempo de enviar. Se negó a regresar e hizo saber que esperaba órdenes.

Sin embargo, los presidentes de los dicasterios le habían comunicado al Papa que no lo querían en sus respectivos despachos. Pero cuando Pablo VI quería algo, traspasaba a su interlocutor con sus impenetrables ojos tan afilados como un rayo láser y entonces éste, helado e inerme, aceptaba en silencio.

Por pura casualidad, el mismo nuncio que le había sacado las castañas del fuego en Berna, era ahora cardenal prefecto de uno de los dicasterios de la Curia. Sólo él le podía arrojar el salvavidas. El augusto protector aconsejó al arribista prelado que se reuniera con un cierto purpurado en la villa bergamasca, en la que éste solía pasar largas temporadas de refrescante ocio; habló en nombre del Papa y el otro aceptó.

Dos días después, el *Osservatore Romano* publicaba el nombre del sucesor de monseñor Giovanni Scapinelli que ya entonces vivía dominado por el temor de que lo destituyeran sin nombrarlo cardenal, tal como, efectivamente, acabó ocurriendo. El ascendido dignatario se pasó veinte años más, cometiendo abusos en la Curia y presumiendo del apoyo y la confianza con que lo distinguía el papa Montini. Todos los miembros de la Curia, incluso el poderoso sustituto Benelli, que había recibido de él como regalo hasta unos faisanes reales, estaban convencidos de que, del lugar que ocupaba, sólo saldría como cardenal.

Los abusos de poder del ascendido dignatario se traducían en descarados favoritismos y amistades especiales, incluso con fámulos de juvenil aspecto, que llegaban casi a traspasar los límites del decoro, pero él siempre daba a entender que gozaba de gran favor en el corazón de su protector. Una tarde, haciendo eses por el pasillo del despacho, canturreaba para sus adentros: «¡Vaya secretario que tenéis!» Llevado casi en brazos por los ujieres a su contiguo apartamento, los calificó de energúmenos por el poco respeto con que lo estaban obligando a entrar en su casa...

Presentaron al Papa el resultado de una seria investigación llevada a cabo sobre su persona, pero el Pontífice se negó a intervenir. Mientras Dios sólo quiere todo lo que puede en el bien, aquel prelado podía todo lo que quería en el mal. Embaucó a todos los cardenales prefectos que se sucedieron en los dicasterios durante su larga permanencia en la Curia y los engañó como chinos para obligarlos a entrar en la órbita de sus objetivos.

Faltaban pocos días para el comienzo del consistorio convocado por Pablo VI para el nombramiento de los nuevos cardenales. En el tercer lugar de la lista de los nuevos purpurados figuraba el nombre de su protegido ex secretario. El cardenal Dino Staffa, prefecto del tribunal supremo de la Signatura Apostólica, trató de comprobar la veracidad de ciertos hechos atribuidos al arzobispo secretario; una vez confirmada, dándose unas enfurecidas palmadas en la rodilla, comentaba en tono decepcionado: «Y, sin embargo, hubiera sido una buena ocasión para liberar al Sacro Colegio de este personaje. ¡Es un insulto para todos sus miembros!»

No obstante, es bien sabido que el hombre propone y Dios dispone. Corría el año 1975, el de la máxima devaluación monetaria. La lira iba bajando día a día cada vez más en picado, con gran preocupación para los que habían conseguido reunir unos ahorrillos. Los afortunados trataban de llevarse al extranjero la moneda italiana presuntamente revalorizada. Pero algunos eran detenidos en la frontera suiza y llevados directamente a la cárcel; la prensa informaba constantemente a la opinión pública para disuadir a la gente.

Para poner a buen recaudo sus ahorros, nuestro dignatario decidió trasladarlos al otro lado de la frontera unos días antes de su nombramiento como cardenal. Una operación de rutina y sin demasiados obstáculos para un ciudadano vaticano; al menos eso pensaba él. Se hizo acompañar por un capitán de la Policía Judicial, un hombre de un atractivo impresionante, hermano de un monseñor de su despacho. El apuesto militar le seguía la corriente al prelado sólo para favorecer la carrera de su hermano, que, gracias a su protector, iba viento en popa en la Secretaría de Estado, donde se le había concedido el estatuto de embajador volante en los países del Este; las zalamerías de los miembros de la Curia ya no surtían efecto en el afortunado, destinado a ascensos celestiales.

Al llegar a la frontera de Pontechiasso, un agente quiso registrar el vehículo. El prelado, haciendo gala de una desvergonzada flema, exhibió su pasaporte de ciudadano vaticano. El agente fronterizo, no acostumbrado tal vez a semejantes miramientos diplomáticos, se fue a pedir consejo al comandante; regresó muy turbado, pero con la orden de efectuar el registro. El asunto estaba adquiriendo muy mal cariz.

El que estaba en peor situación era el capitán de la Policía Judicial, que corría el riesgo de ser denunciado. A la vista de la inflexibilidad de sus compañeros fronterizos, el capitán les explicó a los agentes de guardia que, por lo que a él respectaba, se trataba de un simple paseo hasta la frontera sin ningún interés personal concreto; era amigo del prelado y lo había acompañado sin entrar, naturalmente, en el propósito de la excursión. Sin embargo también él quedó detenido.

Ante la maleta rebosante de moneda italiana y extranjera, el prelado declaró que la trasladaba a Suiza por cuenta del Vaticano. Solicitaba ponerse en contacto telefónico con el sustituto de la Secretaría de Estado monseñor Benelli, el cual, dado lo tardío de la hora, no estaba localizable ni en su casa ni en el despacho. El prelado y el capitán permanecieron detenidos en el calabozo toda la noche y todo el día siguiente, que era domingo.

El caso se convirtió de inmediato en un asunto diplomático: el Vaticano no tenía nada que ver con aquel contrabando de moneda italiana al extranjero. Monseñor Benelli se puso furioso, pero comprendió que no podía permitir que permaneciera detenido un arzobispo secretario de la Curia romana, con todas las consecuencias del inevitable escándalo. Se alertó a los ministerios de Asuntos Exteriores de ambos países, a la policía y a la nunciatura.

Para librarlos de la detención, decidieron recurrir a la única solución diplomática posible: puesta en libertad del prelado y su amigo el capitán, ahorros intactos y nada por escrito. Se limitaron a decirle: «¡Quede claro, monseñor, que usted jamás ha pasado por aquí!»

Pero la prensa del día siguiente publicó una sarcástica noticia: un prelado registrado y puesto en libertad. Por un puñado de dólares y liras menudo jaleo se armó en el puente.* En el Vaticano los rumores no cesaban. Un cardenal comentó con sorna: ¡aquí bien se podría decir del capelo al talego!

Entretanto, una augusta mano borraba (muy a pesar suyo) el tercer nombre de la lista de futuros cardenales. Se iniciaba inexorablemente la caída del prelado y de sus protegidos, apartados de este modo de la nidada montiniana.

Varias veces el descardenalado solicitó a los de arriba la asignación de una diócesis a su protegido monseñor, en atención a los servicios prestados. No fue posible: resultó que unas escultistas de la Montanina no aprobaron su audaz dirección espiritual y se lo contaron a sus padres. Destituido el protector, el protegido fue enviado a otro dicasterio con el consabido *promoveatur ut amoveatur* que dora la píldora en todas las situaciones curiales escabrosas.

Se cerraba así el arco de este dignatario cuya vida había sido una sabrosa opereta desde el primero hasta el último acto. Para irse esperó hasta el último día de la *Ingravescentem aetatem*. Pero la cosa no terminó aquí. Era necesario que la sucesión fuera lo más suave posible para que todo siguiera igual en el despacho; se tenía que elegir a un sucesor cuya ineptitud hiciera resaltar la inteligente astucia del antecesor. Al otro lado del pasadizo situado más allá del perímetro de su casa, en un callejón sin salida, se organiza una opípara cena; los cinco importantes prelados, dos de ellos de Brisighella, se acomodan en una retirada sala. La habitual

---

* Juego de palabras con el nombre de la localidad. Pontechiasso: *ponte* (puente) y *chiasso* (jaleo). *(N. de la T.)*

cena de trabajo para elegir al candidato a la designación. Dadas las premisas, no podía ser más que el único inepto que tenían a mano, un ucraniano más listo que una raposa y más astuto que una serpiente, apreciado por el gobierno comunista hasta el extremo de gozar de libertad de tránsito de entrada y salida de su país, una criatura absolutamente inútil para la que el dimisionario protector había obtenido en sus tiempos un nombramiento episcopal. En momentos de incertidumbre e indecisión un sujeto insignificante, aunque *minus habens*, aunque tenga menos, por un lado o por otro, ya tiene el camino hecho para medrar, más todavía si no resulta apropiado para la tarea que se le quiere confiar. Acordado por los cinco en aquella remota salita, el nombramiento se produjo unos días después con el augusto beneplácito del pobre Papa que, ajeno a todo, pensó que aquella designación era la más lógica y natural.

Entretanto, el nuevo secretario, sin ningún título académico, se dedicaba a coleccionar paletadas de doctorados *honoris causa* de distintas universidades europeas. Semejante colección constituye siempre un incentivo en alguien que aspira al cardenalato. En el transcurso de todos estos largos años, el hombre ha sabido explicar muy bien a sus subordinados todo lo que no sabe.

Si el nombramiento así pergeñado fue expeditivo, no lo fue tanto librarse del peso muerto de aquel dignatario de opereta, el cual se quedó mucho tiempo estancado. Lo querían regalar a la Iglesia ucraniana, pero aquellos obispos, que aún llevan encima el moho de los campos de exterminio y las cicatrices abiertas, se negaron rotundamente a aceptarlo como metropolita. Que lo disfrute la Curia romana; de todos modos, un cardenal de más no le hará daño, acostumbrada como está a cosas todavía peores. ¡Para los que aún están saliendo de las catacumbas, lo viejo es mejor que lo nuevo!

Para ellos escribió el profeta Oseas: «Pues siembran vientos, recogerán tempestades.»

La historia falsa y embustera

Esta época, a diferencia de la del Renacimiento, no está en condiciones de presentar, ni siquiera con carácter negativo, personajes de la talla de Julio II. Giuliano della Rovere, espléndido como un mecenas y audaz como un guerrero; Alejandro VI, el papa Borgia, el que encargó las logias a Rafael, a pesar de las detalladas dudas que abrigaba a propósito de un monstruoso fruto de incesto. Bajo las alas de la Iglesia de aquella época, demasiado piramidal como para que la afectaran los graves errores de los hombres del séquito, las verdades divinas brillaban en todo su esplendor gracias a la extraordinaria inteligencia de aquellos hombres o a la de los auténticos genios de que se rodeaban. Actualmente, en cambio, unos mezquinos prelados hechiceros infestan las estancias de los Borgia de pestíferos venenos.

Virgilio advierte de que a veces la historia hace justicia con el paso del tiempo: *«Forsan et haec olim meminisse iuvabit»*, «puede que más tarde sea útil recordar estas cosas.» Sin embargo, es difícil que los hechos y los acontecimientos históricos de la Iglesia sean percibidos por todo el mundo en su totalidad; es necesario que sedimenten en el vasto fondo del tiempo tridimensional: terreno, eclesial y divino. En aquel fondo existen unas realidades que la historia de la fachada no siempre registra mientras que la genuina y auténtica permanece oculta entre los pliegues de la crónica clandestina que sólo anota los hechos más visibles sin tomarse la molestia de indagar en el interior de las presuposiciones y los subterfugios que dichos hechos producen. ¡Conque maestra de la vida! La historia se convierte en alcahueta en un contexto en el que hasta la mentira ya ni siquiera es auténticamente mentirosa (Ermanno Olmi). Y así ocurre que al principio era el Verbo y, al final, sólo quedan verborreas (Stanislao Lec).

La trastienda de la historia cuanto más basta, más sabrosa. Aquella tupida red de anécdotas en torno a los ascensos forman el substrato, el soporte y, a veces, la contraprueba del papel de tornasol sobre ciertos fenómenos, acontecimientos y personajes, vistos desde la perspectiva de los que consiguen permanecer fuera de la marcha de los acontecimientos.

Un ejemplo que viene como anillo al dedo sería la segunda redacción del Desconcordato de 1984, ya mencionado en otro lugar, en comparación con la seriedad con que se concertaron los Pactos Lateranenses de 1929 que el papa Ratti quiso seguir personalmente, supliendo la insuficiencia de monseñor Giuseppe Pizzardo y las intromisiones de Benito Mussolini. Cuánta más doctrina y experiencia adquiriría el historiador si la verdad se observara desde la perspectiva adecuada. ¿De qué sirve enterrarla, siendo así que siempre reaparece y aflora a la superficie por alguna parte?

El tren de la historia no pasa fácilmente cada hora; hay que pillarlo al vuelo, cuando pasa sin previo aviso. Detened el mundo, que yo me bajo, gritaba el actor cómico Totò; pero se dio cuenta de que el tren no paraba a petición.

Cuántos enfermos de protagonismo, ávidos de poder, ocultan bajo los oropeles de su falsa modestia secretas ambiciones, ansia de hacer carrera y ascensos y codicia de puestos, cosas todas ellas que, una vez alcanzadas, dejan al descubierto el paroxismo de los protagonistas que saltan a la palestra en los sagrados palacios de la Curia romana o diocesana. Un escenario con pedigrí, detrás del cual se esconde una realidad muy distinta que se oculta rigurosamente a todo el mundo, de tal manera que la historia que aparece en los documentos es falsa y embustera. Cada hombre es un misterio; y, cuanto más grande es, más indescifrable resulta la huella de su misterio.

La tarea más dura del historiador estriba en la separación de lo auténtico de lo inventado, a pesar de saber que lo fantástico también forma parte de la historia, es más, es historia que se mueve y fermenta en el ámbito de lo legendario.

En el Vaticano, para consolidar el propio poder, es necesario ostentar prestigio y una pompa y boato capaces de competir con las imperecederas reminiscencias de los antiguos fastos paganos, orientalizantes y renacentistas que todavía perduran a las puertas del año 2000 en el olimpo de la corte papal, ansiosa de destacar y sedienta de poder: «*Romae omnia venalia*», «en Roma todo es venal». «Después el viento cambia de dirección y se va... Criminal quien hace de la fuerza su dios.»

Hay que efectuar un gran cambio de marcha que nos sitúe a todos con Cristo en el último lugar. Él no garantiza nuestras elecciones egocéntricas; no es auténtica la mercancía averiada por cálculos excesivamente interesados: «Todo el día tergiversan mis palabras, sólo piensan en causarme daño, espían mis pasos para atentar contra mi vida.»

Amar al prójimo como a uno mismo se convierte en un pretexto, un subterfugio para situarse en el centro de la atención, dejándose arrastrar por la trampa del egoísmo. Amar es uno de los verbos más difíciles de conjugar: el pasado no es fácil, el presente no es indicativo, el futuro sólo está en condicional, como decía Jean Cocteau.

12

LOS EMERGENTES Y LOS SUMERGIDOS

Los funcionarios vaticanos se clasifican en dos categorías, casi por un prejuicio ancestral. Los que andan siempre en busca de todo y enseguida sin entregar gran cosa de sí mismos. Son los que forman parte de la minoría mayoritaria, los emergentes de que ya se ha hablado en otro lugar, al cual nos remitimos.

También hay los que en silencio lo entregan todo sin que se les reconozcan los más elementales derechos naturales. Pertenecen al ochenta por ciento sin rostro, los sumergidos, los buzos a los que no se debe permitir emerger a la superficie, los que carecen de derechos inalienables, un pueblo de hormigas escondido en el anonimato, contra los cuales se pueden albergar sospechas de hechos inventados o magnificados y a los que se pueden atribuir culpas sin demostración, en cuya vida los demás se pueden inmiscuir arbitrariamente y a quienes se pueden asestar golpes bajos que dañan el honor y la fama. Como no existen las pruebas, no tienen derecho a la defensa, cual si fueran unos deficientes que participan en un juicio por persona generosamente interpuesta.

Ellos, los parias de la Curia pertenecientes a la casta más baja, conscientes de su exclusión de los veleidosos ascensos, se resignan a su propia inferioridad. Permanecerán toda la vida clavados en su sitio, con la aldaba equivocada en la mano. Se mantendrán, como los bonsáis, en un crecimiento controlado, y producirán frutos como los árboles grandes, pero en calidad de enanos. Están convencidos de que ciertos ascensos en el Vaticano son como los asientos que en los transportes públicos se reservan a los inválidos y ellos jamás los deberían ocupar. El que se encarga de ellos y de sus derechos es su superior, si quiere y cuando quiere.

En el Vaticano, el funcionario se clasifica según como esté catalogado: si tiene que permanecer sumergido, aunque sea un genio, seguirá siendo ignorado, hasta que se lo quiten de encima, exhortándolo a veces a retirarse con la gratificación de unos cuantos años de jubilación. Si alguien no acepta el plan, la Curia lo echa sin más por medio de la expulsión, la destitución o la advertencia admonitoria, cuando no una jubilación anticipada. Alrededor del recalcitrante se crea una zona de tierra quemada y ostracismo mientras los compañeros procuran mantenerse a distancia y el número de amigos se va reduciendo.

El eclesiástico al que así se elimina, cualquiera que sea su actuación, dará la imagen de alguien que ha sido descartado con toda justicia. Si calla, el superior comentará por ahí que su silencio es la prueba que otorga aquel que calla, pues no se considera digno de emerger; si protesta, quedará demostrado que lo han echado porque ya se preveía su insubordinación. Se aplica el método preventivo de don Bosco: prevenir castigando. Con absoluta tranquilidad de conciencia.

La segunda categoría es la de los emergentes, es decir, los predestinados a los ascensos por voluntad de un dios terrenal. Se les debe culto de preferencia y de fama, disimulando sus defectos y creando o magnificando las cualidades. Un equipo de personajes que no reciben castigo y que tienen a su favor la presunción de la honradez precocinada, cualquiera que sea su comportamiento.

A ésos, aunque sean unos desordenados, se les reserva el carril preferente en todas partes, desde el economato al apartamento, desde el despacho a la vivienda, sin olvidar los nombramientos de prestigio. A los cadetes de semejante escudería se les permite la alegre experiencia de saltarse el aprendizaje para ocupar de inmediato los cargos de los niveles superiores.

Cuando se trata de promocionar a un favorito, el método exige habilidad y astucia: para exaltar los méritos y las cualidades del protegido, se hace correr una noticia manipulada a base de bien y se la hace llegar arriba, hasta el que tiene que tomar la decisión. E incluso se puede conseguir que el candidato sea invitado a la mesa papal: ¿por qué no, si todo es lícito? Lo demás vendrá por sus pasos contados, adulando al superior y quemando incienso en su presencia.

Cuando el promotor de la injusticia consigue la indebida promoción de su favorito por delante de los demás, trata de convencer a los alborotadores de que cualquier protesta será inútil, pues el ascenso está en regla por haber sido aprobado por uno de más arriba, quien la mayoría de las veces es ajeno a todos estos tejemanejes.

En cambio, cuando se pretende generar sospechas sobre un candidato a la destitución, se hace justo todo lo contrario. Y, de esta manera, ciertos miserables proyectos se llevan a efecto mediante el abuso, el subterfugio y la mentira. Dice Aristóteles: «Deletérea es la injusticia que tiene medios para causar daño.»

El predestinado, aunque sea un idiota, si tiene el viento a su favor, llegará con toda seguridad a buen puerto, bajo palabra de sus protectores que, para colocar a su preferido, optan por actuar al amparo del secreto pontificio que, tal como ya se ha visto, les sirve de escudo.

La tentación de concentrar en las manos de las autoridades el monopolio de todos los ascensos y las exclusiones es mucho más poderosa en la Iglesia, similar a un estado, que en otras sociedades. Todas las elecciones, especialmente si son discriminatorias e injustas, la autoridad las atribuye, como un cortafiambres de rayos láser, a la inspiración del Espíritu Paráclito, lo cual hace que sean infalibles y, por ende, indiscutibles. Einstein, sin conocer el ambiente curial, decía que es más fácil desintegrar un átomo que un prejuicio.

En resumen, éstos están siempre en el podio, con sus antecedentes en tela de juicio, en total oposición a la Declaración Universal de los Derechos Humanos. Tanto uno como otro eclesiástico, el emergente y el sumergido, avanzan cantando en disonancia la misma partitura, pero en tonos distintos: «Cristo se hizo como uno de nosotros para hacernos como él.»

El juego de palacio se inspira en el de la oca: si uno va a parar a la casilla del Santo Oficio, retrocede seis espacios; si cae en la de la masonería, adelanta una vuelta; si en la de la audiencia pontificia, tres casillas; si en la de la reivindicación de algún ascenso, amonestación y retroceso total; si en la de la mesa papal, recta final; si en la de la competencia entre emergentes, se echa un solo dado... El juego sigue libremente adelante sin árbitro, pero, como contrapartida, hay muchas arbitrariedades y muchos codazos.

En Auschwitz, en Polonia, justo en el primer pabellón, una macrofotografía muestra a un médico de espaldas que, con la punta de su bastón, marca la interrupción de las largas colas de deportados. Por medio de la imperceptible oscilación de aquella punta, aquel hombre decidía el destino de los prisioneros hacia las duchas, es decir, las cámaras de gas; o hacia los trabajos forzados. Decisión aterradora que todavía provoca terroríficos estremecimientos en los visitantes. Ciertos prejuicios y ciertos ascensos que se producen en la Curia recuerdan con horror la macabra oscilación de la punta del triste bastón de aquel médico sin rostro ni escrúpulos.

La Iglesia debería temer en mayor medida los guetos de su interior que a los perseguidores del exterior: a éstos puede convertirlos y santificarlos mientras que aquéllos la estrangulan y la descomponen. El mando a distancia superior decide según su conveniencia, de una sola vez o paso a paso, qué debe hacer con cada uno de sus súbditos: o hacia arriba o hacia abajo. Basta con regular la óptica para que virtudes y vicios, equilibrio y pasiones, amores y odios tengan pesos y medidas iguales o bien distintos, como ciertas cajas chinas con sorpresa.

Según soplen los vientos, algunos pueden ser considerados en esta telaraña unos simples objetos desechables; en cambio, a los predestinados a alcanzar las más altas esferas, se les puede empujar hacia delante sin el menor pudor y con burlona bravuconería. En este contexto, los méritos, los derechos naturales o adquiridos, las precedencias, son como polvillo en el plato de una balanza cuya truncada justicia está regulada por la ambivalencia del momento que se vive.

Hasta ciertas fragilidades humanas se interpretan según las personas: si se registran en alguien que está en los vértices o es un predestinado a estarlo, se convierten en manifestaciones positivas de un gran temperamento; si, por el contrario, se refieren al resto de la gleba, se persiguen con toda severidad y se eliminan soviéticamente.

En el Vaticano se tendrían que celebrar demasiados procesos de rehabilitación para preservar a los vivos de la ofensa de una injusta codificación individual, siempre al acecho (Sforza Pallavicino). En el momento actual, se experimenta el placer codificado de destruir el bien para poder señalarlo más adelante a la posteridad, debidamente rehabilitado: «Despreciamos la virtud viva; alabamos la muerta.»

Sin nada, no se hace nada

El sistema de la Curia tiende a mantener a todos los súbditos a raya bajo la pesada mano del superior, que es el que toma las decisiones por ellos. ¡Ay del que pretendiera emerger sin el debido permiso!: atreverse significaría caer en desgracia, una arrogancia que conviene evitar a toda costa.

Es un terror psicológico que recuerda al de los padres del ciego de nacimiento al que Jesús había curado: hubieran tenido que alegrarse del milagro; en cambio, reticentes y asustados, se escabullen delante de los miembros del sanedrín: «No querían creer los judíos que aquél era ciego y había recuperado la vista hasta que llamaron a sus padres y les preguntaron: "¿Es éste vuestro hijo, de quien vosotros decís que nació ciego? ¿Cómo es posible que ahora vea?" Los padres contestaron: "Sabemos que éste es nuestro hijo y que nació ciego; cómo ve ahora, no lo sabemos, ni sabemos quién le abrió los ojos. Preguntádselo a él, que ya tiene edad y hablará por sí mismo." Esto dijeron sus padres porque temían a los judíos, pues éstos habían acordado que, si alguno lo reconociera como el Mesías, fuera expulsado de la sinagoga. Por eso dijeron sus padres: tiene edad, preguntádselo a él.» Ser expulsados de la sinagoga implicaba perder todos los derechos y privilegios de la casta. Justo como ocurre en la Curia, donde caer en desgracia equivale a salir del carril preferente.

«El que arroja el desprecio sobre los príncipes» parece decirles a ésos: a quienquiera de vosotros que tenga pecados de cualquier clase le concedo el privilegio de empezar y seguir arrojando piedras de todos los tamaños contra este desventurado caído en desgracia que yo coloco en el centro de vuestro círculo. Lapidadlo sin alejaros hasta que hayáis destruido todo lo que le es más querido: ¡el honor, la dignidad, el buen nombre!

A nadie le interesa defender a quien, a pesar de tener razón, le han truncado la carrera. Todos saben que lo pagarían caro. ¿Por qué arruinarse el porvenir hasta semejante punto? ¡No son muchos los que, como san Maximiliano Kolbe, sienten la vocación de sufrir el martirio por los demás! El ambiente curial hace enfermar a los funcionarios de mieditis aguda.

En el lamentable caso de que apareciera un valeroso defensor capaz de llegar a este extremo, se le haría comprender que, de ahora en adelante, su presencia apenas se toleraría y que, en caso de que causara ulteriores problemas, podrían darlo de baja y trasladarlo a otro despacho menos importante. Se comprende que semejante espantapájaros induzca a todo el mundo a callar servilmente. De nada vale el sentido común cuando falta la suerte. En la tormenta, la mejor de las soluciones temidas equivale a la peor de las posibles.

Cada vez son menos los funcionarios que tienen un sagrado concepto de la tarea que desempeñan, inflexibles sin altivez, condescendientes sin debilidad, solidarios sin adulación. Tenidos por insubordinados, le complican la vida al pobre padre-patrón-superior que, estando ellos, no tiene mano libre para reestructurar a su antojo la plantilla según le conviene.

Mientras que los astros guían, los meteoritos golpean y aniquilan. Decía Churchill que un hombre de carácter es siempre un hombre de carácter difícil, pues los poderosos no lo pueden manipular a su antojo. En los momentos de cansancio y abatimiento, puede darse el caso de que semejante hombre, para evitarse molestias, se rebaje a unos compromisos que, en otro contexto, su conciencia jamás le hubiera consentido.

Para los romanos, los esclavos eran un bien merecedor de tutela; para la Curia, sus empleados valen menos que aquéllos. Tanto en los ascensos como en los estancamientos de los funcionarios de la Curia, emergentes o sumergidos, el sistema que se utiliza es similar al de la botánica: a los trepadores se les cortan las inflorescencias de los extremos para que no asciendan demasiado; a los demás se les permite invadir el espacio que no les corresponde.

Un excelente padre de familia, practicante y conocido en la parroquia, se presentó un día al coadjutor, que era su guía espiritual, para pedirle consejo acerca de lo que le estaba ocurriendo.

Tenía en venta un apartamento en la Via Carlo Veneziani, cerca de la Magliana. Se le presenta un joven de diecinueve años para ver el apartamento. Él lo acompaña. Al joven le gusta el piso y decide comprarlo. Se ponen de acuerdo sobre el precio de equis millones, se redacta el documento de compraventa con paga y señal, y se estipula la forma de pago, que el joven satisfará con un cheque. Al cabo de sólo dos días, el chico regresa y le entrega dos cheques por valor de la cantidad pactada. El propietario pide una fotocopia de los cheques para las necesarias comprobaciones bancarias, que un director de banco amigo suyo le entrega de inmediato. Respuesta: los cheques estaban debidamente cubiertos, vaya si lo estaban, pues procedían de la cuenta bancaria de un cardenal. Entonces el propietario del apartamento le dijo al joven que el titular de la cuenta era un dignatario eclesiástico; sin perder la compostura, el muchacho declaró con orgullo que era efectivamente muy amigo del purpurado...

En su rectitud de conciencia, el dueño del apartamento le preguntaba al sacerdote si le parecía correcto que se lo vendiera al joven comprador, dada la extraña procedencia de la suma, o si era mejor que se buscara otro. El sacerdote lo tranquilizó diciendo que podía seguir adelante con la venta, pues él jamás conseguiría aclarar sus dudas, cualquiera que fuera su proceder en aquel asunto.

Sin nada, no se hace nada, dijeron ellos, dando por concluida la conversación. Tal como ocurre en las sociedades anónimas: si no sirves para algo, nadie te regala nada.

Detrás de la sala de prensa vaticana, el monseñor director de la Leoniana le comunicaba a un prelado amigo suyo que, al final, el arrogante obispo Fiore había conseguido salirse con la suya: en cuestión de días, sería nombrado cardenal.

—¡No! Pero ¿cómo?, ¿no se habían hecho comentarios muy graves sobre él? —preguntó el sorprendido prelado.

—¿Por sus costumbres licenciosas? ¡Qué ingenuo es usted, monseñor! —replicó el director, apresurándose a añadir—: Cuando se alcanzan ciertos niveles, se borra todo; estas cosas se convierten en fruslerías. Todo perfecto: la inocencia personificada. La púrpura devuelve la estola bautismal. Ya nadie le recordará jamás nada sobre su pasado; ¡sólo méritos y honores, gracias a la generosa ayuda concedida a Polonia!

Tras haber soltado unos cincuenta mil millones de liras al sindicato Solidarnosc y a un hospital, Fiore hizo saber al

Papa a través de una persona de confianza que, si muchos estaban deseando ser nombrados cardenales pero no lo decían, él, en cambio, esperaba la púrpura en agradecimiento por su benéfica obra, hablándole más claro que el agua a Wojtyla. Éste, para recompensarlo, puso especial empeño en cumplir los deseos cardenalicios del ilustre benefactor.

Por aquel entonces corrían rumores de que el presidente de la República Italiana, ante la imposibilidad de nombrar senador vitalicio a Fiore, había nombrado en su lugar a Giulivo; mientras que el Pontífice, ante la imposibilidad de nombrar cardenal a este último, había nombrado al otro por amistad, lo cual puso verde de envidia a más de un político. En los comicios electorales de entonces, cualquier candidato hubiera deseado tener un angelito que orientara los votos de los electores hacia su persona; de igual modo, cualquier prelado trepa hubiera deseado tener a un giulivo que lo empujara hacia arriba, a ser posible hasta la púrpura. Una perfecta simbiosis de existencia vivida con audacia y desfachatez.

En todas las elecciones legislativas, los capellanes, las religiosas y el personal hospitalario esperaban sistemáticamente que los llamara Fiore, quien, sin el menor tapujo, les imponía votar en conciencia y hacer que otros votaran al astuto presidente, el cual a su vez se hacía garante de su acceso a la púrpura.

Al día siguiente, domingo, la plegaria de los fieles decía: «Libra, Señor, a tu Iglesia del clasismo, del triunfalismo, de los privilegios del clericalismo, de los cargos de prestigio que la apartan de la igualdad y la participación; defiéndela del afán y la presunción de valer más, saber más y poderlo todo, ¡te lo pedimos, Señor!»

Los comunistas en su misa de las primeras luces del alba y los democristianos en la suya vespertina, murmuraban sin entusiasmo y convicción: «¡Escúchalos, Señor!»

Inversiones afectivas con fines lucrativos

El de la amistad es un capítulo que se tiene que abordar con suma delicadeza, pues la más angélica podría ser considerada culpable de escándalo y viceversa, según los propósitos que previamente se hayan establecido. Los amigos de quien consigue levantar el vuelo son siempre muy numerosos y tienen especial empeño en exhibirse y en ponerse desinteresadamente a su disposición. Raro es, en cambio, el caso del amigo de un funcionario que está rodando cuesta abajo o ha caído en desgracia. El ambiente aconseja prudencia y reserva. La amistad en la Curia sabe a lucro camuflado. Cuántas injustificadas inversiones afectivas se hacen con el lucrativo propósito de un ascenso.

Un joven laico fue destinado al puesto de ujier en un dicasterio cuya nómina ya estaba al completo. Con el tiempo, el amable y reservado muchacho trabó amistad con un monseñor de aquel dicasterio. Decía que se encontraba en una embarazosa situación familiar. Desde siempre había visto a un alto prelado de la Secretaría de Estado visitar su casa y había comprendido que su madre era su amante. Ahora que él había alcanzado la mayoría de edad, era su madre la que se ausentaba para reunirse con el prelado. Ambos vivían, según el joven, *more uxorio*, como marido y mujer, y ahora él quería saber qué actitud debía adoptar en aquella escabrosa situación. Dejando un margen de prudencia sobre la veracidad de los hechos, el eclesiástico concedió al joven libertad absoluta para comunicar a sus superiores lo que considerara oportuno revelar. Sin embargo, el joven ujier no tuvo el valor de denunciar a su madre y al prelado, cuya paternidad reconocía más o menos. La cosa no pasó de ahí.

La corrupción penetra hasta en las más recónditas profundidades del santuario de Dios. Muchos, dentro y fuera de la Curia, se avienen a vivir tranquilamente una doble vida y hasta se atreven a asumir el papel de severos censores de sus hermanos, sobre los que arrojan las más duras sospechas y a los que amenazan con posibles destituciones.

Más allá del recinto de una villa romana, rodeada por unos altos muros que recuerdan los de la antigua remonta del Estado, se observa hoy todavía un incesante ir y venir de universitarios contratados interinamente, unos guapos jóvenes mantenidos a pan y cuchillo en aquel lugar, junto con algún que otro familiar suyo, todos a las órdenes de una llamada profesora, apellidada Groppelli, y de un sonriente benefactor cardenalicio.

En realidad, monseñor Domenico Tardini, cerebro y fundador de aquella escuela, deseaba que ésta se destinara a alumnos superdotados cuya formación intelectual debería encomendarse a la flor y nata de los docentes universitarios de Roma. A los muchachos les estaba prohibido cruzar el umbral para salir al exterior y no era fácil que se concediera el acceso a sus familiares. Raros eran los visitantes, casi todos ellos notables, a los que monseñor Tardini invitaba, haciendo una excepción a la regla. Semejante severidad se mantuvo hasta su repentina muerte. A partir de aquel momento, la norma se fue suavizando progresivamente. En la actualidad, la atención se dirige no a los muchachos superdotados, sino más bien a los subdesarrollados.

Los ingresos nunca son suficientes para esta juventud de primerísima calidad. Para obtener donativos más sustanciosos, hubo que recurrir a una campaña publicitaria de la máxima categoría. Por esta razón, el cardenal protector autorizó, con muy poca diferencia de tiempo, primero la visita del Papa y después la del presidente de la República Italiana. Parece ser que alcanzó su objetivo: ¡soplan buenos vientos!

A principios de los años ochenta, llega a aquel huerto cerrado, procedente del extrarradio veronés, un estudiante universitario que enseguida consiguió ganarse la confianza y el afecto de su cardenal protector. Se comentaba a voces que el encargado de los reclutamientos destinados al edificio «Il Vascello» («el Barco») —que el lector entienda— le señaló al joven la conveniencia de llamar a la puerta de aquella amurallada villa romana si de veras quería ver cumplido su ardoroso deseo de hacer carrera.

Así lo hizo. Con sus muecas y sonrisas, su hipócrita comportamiento, su falta de decoro, dignidad y sentido de la mesura, el muy presumido consiguió pasar por encima de los demás alumnos con empalagosa insolencia. Tanto la verdad como la mentira le servían para medrar. Sus compañeros decían que, con tal de ocupar el centro de la atención, hubiera sido capaz de robarle el sitio a un muerto en el ataúd.

La llegada del joven fue para aquel purpurado un auténtico maná llovido del cielo, pues por aquel entonces éste se sentía muy deprimido tras haber sido expulsado de la Secretaría de Estado y enviado al Tribunal de la Signatura Apostólica, él, que no tenía ni la más remota idea de derecho. El astuto joven adivinó enseguida el malestar y los temores del pobre protector, abrazó su causa y se puso al completo servicio del purpurado para que éste hiciera el mejor papel posible en todas sus relaciones públicas y privadas. Preparaba programas, redactaba discursos y homilías, organizaba reuniones con periodistas y apariciones televisivas. Justo lo que hacía falta: un protector durmiente y un artista de las acrobacias.

Muy pronto destacó por encima de todos los demás pupilos de la villa como un cervatillo ansioso de llegar el primero a la cima. Sus compañeros, de los que él se mantenía a distancia, le habían colgado el apodo de «Cabra Montés» por sus morbosas ansias de trepar. Todos hacían irónicos comentarios, a la vez que esbozaban sonrisas de complicidad y hacían alusiones a su actuación, pero reconocían el mérito de su inteligencia y la brillantez de su frenética actividad.

«Su boca es más blanda que la manteca, pero lleva la

guerra en el corazón. Sus palabras son más untuosas que el aceite, pero son espadas desenvainadas.» El peligro del inteligente es el orgullo que a menudo se extravía en lisonjas y extravagancias. Ahora el protector ya se había percatado del carácter imprescindible de los servicios que le estaba prestando su joven secretario seglar. Le aconseja la carrera eclesiástica, por considerarla la más idónea para él. Miel sobre hojuelas: el ansia de ascenso hacia el poder anula el ansia erótica.

Existe un ascetismo que libera el espíritu de las pasiones carnales para someterlo a otras espirituales más tiránicas, cuando se supedita la voluntad divina a la humana, tanto la propia como la del mismo protector. El malpensado Freud diría que la libido del poder sagrado los contagia y los sublima como una especie de compensación por la de carácter físico, a falta de ésta. A veces, la frialdad de la vida de algunos prelados no los lleva a caer en determinados pecados materiales como la lujuria, la violencia o ciertas relaciones prohibidas; su vida se acomoda y se satisface mejor con la sed de poder, la ambición, el orgullo, el egoísmo y la avaricia.

Cabra Montés acepta la idea de un pacto: que le permitan prescindir de perder el tiempo en una innecesaria formación clerical en el seminario y que sea suficiente la adquirida en aquella escuela. Ambos llegan a un acuerdo.

Villa Nazaret es en la actualidad algo más que una prelatura no sometida a ninguna otra institución eclesiástica, y tanto menos a la Secretaría de Estado. Sin embargo, el cardenal protector aún no goza de la facultad de incardinar clérigos. Ordenar sacerdote a Cabra Montés significaba por tanto buscar a un obispo diocesano que, para incardinarlo, hubiera tenido que recabar la opinión de su consejo presbiterial, dándole toda suerte de explicaciones. La hipótesis quedó inmediatamente descartada.

Recurrieron a una solución más expeditiva: convertir a Cabra Montés en miembro de una naciente comunidad *in fieri*, en vías de creación, integrada por una decena de sacerdotes sin obligación de vida en común que constituyeran algo así como una fraternidad sin morada fija en la que cada miembro podía vivir donde quisiera. En menos que canta un gallo, el estudiante se convirtió en el *padre* Cabra Montés, pese a no haber dejado de alojarse en ningún momento en Villa Nazaret.

Entretanto, el purpurado, tras haber comprendido que no podría obtener en breve plazo un cargo en la Secretaría de Estado y que tampoco le sería posible tener bajo su mando la Congregación de los Obispos, hizo saber que la Signatura Apostólica le quedaba estrecha. El cardenal que, con sus compañeros de cordada, quería ponerse al frente del gobierno en la sombra del Vaticano, necesitaba un dicasterio de más vastos horizontes, que tuviera contactos nacionales e internacionales al más alto nivel; el único disponible era la Congregación Oriental.

Por consiguiente, tenía que enviar a aquel dicasterio como primicia el mejor correo que tuviera a su disposición, concretamente al padre Cabra Montés que, por medio de los mangoneos de dos afiliados, Rizzi y Bruni, fue presentado al dicasterio un mes antes de la llegada del cardenal indio que no tuvo más remedio que aceptar los hechos consumados. El padre Cabra Montés, a la espera de la llegada de su protector, actuaba con la mayor clarividencia. El acceso al cargo del nuevo prefecto cayó como agua de mayo al cabo de unos años, cuando el indio sufrió un ataque cerebral.

Tras el nombramiento como prefecto de su protector, el padre Cabra Montés fue autorizado a utilizar los servicios de una secretaria y, más adelante, también de un secretario sacerdote que había de gestionar los asuntos de relaciones públicas del cardenal. Una rareza imposible de encontrar en ningún otro despacho vaticano.

Entretanto, puesto que el padre Cabra Montés figuraba en la plantilla detrás de todos los demás empleados del dicasterio, su protector, siempre atento a sus necesidades, elaboró un plan a corto y largo plazo para abreviar el entuerto. A pesar de que sólo era religioso sobre el papel, lo nombró monseñor y empezó a enviarlo en misión extraordinaria por todo el mundo. Después, el «monseñor» le exponía al Papa los resultados de su misión durante sus almuerzos en presencia del cardenal, quien lo confirmaba todo, extasiado. Como es natural, el Papa se tragaba a pies juntillas el plan que ambos habían urdido juntos.

Añadiendo otros cinco o seis funcionarios, monseñor Cabra Montés deja de ser el último de la plantilla. Entretanto, el cardenal convence a tres empleados de que se vayan con un ventajoso plan de prejubilación; y monseñor Cabra Montés sigue trepando cada vez más arriba; a continuación, se eleva a otros dos a la dignidad episcopal, otros tres monseñores son desviados hacia otros despachos para ocupar unos puestos mejores, y monseñor Cabra Montés se encarama todavía más. Cuando los otros tres monseñores que quedan ya están a punto de jubilarse, el cardenal protector, pasando por encima de los demás veteranos funcionarios del despacho, cree llegado el momento de que monseñor Cabra Montés levante el vuelo y, de simple empleado, se convierta en superior.

Sin embargo, era preciso dejar vacante, con el habitual subterfugio del *promoveatur ut amoveatur*, el cargo de subsecretario, ocupado a la sazón por el voraz franciscano padre Marco Brogi, que ambicionaba el cargo de arzobispo secretario de aquel mismo dicasterio. En la Hoja destinada al Santo Padre, presentada a través de la Secretaría de Estado, el mencionado cardenal sugería a Brogi para el cargo de nuncio en Etiopía. La Secretaría de Estado rechaza la proposición.

El cardenal tiene que aguantarse y decide preparar el contraataque. Manda preparar para unos meses más adelante otra Hoja, tras haber reunido los votos de algunos prelados informadores, a quienes él había dictado las respuestas. Esta vez no se equivoca. Ordena a su compañero de Brisighella, Dino Monduzzi, prefecto de la Cámara Pontificia, que le concierte media hora de audiencia pontificia, justo el tiempo necesario para que el Papa, desinformado y apartado momentáneamente de sus ocupaciones, firme el nombramiento de Brogi como nuncio, esta vez en Somalia; y, para el puesto vacante de subsecretario, ¿adivinan ustedes a quién propone? Ni más ni menos que a monseñor Cabra Montés, a quien el Papa ya conocía gracias a sus muchos almuerzos con él. «¡Jesús... hay que ver cómo llueve!», decía Cabra con su acento veronés.

Pero entretanto, obligan al secretario de monseñor Cabra Montés a hilvanar en el ordenador toda una serie de fragmentos y retales de textos jurídicos para presentarlos como tesis de licenciatura, inédita y original, entregada justo a tiempo y en secreto al complaciente centro superior que, con la máxima puntuación, lo declara doctor en falso derecho.

Alguien, llegados a este punto, podría pensar que los dos promotores de injusticia, el cardenal y el neosubsecretario, se detuvieron en aquel final de trayecto. Se equivocaría de medio a medio. La ambición, como la avaricia, es insaciable, por lo que el pobre Cabra Montés jamás estará tranquilo.

En efecto, a lo largo de todo aquel período, el cardenal prefecto había conseguido que el arzobispo ucraniano secretario del despacho, a pesar de su proverbial y universalmente conocido estreñimiento mental, ya descrito anteriormente, no fuera apartado de su puesto, cosa en la cual lo ayudó el repugnante servilismo reverencial de este último para con los de arriba. Hoy es de todos conocida la finalidad de aquel comportamiento tan sectario como calculado: aquel puesto todavía no vacante de arzobispo secretario aún se mantiene en conserva para monseñor Cabra Montés.

¡Oh, purísima expresión divina, que pone en el candelero sólo al predestinado por un dios silvestrino, el cual coloca después a todos los demás bajo el celemín para que allí esperen en silencio su turno, si es que algún día les llega! ¿Cómo es posible que ocurra semejante alteración si Dios no se deja engañar por la buena conducta del hipócrita ni por su pertenencia a la casta pontificia? Se trata de la zancadilla de Satanás cuando dribla a su divino Adversario.

Monseñor Cabra Montés, que todo lo puede resistir

menos la tentación arribista y había picado el anzuelo de los muchos y peligrosos deleites que le había arrojado su protector, conocía en visión profética todas estas cosas y las meditaba en su corazón tal como un profeta medita sus visiones. Tras haber obtenido divinamente el nombramiento sin necesidad de que nadie mangoneara —es un decir—, ordena desinfectar la sala de mandos para eliminar todos los gérmenes tanto patógenos como inocuos, y se encierra allí con toda una serie de teclas parlantes, a través de las cuales su secretaria, desde la estancia de al lado, les explica a todos los mosqueados monseñores del despacho los humores y las disponibilidades de su señorito, convertido en flamante subsecretario y amo absoluto del dicasterio. Tiene empeño en presentarse y ser considerado un hombre de gran perspicacia, pluridoctorado con licenciaturas regaladas. Perillán del extrarradio que presume de crédito en las altas esferas y cerca del Papa, gracias a su purpurado protector.

Ahora que ya se acerca el momento de destituir al tan inútil como molesto arzobispo secretario, mediante la fórmula del *gaudeat impetratis*, que le quiten lo bailado, del mandato que jamás ha ejercido, ya está listo el engaño al Papa, el cual firmará tranquilamente la natural sucesión de monseñor Cabra Montés al cargo de arzobispo secretario, colocándolo de esta manera en la recta final del cardenalato. Todo por pura casualidad. ¿Y aquí se acabó todo? ¡Los caminos del Señor están muy delimitados en el interior de la Curia romana!

El más experto vaticanólogo del momento, ha definido este caso más singular que extraño, «fuga en do mayor —*maestoso con brio*». El satisfecho protagonista, agradecido al Gran Arquitecto del universo masónico, le repite: «Me levantas en alto y me haces cabalgar sobre el viento.»

Ciertamente, Dios puede permitir incluso todas estas tropelías, tal como permitió en otros tiempos que unos cardenales indignos mangonearan para ser elegidos al solio pontifio de la Iglesia. Aunque los de ahora, en comparación con aquéllos, sean mucho más mezquinos.

El cardenal Joseph Slipyj, que fue arrancado por el papa Juan XXIII de la cárcel donde cumplía cadena perpetua después de dieciocho años, hacia el final de sus días les confesaba a unos amigos: «Siempre llevaré grabada en mi mente la odisea vivida en los campos de exterminio soviéticos y mi condena a muerte. Pero en Roma, dentro de las murallas del Vaticano, he vivido momentos peores.»

13

HACIA EL PINÁCULO DE SAN PEDRO

Unos lugares más y otros menos, pero generalmente un dicasterio, según quién esté a su frente, se puede transformar en un ambiente minado de reptante clandestinidad, inefables humillaciones, tácito terror y sutiles extorsiones, en cuyo interior vagan como fantasmas inalcanzables y escurridizos los protegidos recomendados. Los demás funcionarios, aislados y amorfos dentro del contexto, no pueden hacer nada individualmente y comprueban colectivamente que no hay nada que hacer. La arbitrariedad, a pesar de estar suspendida sobre las arenas movedizas de la ilegalidad y la prevaricación, convierte en ley cualquier extravagancia del jefe y todos están obligados a cumplirla al pie de la letra.

A pesar de tener los papeles en regla, si el príncipe quiere hacerlo callar para que no pase al primer puesto, el desventurado sufrirá esta injuria. El eco de los gritos de los decapitados no vuelve atrás para turbar los castos oídos de los cínicos y astutos causantes de su desgracia. Algunos hasta pueden comerciar con sus creencias religiosas a cambio de la carrera o el ascenso, por ejemplo, los afiliados a la masonería. Los trepas y sus protectores actúan en concierto y saben cómo equilibrar la carga entre el debe y el haber. Como se ve, en el sotobosque de la variopinta clase de los prelados, el eclesiástico es un mundo sinuoso en el que siempre hay alguien que hace trampa en perjuicio ajeno. Y el que no se adapta a este proceder es empujado al anonimato, a diferencia de los peces gordos en ascenso, que se sonríen unos a otros, listos para ponerle la zancadilla a alguien con perversa afectación, flotando a flor de agua como el maloliente estiércol.

Lucrecia Borgia vivía en Roma en el edificio de al lado de Santa Maria in Portico, adonde acudía la flor y nata de la nobleza de la época para ser presentada al padre de ésta, el papa Alejandro VI. Un cronista de la época escribía: «Casi todos los que quieren conseguir algún favor del Papa, pasan por aquella puerta.» Hoy en día el método para entrar sigue siendo exactamente el mismo, sólo que ahora el personaje se ha vuelto de color morado silvestrino y goza del beneficio de la extraterritorialidad. «Mientras se pasean los impíos, los insolentes son los que más destacan entre los hombres.» Con la conciencia tranquila, sigue su camino en la certeza de que jamás será perseguido por ningún tribunal humano, hecho sólo para los súbditos pero no para el superior, que siempre tiene razón, sobre todo cuando está equivocado, tal como decía muy convencido monseñor Domenico Tardini antes de ser nombrado secretario de Estado.

Cuando hablan estos prelados, tanto dentro como fuera de la Curia, parece que se identifican con la pureza inmaculada de la Iglesia: *«Ex maculatis ipsi immaculati»*, «entre todos los manchados, sólo ellos están limpios». Débil maniquí sobre un sólido pedestal, el silvestrino considera los insultos a su purpúrea necedad directamente proferidos contra la Sede Apostólica, de la que se cree un elemento esencial. Ciclotímico en estado de duermevela, aquejado de una labilidad psíquica congénita, el silvestrino siempre tiene una palabra de desprecio para quienes no se postran a sus pies. Consciente de carecer de las cualidades indispensables para dirigir aunque sólo sea a la buena de Dios los asuntos del despacho e igualmente inepto para la función que él se atribuye, se las arregla como puede en el dicasterio, entre coartadas y amnesias, y se mantiene en perenne movimiento sobre la cinta transportadora, rodeado por su corte de servidores.

Este émulo del Padre Eterno, con un cerebro que no tiene ni derecho ni revés (Mazarino al cardenal Chigi) y sin la preparación jurídica necesaria, dirige desde hace años un dicasterio tan complicado que el papa Juan calificaba de avispero sin reina. El que hace sus veces, monseñor Cabra Montés, dicta leyes, pactos y condiciones que se tienen que respetar y premiar.

Un autor de artículos de opinión, muy cortés y respetuoso con los desiderátums de aquel purpurado, lo disculpaba de la siguiente manera: «Pobre hombre, estaba un poco decaído y había que darle un buen espaldarazo para que pudiera cumplir sus duras obligaciones intelectuales. Si el heroísmo burocrático lo hubiera exigido, hubiéramos podido pasar por alto la vida privada del personaje, ¡pero nos ronda por la cabeza la duda sobre cómo poderlo proteger del severo juicio de la historia!»

Servirse de la Iglesia para hacerse servir mejor. Ujieres, chóferes, subalternos, empleados de la tienda de ultramarinos y los almacenes, animosos jóvenes que prestan servicios extraordinarios noche y día, todos tienen que servir de escolta al superior silvestrino para acompañarlo en contra del reglamento con sus familiares y fámulos a los confines del mundo, amén de a Brisighella; los gastos de las dietas correrán a cargo del despacho. Vive muy tranquilo con su conciencia domesticada: ningún inspector prudente examinará las cuentas de las correspondientes administraciones opacadas. Mientras el humilde sirve, el soberbio se hace servir en contra de las enseñanzas del Evangelio. Un poder, como se ve, que ni siquiera está excesivamente disimulado y en el que se utilizan todos los espacios y las grietas, a través de las cuales penetran la negligencia, la insipiencia, la complicidad o todos estos defectos juntos. Parece como si los dones del buen Dios, siempre preciosos, fueran más escasos cuando se otorgan a este gran purpurado para todo.

Los primeros de la clase

En la Iglesia de Dios, la expresión «hacer carrera» debería quedar eliminada del vocabulario. El que entra a formar parte de la vida eclesiástica con el propósito, soterrado o confesado, de conseguir abrirse camino en su carrera, jamás debería ser ordenado sacerdote y, en caso de que ya lo haya sido, debería permanecer firmemente anclado en el lugar en el que se encuentra, cuando no enviado a una remota iglesita rural. A Dios no le sirven de nada los soberbios y los presuntuosos, los vomita con arcadas de asco. Estaría en contradicción con sus propios designios si los quisiera poner al frente de su Iglesia.

La carrera está ínsita en la altiva voluntad del aspirante, el cual, con tal de medrar, sería capaz de poner obstáculos a la mismísima voluntad de Dios, cuyos verdaderos candidatos son los humildes y los últimos: «¿Busco yo ahora el favor de los hombres o el de Dios? ¿Pretendo agradar a los hombres? Si agradara a los hombres, ya no sería servidor de Cristo.»

A más de un prelado de este veinte por ciento de escaladores hacia el pináculo de san Pedro le falta la glándula de la resignación que no le permite aceptar el lugar al que ha llegado porque considera que cualquier meta no es suficientemente digna o adecuada a las eminentes cualidades de su persona. Convierte el Evangelio en un motor auxiliar para sus aspiraciones humanas. Presunción, adulación activa y pasiva, arribismo, jerarquismo, ambición, falta de disciplina interior, cultura meramente superficial, reconocimiento de sus valores, todo eso son virtudes para el arribista y él tiene especial empeño en hacerlo saber. Con sus gestos de fingida religiosidad, apunta directamente a la meta que pretende alcanzar y todo lo condiciona a ella, como el folleto de una empresa de pompas fúnebres en el que las coronas se reservan a los caídos.

Hoy no es la ascética la culpable de la pobreza de frutos que las distintas viñas del Señor ya no han producido, sino la ascesis. Una hipócrita afectación curial cuyos tentáculos aprisionan el ambiente.

Sólo las inteligencias privilegiadas consiguen superar la espesa capa de hechizo colectivo, más allá de la cual se encuentra el anacoreta, solo con su desierto. Y es precisamente de un padre del desierto de donde les llega el latigazo a los miembros de la Curia: «Nuestra boca apesta a adulaciones; nos sabemos de memoria casi todas las Escrituras; mascullamos los cánticos del salterio; y, sin embargo, carecemos de lo que Dios busca: caridad y humildad.»

La experiencia nos enseña que, no se sabe por qué razón, los soberbios que, según el Evangelio, deberían ocupar el último lugar, siempre están en la *pole position,* interpretando el papel de primeros de la clase, y lo hacen de maravilla. Siempre son ellos, los emprendedores, los que se apropian de los puestos clave, aunque muchas veces no sean los mejores sino todo lo contrario. Y todos saben que nada hay más peligroso que las grandes misiones, fermentadas por pequeños cerebros adulterados.

«¿Qué discutíais por el camino?» Si Jesús le hiciera esta pregunta a la Curia romana de hoy en día, muchos prelados se avergonzarían de contestarle, a él, que escruta los corazones y las mentes. Por el camino siguen comentando cuál de ellos ha de ser el más grande: procedentes de humilde origen social, sueñan con ascensos de prestigio en los dicasterios más importantes para ocupar puestos de poder.

«Si alguno de vosotros quiere ser el primero, que sea el último de todos y el servidor de todos.» La Madre Teresa de Calcuta tuvo en su muerte un entierro regio porque supo vivir como la última entre los últimos, pobre entre los más pobres, sierva de los repudiados por nuestra sociedad del bienestar. Los jefes de la Iglesia no tienen que aspirar a puestos de mando como no sea para servir a los hombres en la fidelidad del Evangelio de los humildes; siendo todos pobres en el espíritu en la misma medida, no es la pobreza lo que infunde temor, sino el desequilibrio entre la pobreza y la riqueza que impera en el vértice de la Iglesia vaticana.

El arribista es el que empieza bien un camino equivocado, con tal de llegar a la meta elegida. No soporta retrasos en su avance por encima de los demás. A toda costa y pisoteando los derechos de los honrados trabajadores, sólo él tiene que subir al altar, donde se consumará el sacrificio en su honor, para escarnio de los soldados desconocidos. Estos trepas que aspiran al poder, en cuanto los enterados, sus protectores, los colocan en la vía de tren adecuada, saben cómo proseguir la carrera hábilmente gracias al empujón, la tracción o la simple inercia. Es bien sabido que el cadáver se adapta el ataúd por el camino. Tal como dijo Arquímedes: dadme un punto de apoyo y levantaré el mundo.

Protectores y protegidos tienen empeño en convencer a los que se han quedado atrás de que eso lo ha querido y lo ha hecho el Espíritu Santo. ¡Pero hoy en día ya no quedan muchos ingenuos! «Santa paciencia —decía H. Lofting—, los hombres, si alguna vez aprenden a volar como un gorrioncillo cualquiera, no terminarán nunca de vanagloriarse.» Atribuyendo a los demás todo y lo contrario de todo el mal posible, consiguen atribuirse a sí mismos sólo el bien y se convencen de que pueden alardear de ello. Y, encima, siempre encuentran alguien que cree a pies juntillas todas sus bravuconerías.

Jesús nos puso en guardia a todos para que no fuéramos como los escribas y los fariseos: «Todas sus obras las hacen para ser admirados por los hombres; ensanchan las filacterias y alargan los flecos; gustan de ocupar los lugares de honor en los banquetes y los primeros asientos en las sinagogas y de los saludos en las plazas y de que los hombres los llamen rabí», término este último equivalente a los títulos honoríficos de monseñor, excelencia, eminencia y cosas por el estilo. Entran ganas de preguntarse: Señor, tus llamamientos de entonces, ¿tienen todavía el mismo valor en nuestra época para toda esta clase de excepción del Vaticano?

Estos arribistas parecen todos salidos de una misma cadena de montaje: el mismo porte, el mismo afán de dominio, la misma forma de abordaje, las mismas desmesuradas adulaciones: siempre ansiosos de subir antes que los demás como otros tantos globitos de colores sujetos con un cordel. El oportunismo es un fenómeno de sedimentación medieval.

En el Vaticano se nace con esta lacra. El cromosoma de más que posee el arribista lo empuja siempre hacia delante sin detenerse jamás: de sacerdote a obispo, de obispo a arzobispo, de arzobispo a cardenal y a papa, como no le dé el capricho de crear el título de archipapa. He aquí el recorrido de un trepa auténticamente afortunado. Ya en el seminario se esfuerza por encaramarse, ganándose la benevolencia y el aprecio de su superior por indicación de su obispo, que lo considera idóneo para convertirse en prefecto del dormitorio común. De sacerdote servicial y disponible pasa a convertirse en secretario y chófer del obispo, y no transcurre mucho tiempo sin que se le premie con otro nombramiento de prestigio, a pesar de las veladas protestas de otros de más edad y más merecedores de él. El apetito viene comiendo, y el ascenso nunca se detiene a medio camino. Los hermanos de la diócesis no soportan sus idas y venidas alrededor del obispo y plantean a éste un ultimátum: o lo aleja a él o nos vamos nosotros. ¿Qué hacer en este caso? Él no aceptaría jamás un retroceso total. Pues entonces no hay más remedio que señalarlo como un buen candidato al episcopado, por lo menos como joven auxiliar, así para empezar. Y, si se le exigen ciertas dotes pastorales, se le proporcionan, tanto si son verdaderas como si son falsas. El dado está echado. Se hace correr la voz de que, por sus grandes merecimientos, se ha convertido en el obispo auxiliar más joven del mundo sin que él lo supiera, cual si fuera un sietemesino de parto prematuro. Tened por seguro que no se quedará ahí, dice alguien que lo conoce muy bien.

Poco después es trasladado a una diócesis, pero lo hace todo tan bien que la diócesis se le queda estrecha. Necesita una archidiócesis que, vete tú a saber por qué, consigue de inmediato. Si entretanto queda libre otra más interesante, hace saber que él lo haría mejor que ningún otro prelado en aquella vacante. Y se produce el traslado.

Pero, cuando aún no le ha dado tiempo de ordenar sus cartas en la nueva sede, resulta que en Roma está a punto de producirse un cambio de guardia en el vértice de una organización católica para la juventud de carácter nacional. ¿A quién tendría que corresponderle, sino a él? Casualmente, los de la Conferencia Episcopal Italiana, por sabe Dios qué mangoneos, se fijan precisamente en él. Cuando los ingenuos aún estaban descifrando la conveniencia de nombrarlo para aquel cargo, dos añitos después y sin que él mueva un dedo, faltaría más, ya está predestinado para una sede cardenalicia. ¡Albricias! Para exhibirse y ponerse en primera fila, Roma es siempre mejor que cualquier diócesis periférica.

Alrededor del sello del sobre se lee: todo por voluntad de Dios, que ha premiado la profunda humildad del cardenal ascensorista tan arrogante como un mafioso: ¡qué acontecimientos históricos tan proféticos se producen en la Iglesia! Pero ya se oye hablar de un nuevo destino para él en la capital: «¡Roma, no seas tonta esta vez! Échame una mano para que diga que sí... »

No hay nadie que no vea que semejantes ascensos llevan el sello de haber sido hechos a la medida por unos designios humanos completamente ajenos a la voluntad de Dios, debido a aquel feliz cromosoma de más que funciona a la perfección y hace que la sistemática oposición a las bienaventuranzas evangélicas resulte algo completamente normal.

¡Ojalá y el cielo quisiera que todo lo dicho más arriba no fuera más que el fruto de la calenturienta imaginación de una pluma empapada de fantasía, y no ya una norma que se cumple sistemáticamente y a la vista de todo el mundo!

En los años setenta, varios sacerdotes hicieron una travesía por el Danubio. Cuatro de ellos eran de Brescia y no habían cumplido aún los cuarenta años. La travesía cruzaba nada menos que tres territorios nacionales y estaba resultando muy larga y monótona. Querían admirar el paisaje y los numerosos centros urbanos asomados a ambas orillas. Almuerzo en el restaurante del barco y siesta en el embarcadero.

Un sacerdote de Brescia de juvenil aspecto se acerca a un auxiliar que procedía de Roma y, hablando de esto y de lo otro, le dice que es compañero de curso de un coetáneo suyo —lo vamos a llamar el padre Regale—, que abandonó repentinamente la diócesis tras una discusión con su obispo, quien, en unas oposiciones para el puesto de párroco de la catedral, había preferido a otro en lugar de nombrarlo a él. El padre Regale arribó como por arte de magia a la Secretaría de Estado al servicio del papa de Brescia, que se mostró muy generoso con él en su carrera.

Según el sacerdote-turista, al padre Regale le sobraba tanta presunción como le faltaba inteligencia y en muy poco tiempo había conseguido pegarse a las costillas de unos altos prelados del despacho, por cuyo motivo todo el mundo vaticinaba que muy pronto alcanzaría otras metas mucho más altas. El hermano sacerdote terminaba diciendo: «Si éstas son las personas que elige el Vaticano para gobernar la Iglesia, hay como para decepcionarse, la verdad.»

De secretario particular del superior, el padre Regale pasó a la sala de mandos en sustitución del asesor, que por aquel entonces había tenido que someterse a unas graves intervenciones quirúrgicas en los ojos para poder conservar la poca vista que le quedaba. Los roces se produjeron cuando el convaleciente regresó al despacho: el padre Regale hizo valer sus influencias y el otro fue enviado al departamento de relaciones con el personal de las nunciaturas, a pesar de que no dominaba sus engranajes.

En el admirable comercio de repartos *inter presentes*, entre los presentes de aquel nivel, el ascendido criado de Brescia no tardó en convertirse en zaguero en aquellas logias. Pero la partida aún estaba en el aire. Al padre Regale le ofrecieron la sede de Génova, tal como ya se ha dicho en otro lugar, pero él prefirió servir al Papa más de cerca, siempre dispuesto a levantar vuelos pindáricos en el estadio curial. «En la casa de mi Padre hay muchas moradas; yo voy a prepararos un lugar»... adecuado para cada uno de vosotros en la Curia. Señor Jesús, permíteme que te pregunte: ¿no será que te equivocas, preparando tantos? ¿O acaso esta cantidad tan enorme se tiene que atribuir a la fértil imaginación del personal de la Curia, que acomoda las poltronas a los traseros?

«Nadie se enterará de lo ocurrido»

Tres prelados de la Curia tenían por costumbre invitarse alternativamente a almorzar. Después de la comida, el de más edad gustaba de dar un relajante paseo por los alrededores de Roma en compañía de los otros dos. Ya sabemos lo que ocurre: entre dos se produce un intercambio de confidencias y entre tres se hacen comentarios. A principios de los años setenta, un día después de comer el anciano monseñor señaló incluso el destino: hacia Santa Maria di Galeria, en medio de un tórrido calor canicular que a él le encantaba. Más de una hora de paseo arriba y abajo por la entonces polvorienta calle para digerir el opíparo almuerzo, lejos de miradas y oídos indiscretos.

El anciano prelado pertenecía a la Secretaría de Estado, donde ocupaba un cargo importante. Era un auténtico archivo ambulante, inteligente y perspicaz, alegre y ocurrente. Siempre tenía a punto una broma, una palabra ingeniosa, un chiste lapidario, una cuchufleta para levantar los ánimos, una frase acertada, un epíteto mordaz, fruto todo ello de su ingenio y perspicacia. Conseguía seguir el hilo de su conversación en la que abundaban los cambios silogísticos de tema como una música de inteligencia pura, siempre hábil en captar el punto central del discurso.

Estaban hablando de los que, por el hecho de conocer muy bien las virtudes y las debilidades de Pablo VI, lograban chantajearlo constantemente con el fantasma de la revelación de cualquiera sabía qué escándalos en los medios de difusión. El buen vino del almuerzo había alegrado el corazón de aquel experto prelado tanto como el del rey Asuero. Vestido con una sotana plisada que permitía adivinar la corpulencia que había debajo, se detuvo flanqueado por los otros dos, sonrió maliciosamente con su perfecta y afilada dentadura y se acercó un dedo a los labios para arrancarles la promesa de una discreción absoluta:

—No es una fábula lo que estoy a punto de deciros sino una historia auténtica; ¡pero de esas que no se pueden contar por ahí!... Porque allí —señaló el muro cubierto de mosaico de la Radio Vaticana—, la moral no es más que uno de los métodos para obtener el apoyo necesario para los propios fines, que no todos pueden descifrar... Sabréis sin duda por qué razón el papa Pacelli envió a su más directo colaborador monseñor Montini como pro-secretario del arzobispo de Milán...

Por la cara que pusieron sus interlocutores, dedujo que los datos que éstos conocían eran incompletos, o quizá distintos. Y se sinceró con ellos con tacto de maestro.

A la muerte del cardenal Luigi Maglione, Pío XII prefirió no estar condicionado por otro cardenal secretario de Estado. Dejó que monseñor Giovanni Battista Montini ocupara el cargo de sustituto y más tarde de pro-secretario de Estado. Pero el Papa, profundo conocedor del corrupto ambiente curial, se había buscado un agente secreto seglar, capaz de proporcionarle informaciones reservadas que los nuncios no estaban en condiciones de facilitarle, sobre todo acerca de los asuntos de carácter político de los países del otro lado del Telón de Acero.

El agente se llamaba Arnould, un coronel que informaba al Papa casi con carácter mensual. Hacia mediados de agosto del año 1954, el agente secreto entregó en mano a Pío XII un sobre sellado del arzobispo luterano de Uppsala. Yngue Torgny Brilioth, admirador del Pontífice y colaborador en las tareas de ayuda a los católicos de los países comunistas. Al confiársela al coronel, el arzobispo tuvo mucho empeño en rogarle que no la hiciera pasar a través de ningún servicio vaticano, sino que la entregara directamente en mano al Papa. El escrito contenía unas pruebas sobre ciertas relaciones que una alta autoridad del Vaticano mantenía con los gobiernos soviéticos. En efecto, la vez anterior el papa Pacelli, informado de aquellos hechos, los había considerado imposibles sin su consentimiento.

La actuación del pro-secretario a espaldas del Papa era de una gravedad extrema. En clara oposición con las directrices de Pío XII que aborrecía el comunismo, Montini había entablado relaciones secretas con los perseguidores de la Iglesia católica en la URSS. Una cuidadosa investigación reveló que el jesuita padre Tondi, perteneciente al círculo montiniano, había hecho llegar a los soviéticos la lista de los obispos clandestinos y de los sacerdotes que allí habían sido enviados u ordenados en la clandestinidad, los cuales, traicionados por la delación, habían sido detenidos y habían muerto o los habían matado en los campos de exterminio. A ello se añadía el grave hecho de haber ocultado al Papa el cisma de los obispos católicos que se estaba produciendo en la China comunista.

En presencia de Arnauld, el Pontífice leyó la carta y, con el rostro demudado, guardó silencio. El 30 de agosto moría santamente el arzobispo de Milán, cardenal Ildebrando Schuster. A finales de septiembre, Pío XII mandó llamar al pro-secretario de Estado Montini y le comunicó su intención de enviarlo como arzobispo a Milán. Se trataba sin duda de una *diminutio capitis*, una disminución de rango, desde jefe de la Secretaría de Estado a arzobispo periférico, aunque se tratara de la mayor archidiócesis de Italia. Montini replicó dócilmente: «¡Padre Santo, yo esperaba terminar mi humilde tarea al servicio de Vuestra Santidad en la Curia!» El papa Pacelli, sin añadir nada más, se irguió en toda su longilínea persona y, con severo y autoritario tono, le dijo: «¡Excelencia, reciba la primera bendición apostólica como arzobispo de Milán! ¡Le agradezco los servicios prestados!» Montini la recibió de rodillas.

El 1 de noviembre de aquel año, monseñor Montini tomó posesión de la sede de Milán, donde durante cuatro años, mientras vivió Pacelli, no fue nombrado cardenal. De esta manera pretendía el Papa excluirlo de una posible candidatura al solio pontificio. Durante el resto de su vida, Pío XII se resignó a gobernar personalmente la marcha de los asuntos exteriores vaticanos. En su calidad de presidente de la conferencia episcopal lombarda, el arzobispo Montini mantenía relaciones con todos los obispos de la región, entre ellos el de Novara, monseñor Vincenzo Gilla Gremigni, conocedor de los hechos descritos y muy apreciado y consultado por Pío XII. Mientras que él en Milán sólo contaba con un obispo auxiliar desde el año 1955 —el segundo no lo consiguió hasta 1961—, monseñor Gilla, gracias a su amistad con el Papa, había conseguido para Novara y de un solo plumazo dos auxiliares, uno de sesenta y dos años y otro muy joven, de cuarenta y cuatro años, ambos consagrados en 1958. Hechos que Montini conservaba en la memoria y terminaban en escaramuzas más o menos solapadas.

Cuando el arzobispo de Milán decidió disolver y trasladar a otro lugar *Il Popolo d'Italia*, un periódico de orientación católica muy consolidado en Lombardía, monseñor Gilla Gremigni protestó por el hecho de que semejante decisión se hubiera tomado sin consultar con el episcopado lombardo. La respuesta del arzobispo Montini, entregada en mano al obispo de Novara a última hora de la noche, fue de tal violencia que, mientras la leía, monseñor Gremigni, que padecía del corazón, se desplomó sobre su escritorio y murió en el acto; eran aproximadamente las once de la noche del 7 de enero de 1963.

Enterado de la noticia, Montini, a quien en el ínterin el papa Roncalli había nombrado cardenal, a la una de aquella misma noche se presenta en el obispado de Novara y manda llamar al joven auxiliar Ugo Poletti, de cuyos labios escucha los posibles motivos del infarto: a lo mejor, dice Poletti, el contenido de su carta, todavía en el escritorio del estudio y a la que ya se habían aplicado los correspondientes sellos. El cardenal Montini presionó para que le devolvieran su escrito con el fin de evitar que éste cayera en manos de la prensa y diera lugar a posibles conclusiones.

—Eminencia, hace una hora el funcionario ha aplicado los sellos; ya es de noche, ¡no se le puede molestar a esta hora! —contesta monseñor Poletti.

El cardenal le replica:

—Mañana ya será tarde; he venido aquí para eso; nadie se enterará de lo ocurrido...

Se comentó que la historia de los sellos era una ocurrencia del obispo auxiliar. Pero lo cierto es que, mientras el cardenal esperaba nerviosamente, monseñor Poletti se retiró y, al cabo de unas dos horas, regresó con la carta autógrafa y se la entregó a Montini al tiempo que se deshacía en disculpas por el evidente retraso mientras ambos se prometían mutuamente mantener la más rigurosa reserva sobre los hechos, que nadie debería conocer jamás.

Todos sabían que Juan XXIII estaba gravemente enfermo. Murió el 3 de junio de aquel año. El arzobispo de Milán era uno de los candidatos en la boca y en la pluma de los mejores vaticanistas. Y, en efecto, fue elegido el 21 de junio de aquel mismo mes con el nombre de Pablo VI.* Por regla general, éste correspondía a los favores recibidos, pero, en el caso de monseñor Poletti, el Papa ya no parecía acordarse del fraude de Novara.

Puesto que la memoria, cuando funciona en tiempo presente, es como un espejo retrovisor que proyecta el pasado hacia el futuro, la prensa empezó a publicar algunos comentarios sobre la existencia de una carta de Montini a Gremigni

---

* Muerto el papa Roncalli, en junio de 1963 los conclavistas de la corriente encabezada por el cardenal Giacomo Lercaro de Bolonia se dieron cita en la villa de Grottaferrata, propiedad del masón Umberto Ortolani, para establecer las posturas que deberían adoptar y el candidato al que deberían apoyar, es decir, Giovanni Battista Montini, arzobispo de Milán, ya debidamente informado. Inmediatamente después de su ascenso al solio pontificio, Pablo VI se encargó de recompensar la hospitalidad del masón Ortolani, nombrándolo gentilhombre de Su Santidad.

como posible causa del fallecimiento de este último. Poletti fue inmediatamente nombrado arzobispo de Spoleto.

Pero aquel puesto no era del gusto de monseñor Poletti. Éste comunicó al Papa su deseo de servirlo en Roma e incluso la manera en que le agradaría hacerlo. Dos años después monseñor Poletti pasó al Vicariato de Roma como segundo vicerregente junto con Su Excelencia Ettore Curial, poniéndoles la zancadilla a los auxiliares Luigi Poggi, Giovanni Canestri, Oscar Zanera y Priamo Tribalzini.

Cuando el cardenal vicario Angelo Dell'Acqua muere repentinamente en Lourdes el 27 de agosto de 1972, otras noticias de prensa vuelven a recordar la existencia de aquella carta montiniana a Gilla Gremigni. Como una ráfaga de viento se produjo el ascenso de Poletti a pro-vicario del papa Pablo VI en Roma.

Al llegar a este punto, el anciano prelado hizo una pausa y añadió:

—¡Y ahora es nuestro cardenal vicario por la gracia de Dios y de la Santa Madre Iglesia!

Los dos monseñores lo estaban escuchando con incredulidad. Uno de ellos comentó:

—¡Oh, el poder de una fotocopia! Suena a intriga de una corte papal del Renacimiento...

—Esto quiere decir que Pablo VI es fuerte con los débiles y débil con los poderosos —añadió el prelado.

Bajo Pío XI, semejante prelado hubiera sido suspendido por lo menos de sus tareas pastorales y enviado a algún monasterio para que se le bajaran los humos, tal como hizo con el cardenal Billot, al que privó de la púrpura. En cambio, empujado por el viento del chantaje, monseñor Poletti siguió ayudando al Papa durante largos años como cardenal vicario de Roma hasta su forzado retiro canónico una vez alcanzada la edad de la jubilación.

Monseñor consultó sorprendido su reloj de pulsera: las 16.30, se le estaba haciendo tarde para un trabajo que tenía que presentar al Papa al día siguiente. Pidió a sus amigos que lo acompañaran directamente al patio de San Dámaso.

Ráfagas de viento

El prefecto de la Casa Pontificia era un natural de Piacenza que se había hecho viejo en aquel servicio. Lo había colocado su tío el arzobispo cardenal de Bolonia, que no había conseguido que le dieran una licenciatura en ninguna universidad pontificia. Con gran pesar decía su tío de él: «Es muy hábil y astuto mi sobrino; lástima que no haya querido estudiar, de lo contrario, con el cargo que ocupa, ¡hubiera podido llegar tranquilamente a cardenal!»

Se equivocaba de medio a medio el tío purpurado, pues el sobrino, sin estrujarse demasiado los sesos, consiguió ser nombrado cardenal. Ante sus fieles prelados de Piacenza, se jactaba de la manera en que había cazado la púrpura al vuelo.

Tras haberse pasado cuarenta años al servicio de distintos papas, el prelado de Piacenza pasó de simple subalterno a maestro de ceremonias. Alardeaba de ser noble, pero, en realidad, de noble sólo tenía las excesivas flatulencias, cuyo fragor resonaba bajo las bóvedas de las célebres logias rafaelescas, en cuyas pinturas aún perduran los daños causados por sus reactivos fitofísicos. A lo largo de su aprendizaje, el de Piacenza había preparado un montón de consistorios y había enviado montones de billetes a los prelados a los que los distintos papas nombraban cardenales. Eran decenas y decenas de nombres en cuarenta años.

Entre los billetes cardenalicios que tenía que preparar para el inminente consistorio, no figuraba su nombre, pues, en realidad, estaban a punto de darlo definitivamente de baja de su puesto y ceder el cargo a un sucesor. Decidió jugarse el todo por el todo con la única carta que le quedaba. Se presentó sin previo aviso en el estudio del Papa y, con semblante desencajado y voz alterada, le dijo:

—Santidad, he decidido irme mañana a mi pueblo, donde permaneceré durante algún tiempo en nuestra casa solariega, puesto que aquí no se reconocen los méritos de alguien que ha entregado su vida al servicio de la Iglesia.

Pablo VI lo miró fijamente con sus penetrantes y fríos

ojos, sorprendido ante aquella afrenta tan irrespetuosa como inesperada. Tras un instante de larguísimo silencio, el Papa replicó al prelado arzobispo:

—¿Así se habla al Sumo Pontífice?

Respuesta inmediata del prelado:

—¿Y así trata Vuestra Santidad a un fiel colaborador que ha prestado un servicio ininterrumpido a cinco papas? Ahora no me queda más que irme a Conegliano para ordenar todas las cartas secretas de mi ministerio, que guardo celosamente en la caja fuerte.

Con ello aludía a todos los secretos que hubiera podido divulgar.

Tras pronunciar estas palabras, el prelado de Piacenza da la espalda al Papa y cruza el umbral de la puerta de salida sin volverse tan siquiera para saludarlo.

Justo el tiempo que tardó en llegar a su casa del otro lado del Tíber y cerrar el portal. Apoyó el bastón, colgó la capa en el perchero del recibidor y oyó sonar el telefonillo: abajo para hablar con él estaba un prelado con el mensajero que le llevaba el billete de su nombramiento como cardenal. ¡Una voluntad de Dios enviada en un tiempo récord cual una ráfaga de viento de trescientos kilómetros por hora!

Pablo VI, durante la cuaresma de 1966, recibió la visita *ad limina* de los obispos de la Lucania. Entró primero sonriente el arzobispo de Acerenza, monseñor Corrado Ursi, que se prosternó para besar la mano del Papa.

Mientras los demás prelados se colocaron en círculo a su alrededor, Pablo VI les dijo, señalando a Ursi:

—Saludamos al nuevo arzobispo de Potenza.

El Papa observó una expresión de estupor y sorpresa tanto en el rostro del designado como en los de los restantes prelados. Y, sin embargo, él recordaba muy bien haber aprobado el traslado de Ursi desde Acerenza a Potenza en sustitución del arzobispo Augusto Bertazzoni, que contaba ya noventa años. Para averiguar la causa del fallido anuncio, en presencia de todos los demás el Papa pidió explicaciones al cardenal prefecto de los obispos, quien se apresuró a revelarle el motivo de aquel retraso.

El entonces presidente del Consejo de Ministros, el Honorable Emilio Colombo, se había enterado a través de los rumores de pasillo de que el venerado arzobispo Bertazzoni que, siendo él huérfano, le había hecho de padre, iba a ser destituido de la diócesis de Potenza. Movido por su profundo afecto filial y para evitarle un disgusto que hubiera podido tener fatales consecuencias, el Honorable había pedido al dicasterio que suspendiera la publicación de la noticia en tanto que él se reservaba la posibilidad de hablar directamente con el Papa a la mayor brevedad. Pablo VI, ajeno a la intervención del político, les había anticipado la noticia a los obispos de la Lucania.

¿Qué hacer? Por una parte, no convenía molestar al piadoso Honorable Colombo, un hombre extremadamante amable y digno del mayor respeto; y, por otra, los obispos habían tomado nota de la metedura de pata del Pontífice. Se tenía que salvar lo uno y lo otro.

La amistad del papa Montini con monseñor Ursi se remontaba a los tiempos de la gran misión de Milán, cuando aquél había convocado a los más famosos predicadores de Italia y los había repartido por todas las parroquias y los distritos de su inmensa archidiócesis. La prensa la había calificado la misión de los mil oradores, pues éste era el número de los convocados. Monseñor Ursi, a la sazón obispo de Nardò, había sido asignado a los industriales lombardos que lo habían elogiado con entusiasmo y habían entregado generosos donativos para la Curia. El cardenal Montini lo había llamado otras dos veces a predicar cara a los fieles milaneses y, una vez nombrado papa, el aprecio que le profesaba se había mantenido inalterado.

Con la muerte del cardenal Alfonso Castaldo, Nápoles era por aquellas fechas una sede vacante. Pablo VI, sin pararse a pensarlo, el 23 de mayo siguiente ordenó el traslado del arzobispo de Acerenza Corrado Ursi a la sede cardenalicia de Nápoles. En realidad, aquel digno hombre de Iglesia no había hecho nada para ascender al honor de la más ilustre sede del sur de Italia; pero, inesperadamente, el viento había soplado a su favor y, todavía vivo en la actualidad, es recordado con simpatía y afecto por todos los sacerdotes y los fieles de aquella archidiócesis, que suelen mantener una actitud muy conflictiva hacia sus arzobispos, tanto hacia los que ocupan la sede como hacia los que siguen vivos tras haberse retirado.

Qué diferencia con su sucesor, el cardenal Michele Giordano, sometido a vigilancia desde hace tiempo y ahora investigado por tráficos ilegales, por la infamante práctica de la usura, que ha llevado a su hermano a la cárcel, y por fraude fiscal por parte de la Curia napolitana. En las entrevistas, el purpurado no cesa de denunciar la afrenta que se ha hecho a la Iglesia a través de su respetable persona. Pero, ¿qué expresión de la Iglesia es él?, se preguntan los miembros de la Camorra napolitana. Delante del mundo que lo contempla todo como desde una ventana, ¿por qué razón los responsables del Vaticano no sugieren al cardenal, tan gravemente investigado, que se aparte a un lado y deje la mano libre a los que están obligados a buscar la verdad dondequiera que ésta se esconda? Puede que el viento no sople con la suficiente fuerza...

14

LA FERIA DEL COLOR MORADO

Cuando os inviten a una boda, no ocupéis los primeros lugares. Una norma de humildad bíblico-evangélica: «No me siento con hombres falsos ni visito a los hipócritas.» En cambio, muchísimos prelados del Vaticano se consideran por encima de esta norma evangélica por un privilegio divino que agradecen profundamente al Señor.

Cuando te inviten, bueno, mejor dicho, cuando decidas invitarte a las ceremonias pontificias, procura sobre todo colocarte en el lugar más cercano a los magnates de aquella asamblea. En el transcurso de estas citas, en las que se sabe que los peces más gordos de la corte pontificia formarán parte del séquito del Papa, se produce un frenético hormigueo y un trasiego de jóvenes esperanzas que, cual atareadas hormigas rojas, se acercan rápidamente unas a otras, se husmean y se apartan, se inclinan o se ignoran, se prestan ayuda o se devoran entre sí.

Como es natural, allí todos los que pintan algo en la «*Rey* de *Coppa y C.*» suelen obtener información a través del teléfono-amigo que no deja huellas, pero sus burlonas decisiones vaya si las toman, ¡y con cuánta dureza, por cierto! Para ellos, la ley evangélica es un silogismo al revés: se establece previamente la conclusión —a éste lo aprobamos, a éste lo suspendemos— y, sobre su base, se adoptan las premisas.

No es fácil escribir acerca de la vanidad de los hombres de Iglesia con respecto a ciertos títulos honoríficos o de prestigio y acerca de su búsqueda de los cargos de máximo rango que ambicionan, pretenden y obtienen. Es un testimonio de fe demasiado interesado eso de situarse delante para tapar a los demás hermanos más merecedores que ellos de alcanzarlos, aunque esté escrito: «No busque ninguno de vosotros su propio interés sino más bien el de los demás.»

En la Iglesia de Roma se corre el peligro de caer en un nuevo fariseísmo ni siquiera excesivamente disimulado. Ciertos juegos de poder entre eclesiásticos no se diferencian de las luchas tribales, de las brujerías fetichistas y de complicidades mafio-masónicas. Es la feria del color rojo lo más llamativo posible. Para ponerse un poco de color rojo encima, pierden la costumbre de tenerlo en la cara. Es el escaparate de los exhibicionistas acicalados con las solemnes vestiduras, bajo las cuales ocultan sus hipócritas sueños. Las funciones litúrgicas pontificias acaban por parecerse a un desfile de prelados que se pavonean por una variopinta pasarela de modelos. Las capillas papales son una muestra de lienzos rojos, encajes, sombreros y fulgurantes cruces colgadas sobre el pecho; y los ufanos prelados parecen participar en un pase de modelos bajo las estrellas en Trinità dei Monti.

Los peces gordos de mayor calibre tienen tantas ganas de que los saluden como los de pequeño calibre de venerarlos. El revestido de mayor dignidad contempla a hurtadillas los movimientos del inferior distraído, sobre el cual concentra su enojo por no haberlo saludado, con lo mucho que él se lo merece. Profusión de zalamerías y anchas sonrisas de satisfacción de los arribistas. En la sala la asamblea alaba y es alabada, se alegran los corazones y todos se deshacen en elogios y parabienes.

Qué placer experimentan los prelados envueltos en un mal disimulado narcisismo, antes, durante y después de estos encuentros de alto nivel pontificio, por más que Ghika haya escrito que Narciso está más lejos de Dios que Caín. Si la alegría es el goce consciente de un bien seguro, cuando los bienes son frágiles, las alegrías también lo son. En cambio, cuando los bienes son graníticos, las alegrías son sólidas. Sin embargo, el granito es muy duro y le podría romper la cabeza a más de uno.

Los monseñores revestidos de pompa y majestad, todos ataviados con sotanas prelaticias, rápidos y dominados por el frenesí, serenos o sonrientes según convenga, engalanados y resplandecientes, se sienten obligados a tributar homenaje a los cardenales y prelados de los asientos reservados de la primera y la segunda fila, por humilde devoción y no por otra cosa, naturalmente. Pero todos saben lo que es esta «otra cosa». Jesús sentenció: «En la cátedra de Moisés se han sentado los escribas y los fariseos. No los imitéis en sus obras, pues dicen, pero no hacen. Todas las obras las hacen para que los vean los hombres; ensanchan las filacterias y alargan los flecos; gustan de ocupar los primeros asientos en los banquetes y las primeras sillas en las sinagogas y de los saludos en las plazas. Que el más grande entre vosotros sea vuestro siervo.»

En caso de que quede todavía una silla vacía en la primera fila, alguno de los que están detrás busca un pretexto para saludar cordialmente al prelado de aquella fila y se sienta tan campante a su lado: *«Sedere cum viris vanitatis»*, «sentarse con los hombres ilustres es vanidad»; pero, de esta manera, consigue desbancar a los demás para poder estar una fila más cerca del Papa, ¡por veneración, claro! Después aprenderá a hacer lo mismo en la vida, poniendo la zancadilla a los demás que no son tan hábiles como él. «Ay de vosotros, fariseos, que amáis los primeros asientos en las sinagogas y los saludos en las plazas.»

Cada año, la víspera de los santos Pedro y Pablo, el Papa polaco desea reunirse con todos sus colaboradores que trabajan en los dicasterios de la Curia romana y del Vicariato. Como es lógico, la ocasión es la más indicada para exhibirse con las mejores galas, aunque sólo sea para que se airee un poco la túnica roja o ribeteada tanto tiempo guardada en el armario, con riesgo de que se apolille.

Pero hay un monseñor maleducado, de físico menudo y erguido, gran capacidad intelectual, finísima habilidad para entrar en sintonía con la convulsa realidad del ambiente y captar al vuelo los signos de los tiempos de juanista memoria, el cual se presentaba sistemáticamente a la cita con el Papa *in nigris*, es decir, con una sencilla sotana negra, ni siquiera recién estrenada. Aquel hecho molestó a uno de los muchos remigaldos maestros de ceremonias hasta el extremo de ordenar a un vigilante que desplazara al intruso, que no iba ataviado con vestiduras nupciales, por lo menos a cuatro o cinco filas más atrás.

—Monseñor —le dijo el vigilante con gran circunspección—, usted perdone, pero tendría que dejar libre este asiento, pues ya está ocupado.

El vigilante le indicó la fila y lo acompañó.

Ya acostumbrado al trato despectivo, el reverendo dejó a sus colorados compañeros en los asientos que les habían sido asignados y, sin inmutarse lo más mínimo, retrocedió tranquilamente. Pero permaneció muy poco rato en su nuevo asiento; el mismo vigilante se acercó de nuevo a él visiblemente turbado para invitarlo a retroceder un poco más:

—Disculpe, monseñor, no depende de mí, ¡me lo han mandado!

Pero el prelado sin adornos trató de tranquilizar al buen seglar, diciéndole:

—Por mí no se preocupe, estoy acostumbrado al método de san Giuseppe Cottolengo.

—¿Qué método es ése, monseñor?

El siguiente:

—Cuando sus pobres hijos discapacitados, a los que sistemáticamente iban cambiando de un sitio a otro porque nadie los quería, le preguntaban la razón de aquellos desplazamientos, el santo los convencía de la siguiente manera: «Por eso no os preocupéis; debéis saber que los repollos, para que sean más sabrosos, se tienen que trasplantar varias veces.»

La sonora carcajada del vigilante llamó la atención de los prelados sentados en las primeras filas.

Al poco rato, el buen hombre se acercó de nuevo al prelado y, sonriente, le comentó:

—Monseñor, hay un sitio justo en la primera fila; si no fuera por la referencia a los repollos, lo hubiera acompañado allí delante de todos porque, además, le corresponde. Pero le juro, monseñor, que de ahora en adelante tendré mucho más cuidado antes de desplazar a los reverendos que no vayan engalanados.

Huelga decir que Dios no hace distinciones de este tipo, no es parcial y no hace selecciones. Eso lo sabe todo el mundo. Pero aquí no se trata de Dios que está en el cielo, demasiado arriba como para preocuparse por nuestras pequeñas miserias, hechas de colores, zancadillas y preferencias.

En cambio, los hombres se distinguen entre próximos y lejanos, según la manera en que consigan alcanzar sus hermanamientos. Hay que poner manos a la obra; el mismo proverbio lo confirma: «Ayúdate y Dios te ayudará.» Lo decimos desde siempre; ¿será posible que precisamente los eclesiásticos de la Iglesia romana, en especial los de la Curia, tengan que pasar por alto esta regla celestial?

Contrariamente a lo que se decía en el ventenio de dictadura italiana, tener muchos amigos en la Curia equivale a un gran honor, según los colores que se lleven encima. Todos tenemos un protector en el cielo; ¡afortunado el que también lo tiene aquí en la tierra!, le decía una madre a su hijo clérigo, quien poco después comprendió cuánta razón tenía su madre.

En toda esta feria de color rojo, a nadie le gusta recordar el reproche del Maestro a los fariseos: «¿Cómo vais a creer vosotros que recibís la gloria los unos de los otros y no buscáis la gloria que sólo viene de Dios?» A lo mejor, creen que Dios sufre daltonismo y no distingue su resplandeciente color rojo. En cualquier caso, está claro que a ellos no les ha enseñado que la grandeza no viene de abajo sino de arriba; no del color rojo sino de la integridad interior.

En estas ceremonias papales nunca falta la presencia y la reunión de religiosas de todo tipo y condición. Muy modernas ellas, hacen gala de todo su desparpajo y se presentan ataviadas con tejidos superfinos, luciendo ensortijados mechones que sobresalen descuidadamente del velo o bien sin velo y con la permanente que les ha hecho aquel mismo día el peluquero de la casa, el cual, como es lógico, también ha aprovechado para hacerles la manicura.

Purpurados *showmen*

Simón Pedro no tenía empeño en presentarse como el jefe de la naciente Iglesia. Jesús lo declara tal ya desde el primer encuentro entre ambos: «Te llamarás Pedro y sobre esta piedra edificaré mi Iglesia; sígueme y te haré pescador de hombres.» Pero él se empeñaba en demostrar repetidamente que era una calamidad: «*Vade retro*, Satanás; no conozco a este *Hombre*.» Había cedido a las presiones de los judaizantes hasta el extremo de mantener una doble línea de conducta entre ellos y los paganos en relación con la antigua ley; fue necesaria la intervención de Pablo para disuadirlo de su error. Sin embargo, Pedro fue el primer Vicario de Cristo, el primer papa que, a pesar de detestarlas, admitía sus constantes equivocaciones y le sugería a su discípulo Marcos que las transcribiera en su Evangelio, ¡para vergüenza suya y edificación de aquella Iglesia!

La historia de nuestros tiempos enumera a más de un dignatario de la Curia que se autoelige como jefe de la Iglesia, situándose por lo menos en el liderazgo del gobierno en la sombra. Hay uno por encima de los demás que el consabido presentador lameculos de *Telepace* no pierde ocasión de exhibir a través de la televisión y llenar de alabanzas y ridículas lisonjas, sabiendo muy bien que, aunque las matemáticas no sean una opinión, las opiniones pueden cambiar hasta los cálculos de las matemáticas. Este dignatario se atribuye una vocación extrema, cree firmemente en sus dotes de líder y actúa en consecuencia para que los demás también le crean, tanto en el mundo vaticano y eclesiástico como en el social y político. Para éste, el buen Dios no consiguió encontrar un ángel de la guarda normal y decidió encomendarlo a un cóctel angélico, integrado por un ángel con las alas desplumadas, otro un poco atontado y otro en perenne estado de duermevela.

Convencido de ser la medida medidora con que se miden los hombres y las cosas mensurables, éste, exhibiendo su llamativa púrpura, se presenta con falsa modestia ante el gran público de los medios de difusión y no desdeña el calificativo de ministro de Asuntos Exteriores de la Iglesia para Oriente Medio, se deja entrevistar presuntuosamente acerca del futuro próximo remoto de la Iglesia, preconiza el cónclave, anda por ahí haciendo visitas presuntamente pastorales a las Iglesias y los Gobiernos de las naciones, recibe a políticos de todas las tendencias, acepta invitaciones de todo tipo y no falta jamás a las ceremonias papales —en cuyo transcurso se sume en profundas reflexiones oníricas—, se hace invitar a todas las reuniones de alto rango, se declara dispuesto a celebrar en semipúblico-privado posibles bodas reparadoras de personajes famosos y no desdeña presidir con semblante grave las exequias de algún gran director de cine, alguna actriz o algún político, presentados como creyentes de última hora. Todo puede servir para dar gloria al poderoso *showman*, incluidos los artistas circenses y los juglares.

Este purpurado metomentodo vestido de protagonista tiene mucho empeño en convencer a los demás de que, gracias a su influencia multidimensional, es el dignatario vaticano más poderoso del momento, haciendo creer al mundo político que está en condiciones de establecer los candidatos a nombramientos episcopales y cardenalicios y de dorarle la píldora al débil Pontífice, todo ello en beneficio de su clan romagnolo. Los observadores tomarán nota del ascenso del superclase y, a la hora de la competición, se lo disputarán para convertirlo en su amigo y protector.

En medio de todo este número publicitario sin fin, los que más fácilmente se tragan el reluciente anzuelo son los políticos italianos, los presidentes del Consejo y de la República, que acuden presurosos a rendir homenaje al omnipotente cardenal de la Curia en la cresta de la ola, antes de visitar al Papa y al secretario de Estado. Los estadistas se honran en hacerle de palafreneros siguiendo las directrices del arrogante primer actor.

En 1994 montaron un auténtico espectáculo entre el ego de la púrpura y el entonces presidente del Consejo, el honorable católico Silvio Berlusconi. El encuentro entre ambas altezas fue extremadamente cordial. El augusto purpurado no enrojeció de vergüenza al estrechar la mano del recién afiliado a la masonería, creador de tres canales de televisión que se dedican al lavado de cerebro y al enturbiamiento de la moral, dueño de miles de millones que no brillan precisamente por su blancura y metido en complejos problemas judiciales, autoproclamado Ungido del Señor y quizá por eso con derecho a tener dos esposas y dos familias. Corren rumores de que hubo un tiempo en que el purpurado quiso conceder al Ungido de Arcore una capilla privada modelo familiar, donde poder escuchar la misa con el máximo recogimiento doméstico... alguien se preguntó cuál de sus dos núcleos familiares se quedaría al margen...

En un planeta en el que impera el audaz autobombo, el ejercicio de la modestia redunda en daño del interesado y se convierte en un bumerán discriminatorio y perjudicial. La modestia no le sirve de nada al ambicioso, embriagado por el vértigo de la vanagloria. El orgullo de verse elevado a alturas desmesuradas lo emborracha, pues está convencido de que el poder es un placer y, para él, el placer es también un deber. La concupiscencia del poder se une en su caso a la alteridad de Dios y la familiaridad de los colaboradores. Cuando busca una calle, siempre encuentra dos; si elige una, se encuentra con una encrucijada. En vano Nuestro Señor le sigue diciendo: «Aprende de mí que soy manso y humilde de corazón», lo cual, traducido, significa: ¡abajo la cresta, eminencia, ¡abajo la cresta! Lucifer era un ángel de luz, se puso una cresta y se convirtió en el príncipe de las tinieblas. Ghika ha observado que el orgullo es el esplendor de la estupidez; según el padre Pío, el amor propio, hijo primogénito de la soberbia, es más ambicioso y malicioso que su madre. Hasta un emperador pagano, Marco Aurelio Antonino, apostrofó de la siguiente manera a los poderosos imbéciles: «Mirad cómo son: comen, duermen, defecan como los demás; pero, en cuanto se convierten en pastores de rebaños humanos, se vuelven inaccesibles para poder soltar reproches desde las alturas. Hace un instante eran esclavos de innumerables pasiones; dentro de unos minutos, volverán a estar en las mismas condiciones que antes.»

En la Curia, donde perdura imperturbable el más descarado feudalismo, el superior vanidoso rebasa con arrogante imbecilidad el justo principio de la autoridad y cae en el autoritarismo. «Por mucha clemencia que se ejerza con el impío, éste no aprenderá la justicia; en la tierra éste tuerce lo recto y no ve la majestad del Señor.» Hablando del rey Ricardo Corazón de León, Winston Churchill dijo: «Su vida fue un soberbio desfile. Pero, cuando hubo pasado el cortejo, a su espalda sólo quedó la llanura desierta.»

Consciente de sus inclinaciones juveniles, nuestro purpurado-líder-*showman* roza el límite de lo ridículo, rodeándose de guaperas salidos de su coto privado de caza, a los que cuela de rondón con descarada prepotencia en cargos de su despacho. «Su parcialidad con las personas los condena y ellos ostentan el pecado como Sodoma: ni siquiera lo esconden; ¡ay de ellos! Pueblo mío, los que te guían te descarrían, han torcido el camino que recorrías.»

Pero peor todavía que un viejo imbécil es un imbécil joven, siempre de hinojos delante de su anciano protector rojo púrpura. Viene a cuento recordar aquí la advertencia de san Bernardo al papa Eugenio III, ya citada en otro lugar a propósito de este vicio y capricho prelatesco: «Los obispos tus hermanos y los cardenales tienen que aprender de ti a no rodearse de muchachos melenudos o jovenzuelos seductores. Entre las cabezas mitradas no queda nada bien este trasiego de peinados sofisticados.»

Prelados eficientes, soñadores testarudos, para conseguir que su mercancía averiada sea legalizada y sellada y pueda pasar por divina, tratan de que la voluntad del Padre coincida con sus cálculos de humanas grandezas. Basta adornar los discursos para oscurecer las ideas: acostumbrados a camuflarse, no les cuesta hacer lo mismo con Dios. Disimular para ocultarse. No les faltan ideas para ello, pues son dueños de una efervescente proliferación intelectual; sólo les queda la dificultad de la elección, pero, cuando no aciertan, la obra se cangrena y muere antes de que se pueda llevar a la práctica. Veamos algunos ejemplos.

No cabía la menor duda de que, a la muerte de la Madre Teresa de Calcuta, tanto la Iglesia como el mundo hablarían de su obra. Por consiguiente, ¿por qué no aprovecharlo por adelantado, invitándola al dicasterio de la Curia cuyo prefecto es otro purpurado-*showman* que desea pavonearse a su lado bajo el humilde disfraz de protector y consejero de la religiosa? Entretanto, hace que las telecámaras de televisión graben los coloquios espirituales que más adelante serían proféticos. El cardenal, que con interesada humildad finge no percatarse de las grabaciones televisivas, va a recibir a la Madre Teresa al aeropuerto y la acompaña servilmente al ascensor, dándole toda suerte de consejos y haciéndole recomendaciones debidamente grabadas. Una vez enterrada la monja, se buscan las escenas más significativas y se emiten puntualmente por *Telepace* junto con unos decorosos y desternillantes comentarios en los que el presentador se pregunta incluso si no se podría aplicar a la religiosa la curiosa definición de «Madrina jubilar del 2000».

Ahora también se ha puesto de moda ir a postrarse ante la tumba del padre Pío, aunque sea en actitud tan arrepentida como la del emperador Enrique IV ante el papa Gregorio VII en Canossa, justo el tiempo suficiente para que las cámaras tomen unas instantáneas y éstas se publiquen en la prensa. ¡Cuántas cosas se tiene uno que inventar para situarse rápidamente en la dirección en la que soplan los vientos en el Vaticano!

Siempre es mejor ser víctima que protagonista de ciertos sufrimientos en la Iglesia. Pero, cuando hace falta, el verdugo se viste con los ropajes de su víctima para quedarse pérfidamente con una parte de la ovación de los espectadores. ¿Qué os parece?

La frase de san Agustín *«Diligite homines, interficite errores»* («amad a los hombres, matad los errores») es repetida como un eco por san Gregorio Magno: «La enseñanza de las personas arrogantes tiene esta característica: que no saben exponer con humildad lo que enseñan y ni siquiera consiguen transmitir rectamente las cosas buenas que saben. Cuando enseñan, dan la impresión de estar situados muy arriba y, desde allí, bajar la vista hacia quienes los escuchan, a los que no parecen dar consejos sino impartir autoritarias órdenes.»

15

ESPÍAS Y ESPIADOS DE LA CURIA

Bajo la capa del secreto pontificio, el misterio de la impiedad tiende a convertir la verdad en «prisionera de la injusticia».

Los secretos sobre los colaboradores de la Curia, en especial si son de carácter calumnioso, sólo se ocultan rigurosamente al interesado; en cambio, todos los demás los pueden conocer sin mayores obstáculos, contados uno a uno, como un caparazón de molusco que va mostrando de vez en cuando su contenido, abriendo las valvas a petición del que le hace cosquillas. Se ha comentado aquí repetidamente la indecencia del secreto pontificio que sólo favorece las sucias maniobras de los superiores y de los protegidos en su propio beneficio y en detrimento de los que tienen derecho a conocerlos por justos motivos. El tema es de tal importancia que exige un análisis más profundo.

La Curia romana es la sala de los espejos, desde cuyas paredes el uno espía al otro: partida en dos de esta manera, una mitad controla a la otra mitad y cada una de ellas considera a la otra un conglomerado de espías, chivatos y espiados: «¡Calla, el amigo te escucha!»

Una espesa capa de secreto malentendido envuelve los hechos y a los hombres en las estancias selladas de una celosa corte bizantina tan poderosa como despiadada. En semejante ambiente, la maledicencia que se murmura en secreto se tiene que hacer circular; con la condición de que el interesado no se entere jamás. Séneca aconsejaba: «Lo que no quieras que sepan los demás, no se lo digas a nadie»; aquí el nadie sólo se refiere al interesado. En caso de que éste preguntara, hablando en claro burocratés, se le tendrá que negar todo, tanto si es verdad como si es mentira.

Maquiavélicamente, el fin de promover a alguien en lugar de otro, a quien le corresponde por derecho, justifica los medios que se adopten, y precisamente el secreto pontificio, aunque ello destruya el tejido de la lealtad interpersonal que es indispensable en toda pacífica y fraterna convivencia.

Para confirmar esta praxis todavía en uso hacia los colaboradores del Papa, se podrían ofrecer numerosos ejemplos. Cuando se producen estos abusos tan descarados, los funcionarios no saben cómo hacer valer sus derechos naturales y, por consiguiente, también divinos, puesto que está escrito que el obrero bien merece su salario, sobre todo, el del ascenso.

El poder de la inviolabilidad del secreto pontificio favorece al calumniador y castiga al inocente, a quien se niega prácticamente el derecho a pedir que se le haga justicia. El procedimiento del secreto resulta muy cómodo incluso en las cuestiones administrativas, en las que debería imperar la máxima claridad.

La mayor parte de las actividades de la Curia está por tanto rigurosamente protegida por este secreto profesional, llamado en latín *Sub Secreto Pontificio*. Lo cual significa que debería guardarse un secreto absoluto, cosa que no ocurre. Lo que ocurre es que los dos términos «secreto» y «pontificio» se separan y se convierten en dos láminas de hielo a la deriva. La del secreto envuelve al interesado y lo bloquea en una especie de hibernación. La otra, la del pontificio, se funde con el calor del público, que se desencadena contra el desventurado no apreciado y susurra, sibila y comenta, siempre en secreto, verdades mezcladas con calumnias, hechos y fechorías magnificados y cualquier otra cosa que quepa imaginar, todo ello condimentado algunas veces con una interesada caridad fraterna, con la cual se finge extender un manto de misericordia: «¡Debilidades humanas, pobrecito!» Pero, si su caridad es tan cruel, ¿cómo será su justicia?

Se tiende a una aldea global de la información, con una neta distinción entre el interesado que, aislado por el secreto, no abriga apenas ninguna duda acerca de los hechos que se le atribuyen, y todos los demás que se lanzan por su cuenta a derramar a su alrededor toda suerte de calumnias y habladurías.

En los momentos más duros, un consagrado se siente inerme y derrotado ante la perfidia de sus hermanos, propagadores de calumnias y pobres diablos que se apartan de él para no mancharse a su lado, dejándolo a la deriva al más mínimo soplo de vientecillo calumnioso. Como es natural, el alejamiento del apestado sirve para acudir en auxilio del superior con el fin de que éste pueda utilizar las armas del abuso cual si fueran la sentencia de un juicio. Cuando se quiere echar a alguien, basta la mordaza de la sospecha, casi siempre sobre cuestiones de moralidad: medias verdades y medias mentiras, sutiles palabrerías y latentes denigraciones sembradas en secreta confianza.

Quede claro que el que propaga acusaciones y rumores contra el prójimo en cuestiones de moralidad no es limpio y puro como el cisne de Lohengrin, aunque finja tener buen cuidado en no mancharse el pico y las plumas; su interior seguro que tampoco es tan inmaculadamente blanco como la camisa de Lola (*Cavalleria rusticana*, Pietro Mascagni). Pero el hecho de serlo no tiene importancia; basta salvar las apariencias.

«La espada de la tribulación de este hermano nuestro perseguido —dice san Raimundo— se duplica y se triplica cuando, sin motivo justificado, nace la persecución por parte de los hombres de Iglesia en el ámbito espiritual, donde las heridas más graves son las que proceden de los amigos.» A pesar de estar prohibido por las divinas Escrituras: «No esparcirás rumores falsos, no prestarás ayuda al culpable para dar testimonio en favor de una injusticia. No te dejarás arrastrar al mal por la mayoría y no declararás en un juicio siguiendo a la mayoría para falsear la justicia.»

Otra clase de secreto todavía más pérfido es el que se organiza cuando se quieren ocultar ciertas maniobras no muy limpias a propósito de la desviación de ascensos arrebatados a quienes corresponde y otorgados a quien no los merecen, siempre cubiertos por el manto de la más absoluta arbitrariedad. Gracias a este manto, las trampas, los enredos y los abusos de la casta de los protectores quedarán bien guardados en la caja fuerte de los secretos del despacho, sin la cual el superior tramposo se vería descubierto con las manos en la masa. Tales maniobras, que premian a los intrigantes de la pía hermandad del silencio, generan un malestar difuso por doquier, pero, sobre todo, en aquellos a quienes corresponden los justos y merecidos ascensos.

Otras veces, el secreto pontificio sirve de excelente coraza protectora y salva de lamentables consecuencias al testigo falso que, de esta manera, puede decir todo lo que quiera e incluso inventárselo a petición del candidato sin temor a que nadie lo pueda desmentir. En el estuche acorazado del secreto pontificio, intransmisible e incomunicable, el infame detractor se encuentra tan a salvo como un parásito dañino en un capullo, y puede digerir o expulsar cualquier veneno ambiental que se le antoje. El rigor sirve simplemente para que el perjudicado no intervenga antes de tiempo y para evitar que éste rompa los huevos del cesto y quizás alguna parte del físico de los conspiradores.

Los secretos vaticanos tienen muy variados valores según las conveniencias. Por ejemplo, para evitar un escándalo en el mundo acerca de lo que al parecer se dice en el tercer secreto de Fátima sobre los eclesiásticos que ocupan el vértice de la Iglesia, su prudencia humana consideraría una insensatez la revelación pública de las afirmaciones de la Virgen. En cambio, cuando se difunden calumnias y denigraciones para quitar de enmedio a un posible pretendiente, aquellas angelicales conciencias saben que con todo ello no se escandaliza a nadie, por cuyo motivo es lícito cometer semejante iniquidad.

San Bernardo nos sale de nuevo al encuentro para hacernos de maestro: «Quisiera que tú *[Eugenio III, N. del R.]* establecieras como norma general considerar sospechoso a quienquiera que tema decir en público lo que se susurra al oído; si, además, se negara a repetirlo en presencia de todos *[los interesados]* considéralo un calumniador y no un acusador.»

Secretos, confidencias y secretarías

El rector magnífico de la Pontificia Universidad Lateranense había llamado la atención en los años setenta por sus extraños y repentinos desplazamientos tanto en Italia como en el extranjero. El contraespionaje lo vigilaba desde lejos con gran respeto. Por su parte, él sospechaba algo. A mediados del curso académico de 1974, el rector magnífico despidió fulminantemente a un profesor eslovaco, un fraile conventual franciscano, que recurrió al Tribunal de la Rota. Éste, con salomónico veredicto, le dio la razón a medias. El profesor no había silenciado las maniobras masónicas del rector magnífico y éste, en represalia, lo había apartado de la docencia.

El siguiente episodio lo contó de viva voz el franciscano. Un día del verano de 1974, el masónico rector magnífico reservó por teléfono una habitación en un hotel de las inmediaciones de la estación de Génova. Llegó por la noche y, a pesar de que el hotel estaba a dos pasos de la estación, el rector tomó un taxi y efectuó un largo recorrido, pues sospechaba que lo seguían. Se presentó en la recepción vestido de paisano y dio una falsa identidad. Para el día siguiente reservó un almuerzo de trabajo con un presunto matrimonio que después resultó que no eran marido y mujer. Al otro día, el agente del servicio secreto preparó una mesa en un rincón para los tres, pero ellos eligieron otra. El presunto camarero arregló a toda prisa las mesas, acercando todo lo posible la que llevaba incorporado debajo un dispositivo de escucha, pero la conversación en susurros quedó muy mal grabada. Con grandes dificultades se consiguió descifrar que el período del final de Pablo VI sería el mes de febrero de 1975; después la conversación pasaba al tema del cónclave y se mencionaban los nombres de los candidatos a la designación: Baggio, Poletti, Villot. Sin embargo, Pablo VI no estaba aquejado de un mal que pudiera tener una fecha de vencimiento tan preciso.

Sea como fuere, pasó el mes de febrero y no ocurrió nada de lo que se había vaticinado: como el papa Pablo VI seguía vivo y coleando, la historia se atribuyó a una imaginación calenturienta. No obstante, el semanario *Tempo* publicó un artículo que confirmó el relato confidencial. El artículo señalaba que se había descubierto un complot contra la persona del Papa, pues a la sagrada mesa había llegado una hoja de papel de seda mecanografiada, en la que se le informaba del peligro y se mencionaban los nombres del cardenal Baggio y de monseñor Annibale Bugnini; el artículo se refería a la amarga sorpresa del Pontífice y a la dificultad de apartar a Baggio de los numerosos destacados cargos que ocupaba en la Curia; después, el articulista atribuía al descubrimiento del complot la defenestración fulminante de Bugnini de su importante cargo de secretario de la Congregación para el Culto Divino; sin ninguna explicación, Bugnini desapareció en la nada hasta el 4 de enero de 1976, en que se supo que había sido nombrado nuncio en Irán. La noticia, jamás desmentida, corrió por todo el mundo con gran escándalo y en ella se atribuían todos aquellos hechos y acontecimientos a un mismo origen masónico.

Hace tiempo, un cardenal, tras conocer los alarmantes hechos revelados por el monseñor encargado de la investigación, fue nombrado visitador-inspector de una comunidad religiosa que había caído en la trampa de unos personajes sin escrúpulos. Las actividades de la corrupción política de la llamada Tangentopoli estaban en pleno apogeo. El inepto purpurado había elegido como secretario a un tal monseñor

Franco Lesarno, un hombre sin escrúpulos, muy aficionado a los artículos de prensa propagandísticos, a quien encomendó la tarea de ponerse en contacto con los superiores del correspondiente dicasterio. Lesarno tramó inmediatamente apartar al monseñor-funcionario para que nadie pudiera controlar la corrección de la inspección.

Consigue ser recibido con el máximo secreto por los superiores del dicasterio y les cuenta una increíble calumnia, inventada de cabo a rabo:

—Ayer, cuando descolgué el teléfono, oí sin querer una conversación telefónica entre el monseñor y una tal señora Ortensia de allá por Venecia que, al parecer, decía ser acreedora de aquella comunidad religiosa. El monseñor le reveló con todo lujo de detalles las tareas encomendadas al cardenal visitador.

Tras lo cual, enumera con toda precisión las sugerencias que el dicasterio le había hecho al cardenal, contenidas en una carta lógicamente preparada por el monseñor. Urdiendo una trama contra sus adversarios, pretendía obtener la cuadratura del círculo y lo consiguió de una forma un tanto chapucera.

Los satisfechos superiores invitaron a Lesarno a ponerlo todo por escrito y el escrito fue entregado aquel mismo día. Pero el hombre, en la duda de que el calumniado hubiera sido informado acerca de las imputaciones que se le hacían en el escrito, decide avisarlo mediante una llamada, en la que le revela descaradamente la cuestión de la presunta conversación telefónica con Ortensia, si es que ésta existió realmente, y el contenido de la misma; ante el incrédulo estupor del monseñor calumniado, el canalla trata de convencerlo de la imposibilidad de negar los falsos hechos y le aconseja no atrincherarse en la negativa. ¡Menuda tragicomedia! En todas las tragedias, siempre hay un punto difícilmente catalogable que oscila entre lo cómico y lo esquizofrénico.

¿Cuál fue el comportamiento de los superiores de tal manera informados? ¡Impecable! En perfecta coherencia con la praxis curial, tomaron la denuncia con su correspondiente segunda firma y la incluyeron sin más en el expediente personal del calumniado, sin hacer la más mínima comprobación sobre la veracidad de los hechos que Lesarno le atribuía y aduciendo como prueba irrefutable la indebida escucha de la conversación-trampa. De esta manera, ellos, que con tanta facilidad incumplen las normas deontológicas, se quedan tan tranquilos: su «conciencia es un fuelle que se estrecha y se dilata al infinito» según las circunstancias y las connivencias (*«Conscientia est quaedam pellicula mollis, quae restringi ac dilatari potest in infinitum.»*)

Por si fuera poco, a la mañana siguiente el monseñor calumniado encontró el cajón del escritorio donde guardaba el voluminoso expediente completamente vacío. Ante sus protestas, los muy hipócritas esgrimieron un razonamiento ilógico y aseguraron al subordinado que la solución adoptada estaba dictada por la prudencia. A ésos les dice Jesús: «Ay de vosotros, escribas y fariseos hipócritas, que os parecéis a los sepulcros blanqueados, hermosos por fuera, pero llenos por dentro de huesos de muertos y de podredumbre. Así también vosotros por fuera parecéis justos a los hombres, pero por dentro estáis llenos de hipocresía e iniquidad.»

La inspección duró cuatro años, hasta el apartamiento tanto del purpurado como del monseñor, y fue un desastre que le costó a la comunidad religiosa varias decenas de miles de liras, con hipotecas y venta de bienes inmuebles. Pero, como recompensa, el Papa nombró a monseñor Lesarno obispo secretario de su despacho el día de Reyes de 1998. ¡Un viento que premia a un intrigante y un calumniador! Entre tantas transparencias, los cristales de los despachos se empañan. «Algunos hombres creen que la fe les ha sido dada para dispensarlos de la caridad», y, por consiguiente, de la verdad y la justicia (P. Primo Mazzolari). Cualquiera en el Vaticano podría ser fácil víctima de la transparente escopeta de cañones recortados; en semejante ambiente de puritanos y de calumniadores sin escrúpulos y sin pesadillas, hasta las acciones más limpias se prestan al linchamiento.

El método de la calumnia es sencillo y expeditivo: se empieza por hacer circular los «dicen que»; si este recurso no basta, se recurre a escritos anónimos y a notas en la prensa; si hace falta algo un poco más fuerte, se pasa a una declaración jurada *ex informata conscientia*. Prohibición absoluta de revelar al acusado —y sólo a él— las sospechas que lo rodean con el fin de impedirle cualquier posibilidad de explicarse. *Top secret* sólo para él, que, de esta manera, se queda sin el derecho a defenderse y demostrar su inocencia.

Se renueva la farisaica delicadeza de conciencia de los acusadores en el pretorio, cuando no tenían el menor reparo en pedir a Pilato la sentencia de muerte contra el Inocente, pero, al mismo tiempo, se guardaban mucho de cruzar el umbral del pretor pagano para no contaminarse los pies.

Quien se niega a devolver la fama, el buen nombre y la reputación al calumniado no puede ser absuelto por ningún confesor, ni siquiera por el Papa, como ocurre en materia de robo. Pero todo eso no turba su conciencia acolchada; basta sólo con no confesarlo. Festo, el gobernador de Cesarea, así los condena: «Les contesté que no es costumbre de los romanos entregar a un hombre sin que, habiendo sido acusado, se le haya ofrecido la oportunidad de defenderse de la acusación en presencia de sus acusadores.»

Secretos y mentiras

Otro ejemplo de la crónica vaticana para demostrar el uso y el abuso sacrílego del secreto pontificio en el tiovivo de sus intereses.

Por antigüedad, a un monseñor le correspondía pasar a un nombramiento de décimo nivel, vacante a la sazón. Los superiores lo retrasaron deliberadamente a la espera de que aquel monseñor se fuera de vacaciones en agosto para, de esta manera, poder desviar el ascenso hacia un fraile arribista de aquel despacho. Aquel prelado, por su sinceridad en la discrepancia y su mordacidad en la crítica de situaciones molestas, pagaba un precio muy alto y era apartado de todos los ascensos que le correspondían. Sus comentarios eran tan sarcásticos y mordaces que circulaban por todos los despachos.

Debido a la enfermedad de Alzheimer el cardenal prefecto tuvo que abandonar su cargo. Los dos superiores que estaban por debajo de él, de común acuerdo y de repente, en lugar del monseñor decano introducen al religioso, a pesar de que éste se había incorporado al dicasterio quince años después.

A su regreso de las vacaciones, el monseñor decano, sorprendido, preguntó el motivo de su descenso de categoría que, entre otras cosas, hubiera dado lugar a sospechas por cualquiera sabe qué graves culpas.

Para declinar cualquier responsabilidad, le recitan el artículo de la disposición vigente, que decía: «Ningún funcionario puede reclamar derechos, incluido el de antigüedad de servicio, para su ascenso a la clase o el grado superior.»* Con eso, los autores del dolo le tapaban la boca al monseñor engañado.

El injustamente apartado insiste en conocer los motivos de aquella arbitrariedad. El subsecretario, principal autor de la fechoría, se oculta detrás del fácil biombo del secreto del despacho y, con falsa consternación, le insinúa la sospecha de graves motivos para su exclusión. La impiedad se mentía a sí misma. Mejor no insistir, le decía al pobre monseñor decano, dejándole en la angustia de aquella vaga y confusa sospecha, por más que su conciencia no lo acusara de ningún grave delito tan anónimo como inexistente.

Pierde la tranquilidad en lo que le resta de vida. Con semejante disgusto, el decano empujado a una categoría inferior sobrevive otros diez años. Entretanto, en el mismo décimo nivel vuelve a haber otra vacante por jubilación de

* Norma eliminada en el siguiente reglamento por ser contraria a los derechos naturales de los funcionarios, aunque siempre en vigor en la práctica.

otro funcionario. A su alrededor todo vuelve a callar, pero todo le habla. Ciertos silencios se parecen al gélido lenguaje de las lápidas sepulcrales.

El principal autor del anterior descenso de categoría había conseguido ser nombrado nuncio, pero los otros seguían allí. El ascenso del monseñor previamente descartado se hubiera convertido en una despiadada acusación contra ellos. ¿Qué hacer? ¿Qué truco se inventarán esta vez? Entretanto, lo guardan todo con naftalina y lo envuelven en el más riguroso silencio durante un año.

Ya estaba lista la carta para su envío a la Secretaría de Estado; esta vez llevaba el nombre del monseñor previamente descartado que, por su antigüedad, hubiera tenido que ser nombrado jefe nada menos que diez años antes. La petición oficial ya había sido firmada por el nuevo cardenal prefecto, lista para su entrega en mano en la Secretaría de Estado. La táctica tiránica de los que detentan el poder consiste en sembrar la discordia entre los eclesiásticos de un mismo despacho para que se enfrenten unos a otros, pues saben muy bien que, si se mantuvieran unidos, opondrían resistencia al déspota. La trampa diabólica se propone crear desavenencias entre los colaboradores para que todos desconfíen de sus compañeros.

Por consiguiente, esta vez los autores del desaguisado tampoco sueltan el hueso. Puesto que todo se mantenía todavía bajo un absoluto e inviolable secreto, acuerdan dar el asalto decisivo al despistado cardenal para que se retire la decisión antes de su envío: vuelven a manchar con nuevas calumnias al desventurado, sustituyendo en el último instante su nombre por el de otro monseñor que no figuraba en la plantilla. En medio de todos aquellos líos y enredos, con tal de que no se produzca ninguna reconsideración, se apresuran a enviar la hoja a la Secretaría de Estado. Todos de acuerdo: en cuanto se produzca el nombramiento, dirán al monseñor decano nuevamente engañado que los que lo han apartado del ascenso han sido los de arriba y no ellos; según la información que sólo ellos conocían y que no se había comunicado al despacho por caridad, él había sido vuelto a eliminar por los «de arriba». Un plan urdido a la perfección. «He aquí que los impíos tensan el arco, ajustan la saeta a la cuerda para disparar en la oscuridad contra los rectos de corazón.»

Cuidado: Hay que estar en guardia contra el imprevisible odio clerical, en el que el amor y el odio están situados a ambos extremos de una sutil gama de egoísmo que crece o disminuye según se acerca a uno de los polos. La calumnia, dijo un sabio, es como una avispa importuna, contra la cual es mejor no moverse a no ser que se tenga la certeza de que se la podrá golpear a muerte. Siempre hay que pagar un precio cuando se crea y se compra un documento de falso testimonio. A Caifás los fariseos le encontraron rápidamemente dos testigos contra Jesús. Existen a menudo relaciones sospechosas entre los jefes religiosos y los infames delatores.

Una vez enviada la carta, el monseñor nuevamente defraudado llama al despacho del cardenal y le pregunta la razón de la sustitución de su nombre por el de otro, cuando ya todo estaba decidido a su favor. Le señala la violación del derecho de defensa contra las intrigas de terceros: él, la parte lesa, había sufrido un daño en su reputación a causa de la inmediata sustitución de su nombre, una vez más arbitrariamente desbancado y descartado. Temblores y tartamudeos del cardenal que, con su mente trastornada, despotrica contra el que ha tenido la osadía de violar el secreto del despacho y amenaza con la inmediata expulsión del traidor:

—¡Usted, monseñor, no hubiera tenido que saber nada de todo eso! Usted me tiene que decir el nombre del que se lo haya dicho, ¡de lo contrario, no tendré más remedio que recurrir a las penas previstas en el código!

El monseñor le contesta, impasible:

—Señor cardenal, lamento mucho su enfermedad, pero debo decirle que usted no tiene que preguntarse quién ha revelado el secreto. Usted, Eminencia, ¡tiene que preguntarse más bien quién ha cometido una injusticia tan despiadada!

El pobre purpurado sólo pensaba que la calumnia podía ser una injuria aceptable, mientras que el hecho de que alguien hubiera violado el secreto antes de tiempo no le entraba en el pequeño cerebro y lo consideraba un delito lo bastante grave como para castigarlo con las penas más drásticas. La gente de escasas luces es también la más mezquina. Para él, el sacrilegio era la violación del secreto, jamás la injusticia y la calumnia contra el subordinado.

A Renzo, el protagonista de *Los novios*, que preguntaba: «Quisiera saber las razones que ha tenido el muy perro de don Rodrigo para afirmar que mi prometida no tiene que ser mi esposa», el bondadoso fray Cristoforo le contestaba: «Si el poderoso que comete la injusticia estuviera siempre obligado a decir sus razones, las cosas no irían como van.» La cacicada es un ejercicio mental que desde siempre en el ambiente eclesiástico suele evocar a los intrigantes don Rodrigos que se entrometen en la vida privada de los eclesiásticos.

El veterano monseñor, gracias a su firme toma de posición, obtuvo el nombramiento, pero no la reparación de los daños morales y materiales sufridos en su reputación a causa de su descenso de categoría; eso ni siquiera se contempla. Entretanto, el religioso que lo había desbancado la primera vez progresó en su carrera hasta llegar al cargo de subsecretario, al quedar éste vacante. Más tarde, para apartarlo de aquel despacho, lo nombraron arzobispo y nuncio en Etiopía.

Cuando en las plantillas no se respeta la justicia, el que es ascendido con efecto retardado es siempre un condenado al que, por soberana clemencia, se le concede la gracia de la conmutación de la pena. Victorias pírricas con medias revanchas y medias derrotas a partes iguales, como el vaso medio vacío o medio lleno, que, sin embargo, siempre tiene un poso amargo en el fondo. Sin embargo, Dios prohíbe, por respeto a la dignidad de la persona, no sólo la calumnia, sino también la simple mancha del buen nombre de cualquier individuo cuya actuación pueda no ser conocida por todo el mundo.

Espionajes e inquisiciones

No es cierto que la Inquisición haya desaparecido del todo: en realidad se ha perfeccionado. En el ambiente vaticano se respira un sutil estado inquisitorial latente y asfixiante que espía y ficha al personal según determinados prejuicios. Los inquisidores, a las órdenes de su prepotente superior, desempolvan el antiguo arte y desencadenan el ataque de sabotaje en el momento más adecuado contra la presa que jamás sabrá cómo y por qué la han apartado del servicio. Al género inquisitorial de vasto consumo pertenece el aparato telefónico vaticano. Aunque esté prohibido hurgar en la vida privada, es completamente normal que un superior de la Curia solicite y obtenga sin dificultad la intervención del teléfono de un subordinado, sin necesidad de ninguna otra autorización y sin previo aviso al interesado, cuyas llamadas —tanto las que recibe como las que hace— serán traidoramente intervenidas y grabadas. El sujeto controlado por medio de distintos métodos —espías humanos, dispositivos de escucha y otros sistemas— será fichado sin saberlo. Son arbitrariedades y abusos innegables, pero se consideran tan en regla que no turban en absoluto la conciencia de los responsables: superior, empleado y confidente.

Todos los empleados del Vaticano saben que su teléfono, si todavía no lo está, podría ser intervenido en cualquier momento. Cuanto más prestigioso es un prelado, tanto más fundadas son sus sospechas de que puedan haberle pinchado el teléfono. Está claro que el interesado jamás podrá escuchar ninguna conversación grabada. Tanto mejor para él, que no está obligado a saber gran cosa sobre su propia persona. Todo lo más que puede ocurrir es que un buen día, de forma inesperada y sin motivo aparente, le caiga encima una impersonal e indefinida medida adoptada por la fantasmagórica comisión de cardenales de arriba. Los prelados más prudentes prefieren llamarse unos a otros desde sus domicilios particulares. Todos los miembros de los clanes se ponen los unos a los otros sobre aviso.

Registros policiales de los cajones del despacho del sospechoso, que jamás se enterará de la incursión. ¿Sólo sospechas? No, hechos frecuentes y a la orden del día, siguiendo las directrices del celoso superior en busca de culpables.

Lo que a continuación se transcribe ocurrió el viernes 9 de noviembre de 1990, sobre las 12.15 h para ser más exactos. Un monseñor es convocado por su cardenal prefecto. En el despacho del purpurado se encuentra con un secretario de nunciatura de un país diezmado por la guerra civil, el cual había denunciado la fuga de noticias secretas procedentes del dicasterio. El purpurado prefecto no albergaba la menor duda acerca de la intransigencia y discreción de aquel colaborador suyo; pero no estaba tan seguro del otro monseñor, originario de aquel país.

El monseñor juró no haber difundido jamás ningún secreto del despacho, pero no podía responder de la conducta de otros que, en su ausencia, hubieran podido revolver los documentos para posteriormente revelar su contenido a terceros. El cardenal prefecto le ordenó cerrar la estancia bajo llave cuando tuviera que salir, aunque sólo fuera un momento. El funcionario objetó que, si cumplía a rajatabla aquella orden, sus compañeros de despacho se podían ofender.

El prefecto reiteró la orden y reveló a los presentes, con gran sorpresa de ambos:

—Usted precisamente es el que menos se tendría que sorprender; es bueno que sepa que su cuarto —de esto me he enterado nada más llegar— fue registrado minuciosamente y se revolvieron los cajones, donde usted guarda sus escritos y sus efectos personales.

El colaborador agradeció la confidencia y observó:

—El que se rebaja hasta este extremo es capaz de encontrar en aquellos cajones lo que jamás ha habido en ellos; basta llevarlo desde fuera para que después se encuentre «casualmente» durante el registro. Unos métodos inquisitoriales ya ensayados por la Gestapo y el KGB y que se condenan por sí solos.

—Los de arriba —replicó el cardenal— no se han detenido a juzgar el método sino a usted, el sospechoso, que ha resultado acusado.

Al monseñor le vino entonces a la mente una inexplicable advertencia anterior, que un superior jubilado le había hecho con carácter confidencial, aconsejándole que no guardara en los cajones del despacho ningún papel personal, fácilmente fotocopiable. Más tarde tuvo ocasión de conocer también el procedimiento inquisitorial que se había seguido. Para no dejar ninguna huella del registro, unos hábiles expertos abrieron los cajones con una llave maestra y, utilizando una cámara instantánea, fotografiaron el orden en que se encontraban las cosas del cajón para que, una vez finalizada la operación, todo quedara exactamente igual que antes. Un sistema copiado de los 007 de más acá y más allá del Telón de Acero.

Estos controles y vigilancias dentro y fuera de la columnata de Bernini, dignos de una comedia de enredo de nuestros tiempos, casi resultan risibles. Mas, para quienes inmolan su vida en beneficio de la transparencia de la Iglesia, todo ello se convierte en un martirio silencioso semejante al de los condenados a trabajos forzados en los campos de exterminio.

16

ENGAÑOS, JUSTICIA Y LITURGIA

Como en todo despacho que se precie, en los dicasterios vaticanos existen unos niveles a los que no se puede acceder si uno no está en posesión de un título académico adecuado o una licenciatura determinada. Todos los protectores lo saben y no deberían proponer a su favorito para un grado superior si éste carece del título universitario pertinente. A menudo, sin embargo, el superior, haciéndose el distraído, propone a su candidato para un puesto para el cual se presupone unos estudios de los que el protegido carece. Si nadie se da cuenta, tanto mejor; el atropello se comete ante las narices de los pobres funcionarios indefensos que sí están cualificados para el puesto y, por consiguiente, tienen derecho a ocuparlo. En caso de que el ascenso sea rechazado «desde arriba», hay algunos que consiguen superar el obstáculo recurriendo a un hábil subterfugio.

En los países civilizados, el delito de las licenciaturas amañadas y regaladas se castiga con un juicio en toda regla, cuya sentencia declara nulo el título universitario, condena a graves penas a todos los que puedan estar implicados en el delito de corrupción con o sin concusión, y destituye a los responsables del cuerpo docente acusados de falsedad de documento público.

El capítulo de las tesis y las licenciaturas de las universidades vaticanas, a menudo preparadas a la medida según el ascenso al que se aspire, merece una consideración detallada que llegue hasta la clara denuncia en otros tribunales muy distintos de los pontificios, donde todos se protegen unos a otros. Quien tuviera el valor de denunciar a toda aquella serie de profesores tendría que estar dispuesto a sufrir como represalia la más despiadada persecución por parte del entorno de los interesados practicantes de la ley del silencio: protectores, protegidos, favoritos, ponentes, autores de tesis precocinadas, proveedores de escritos extrapolados.

En el Vaticano, tanto arriba como abajo, todo el mundo está al corriente de este admirable comercio, es decir, tráfico ilegal, sin embargo, nadie se siente obligado a denunciar los hechos al Papa y al cuerpo docente. Ninguna comisión de investigación estaría en condiciones de llevar a cabo una inspección exhaustiva capaz de poner al descubierto la corrupción y a los corruptores prelados y neodoctorados. Es mejor no provocar escándalos que hundir el bisturí en la llaga infectada para curarla.

No hace mucho tiempo, el consabido y conocido cardenal prefecto de dicasterio quiso ascender a su secretario particular al puesto de jefe del despacho, pese a constarle que carecía de título. Ante la merecida negativa, lo hizo nombrar arzobispo de la noche a la mañana en una especie de gol de penalti y, al mismo tiempo, se descubrió que, encima, le había mandado pergeñar una licenciatura regalada por el profesor que había sido el principal ponente durante la lectura de la tesis furtiva; y que, para recompensar al susodicho profesor, el cardenal le había regalado el nombramiento de consultor de su dicasterio.

Estas ilícitas y sucias actividades de corruptela tan extendidas en el Vaticano, más que delitos, se consideran un don profético del benévolo y astuto superior que, en el delirio de su omnipotencia, puede regalar ascensos, títulos y mitras a su secretario particular y a otros miembros de su clan —véase el padre Cabra Montés— o, por el contrario, privar de ellos a quienes no gocen de su favor, aunque se dé el caso de que los mal vistos ocupen el primer lugar de la terna, tal como le ocurrió a aquel a quien el cardenal Ursi quería a toda costa para su primera diócesis.

En lugar de hincar los codos en las aulas y en las bibliotecas, y de estrujarse el cerebro como hacen tantos estudiosos, el protegido es premiado con una licenciatura *gratis data* sin pegar golpe y, como es natural, con la máxima calificación otorgada por los examinadores de una comisión preparada para complacer tanto al protegido como al protector. Inmediatamente después, se concede al flamante doctor el nombramiento apetecido mientras el profesor ponente recibe una gratificación acorde con el servicio prestado, en presencia de todo el personal del dicasterio que aclama con entusiasmo al flamante doctor, en un alarde de hipocresía y desvergüenza.

León XII (1823-1829), que pretendía llevar a cabo una profunda reforma de las universidades pontificias, remitiéndose a Sixto V (1585-1590), señaló: «Las ciudades y los reinos son administrados de la mejor manera posible cuando gobiernan los sabios y los inteligentes.» Jamás una frase de guión se adaptó mejor que ésta a tantas anomalías de las universidades pontificias, en las que la independencia académica está envuelta en el misterio, el mito y el enigma que rodean la justa ciencia del docente y el discente.

Las universidades pontificias también reclaman una reforma que ya es inaplazable, pero ésta no acaba de despegar debido a una puntual falta de puntualidad. De tal manera que en las mencionadas universidades ocurre que quien estudia teología pierde la fe; el que asiste a cursos de moral experimenta sus efectos en su propia carne; el que profundiza en las Sagradas Escrituras duda de la Revelación; y el que se licencia en derecho se sitúa fuera de la ley y se desvía hacia la masonería. Sin embargo, todos ellos recitan sin el menor escrúpulo las divinas palabras del breviario: «Se mienten los unos a los otros, unos labios mentirosos hablan con doblez de corazón», y «Su boca está llena de engaño y mentira, bajo su lengua hay violencia e iniquidad», advertencia que ellos jamás consideran dirigida a su persona, indiscutiblemente por encima y más allá de semejantes reproches.

Un predestinado de la Curia se encuentra el destino precocinado tanto en el bien como en el mal. El que está acomodado en la silla de montar se percata de que cabalga en la cresta de la ola en un caballito de juguete cuyo balanceo lo llena de entusiasmo. A diferencia de quien, relegado al semisótano, va pasando los años en la soledad del cumplimiento de su deber.

La justicia sobre la balanza desequilibrada

La mayor desgracia para la justicia es la sospecha de que, al administrarla, un tribunal utilice diferentes baremos según el caso.

A menudo, cuando la justicia de un tribunal de la Curia tiene que juzgar la actuación de un superior, por ejemplo, la de un prefecto de dicasterio, advierte que es juez y parte simultáneamente. Se encuentra en presencia de un poder que, en un juicio, puede ser actor o compareciente y, al mismo tiempo, juez que absuelve en beneficio propio en cuanto copartícipe de la misma autoridad juzgadora.

La costumbre jurídica genera también una limitación que a veces actúa con rigidez y otras con elasticidad. La norma que se establece como consecuencia de ello está basada en la costumbre, la cual se tiene que respetar como si fuera una nueva ley, sabiendo, sin embargo, que una nueva costumbre la puede quebrantar mediante otras opciones permisivas.

Hay que dejar que la costumbre busque y encuentre su camino sin obstáculos. Todo eso los romanos lo llamaban *aequitas*, es decir, una justicia indulgente, gracias a la cual todo el derecho que se tiene que adaptar a cada sociedad está siempre vivo y en fase de desarrollo, a pesar de los cambios. Los que guían el curso de la costumbre son los ciudadanos cuando gozan de la libertad de expresarse. El legislador que encauza el derecho, puede prestar ayuda a la costumbre puesta en práctica por los ciudadanos, sugerir la más acertada y describir su desgaste, pero difícilmente podría gobernar su movimiento sin convertirse en déspota.

La información en la Curia está viciada por los biombos ideológicos de un ambiente preocupado por salvar la autoridad, al superior. Semejante planteamiento lleva a interpretar la ley en beneficio del superior y a superponerse a la situación de la Curia. El consumo de la noticia a favor o en contra se propaga según una orientación preconcebida. «Las ideas —dice Mark Twain— se tendrían que dejar siempre en el cielo; no hay ninguna que, al bajar a la tierra, no realice una breve visita al burdel.» Y ello se aplica sobre todo al derecho.

A veces se preparan informaciones e inspecciones guiadas con mando a distancia, siempre diluidas y cuadradas a gusto de la autoridad que las encarga. «Falsos testimonios se levantaron contra mí; la impiedad se mentía a sí misma.» El resultado es previsible: la sentencia sólo podrá ser un respaldo al superior —que siempre tiene la sartén por el mango— en perjuicio del subordinado que ha osado enfrentarse con él. La sentencia del tribunal ha de parecer impecable y por eso el juez deposita el mayor empeño en hacer saber que la equidad y la imparcialidad han sido respetadas sin ningún condicionamiento; de esta manera, certifica con mayor certeza la condena injusta, remitiéndose a verdades axiomáticas e irrrefutables.

El ambiente deforma el juicio. Si se introduce agua en un alambique, ésta se torcerá siguiendo el tubo; el agua no es así, pero asume la forma de su recipiente: «*Quidquid recipitur, ad modum recipientis recipitur.*» El veredicto por tanto se resiente del ambiente en el que se emite; el juez eclesiástico no se libra de este proceso psicológico que oscila entre el estímulo reverencial hacia la autoridad que condiciona y la respuesta que se deberá dar con la sentencia. Con la mayor serenidad e indiferencia, se da por descontado lo que todavía se tiene que demostrar de tal manera que el fallo contiene unas injusticias que fuera se consideran desconcertantes.

Al acusado no se le concede la oportunidad de recurrir. «La justicia —en palabras del beato Federico Ozanam— sin la caridad se petrifica; la caridad sin justicia se pudre.»

«El impío engaña al justo y por eso la justicia se tuerce.» Hasta las ideas y los mismos términos con los que se expresan los conceptos jurídicos más importantes asumen en este mundo unos matices de significado extremadamente distintos que recorren el abanico conceptual de uno a otro extremo. El juez se convierte fácilmente en inquisidor, es decir, no en un examinador imparcial de las razones de la acusación y la defensa, sino en un investigador de las pruebas presentadas contra el acusado, en un policía que reúne todas las informaciones necesarias sin que nadie lo moleste. De ahí que el secreto tenga que proteger su actuación durante el mayor tiempo posible.

Un excepcional virtuosismo jurídico mantiene en equilibrio los platillos de la balanza, acrobáticamente nivelados en un bien dosificado juego de contrapesos. Según lo que convenga: un peso y dos medidas; dos pesos y una medida; dos pesos y dos medidas, una por dentro y otra por fuera. Se puede dar incluso el caso de que haya un peso y una medida, pero falte nada menos que la balanza. La justicia puede también no ser igual a la ley. Cada época tiene sus leyes injustas que desacralizan la imparcialidad del veredicto.

Es preferible que las posturas discutibles e incluso equivocadas de los superiores sean defendidas por hombres imparciales; y, por el contrario, es muy peligroso que de la defensa de posiciones justas se encarguen hombres impíos y parciales. En efecto, alguna vez se ha encomendado el equipo de «Manos Limpias» del Tribunal de la Signatura Apostólica a algún incompetente cardenal silvestrino que estaba allí como en depósito, a la espera de poder colarse hacia situaciones mejores. «¿Puede ser acaso aliado tuyo, Señor, un tribunal inicuo que comete injusticias contra la ley?»: tremenda verdad, sobre la cual la secular historia de la Iglesia ha escrito y sigue escribiendo muchas páginas no demasiado decorosas.

El más maltratado por los no enterados, es decir, por los periodistas, es el tribunal de la Rota Romana, con su colegio formado por los prelados auditores, que se separó de la Cancillería Apostólica bajo Inocencio III (1198-1216) como tribunal adscrito a las causas del Papa. El nombramiento de los auditores corresponde al Papa; en el pasado algunos países gozaron del privilegio de nombrar uno. En 1870 su actividad había cesado por completo; bajo Pío X se reanudó. El 1 de febrero de 1994 Juan Pablo II dio un mejor ordenamiento a este tribunal. El nombre de la Rota* induce inmediatamente a los laicos a pensar en aquella sección encargada de emitir sentencias acerca de la disolución del vínculo matrimonial. También es eso, pero esencialmente se trata de un tribunal de apelación de segunda y tercera instancia.

—Padre —le dijo un conocido actor al religioso auditor—, sé que la Rota anula fácilmente los matrimonios de los magnates; yo, ¿cuánto me tendría que gastar para obtener una sentencia de este tipo?

El religioso auditor le contestó:

—A usted le harían un buen descuento porque, si ha contraído matrimonio con esta inoxidable superficialidad, yo me sentiría autorizado a decirle que su vínculo de contrayentes probablemente jamás existió.

«Restableced el derecho en los tribunales. Corra como agua impetuosa el juicio, como torrente perenne la justicia.»

La liturgia manipulada

En la Iglesia hay una sustancia, es decir la Palabra de Vida, que permanece inmutable, y unas formas externas, con las cuales se reviste la Palabra. Estas formas pueden cambiar con el tiempo lo mismo que ocurre con un vestido pasado de moda. Lo «antiguo» que siempre es válido (Sagradas Escri-

---

* El nombre de la Rota deriva muy probablemente del recinto circular en el que se reunían los auditores para juzgar las causas de todo tipo.

turas, plegaria, penitencia, liturgia, sacramentos, la Eucaristía) no se tiene que confundir con lo «viejo», que puede ser sujeto a cambios.

Pero cuidado con la limpieza de la concreción secular que queda en el fondo antiguo y siempre recuperable; se corre el latente peligro de echar como desecho viejo el recipiente que no se puede perder.

Lo que más abajo se expone acerca del tema de la liturgia procede en su totalidad de un incomparable artículo del cardenal Godfried Danneels, arzobispo de Bruselas. Éste define la liturgia como «*la obra de Dios* que actúa en nosotros y para nosotros». Por consiguiente, yo entro en la liturgia, no soy su creador. Su arquitectura deriva de la Biblia y de la tradición, cincelada a lo largo de los siglos por la Iglesia, esposa de Cristo. La liturgia se sirve a los fieles. No nos servimos nosotros de ella. Servicio; no manipulación.

La reforma del Vaticano II puso el acento en el santo y seña de la «participación» de los fieles en la liturgia, en el sentido de que éstos desempeñaran un papel activo en ella. Antes de este concilio, éramos unos espectadores, huéspedes en la casa de Dios, donde Él es el actor que nos hace comprender, viviéndolos, los misterios de Cristo que se nos transmiten por medio de los actos simbólicos de la liturgia, gesto gratuito de memoria y de pregunta acerca de la Palabra divina.

La liturgia hay que vivirla con toda la propia personalidad, con la propia inteligencia y el propio corazón, la propia imaginación y la propia memoria, el propio sentido estético y los propios sentidos corporales: vista, oído, olfato, tacto y gusto. La comprensión de la liturgia es por tanto de orden teológico: encontramos el misterio de una persona y nos dejamos tocar por Él. Consiste en la recepción sabrosa de Cristo mediante la acción litúrgica.

En cambio, como consecuencia de la mencionada reforma, se dio un giro de 180° y el hombre se convirtió en el principal actor, en el director que manipula la liturgia para que ésta entre en nuestro juego como en un mitin o un *happening*: «Vamos a celebrar lo que nosotros le hemos preparado a Cristo Dios.» Trastocada de esta manera, la liturgia queda reducida a un contenedor de preocupaciones pedagógicas y humanitarias, con una catequesis propia de maestros didácticos. Se ha convertido en una escuela parlanchina, en la que sólo se utiliza el sentido del oído. Pensemos en la introducción de la «plegaria de los fieles», en cuyo cestito se echan notitas escritas con las más descabelladas intenciones. Los comentarios perjudican la comprensión de la celebración más que favorecerla. Nada resulta más destructor para la liturgia que esta explicación simplista que la reduce a una sola dimensión.

La liturgia, que entra a formar parte de las verdades teológicas, se hubiera tenido que respetar y custodiar mejor. Pero, en su lugar, ha sido la más desflorada. Un catedrático, con crudeza de lenguaje, ha calificado aquella reforma de estupro litúrgico consumado en presencia del mundo y de la historia.

Sin ropa, desnuda, violada, cubierta de hojas de parra, la nueva liturgia así transformada se queda al borde del camino, a disposición del arbitrio y el abuso de cualquier redactor violador. Ella, que era el pronaos y la guardiana de verdades eternas, tan rica de arte y de pensamiento, en la actualidad se entrega la víspera a la reestructuración del genial maestro de ceremonias de turno, el cual se inventa toda una serie de secciones en unos librejos que obliga a seguir pomposamente a toda la asamblea, desde el Papa hasta el último monaguillo. «Así dice el Señor: este pueblo se acerca a mí sólo con palabras y me honra con los labios mientras su corazón está lejos de mí y el culto que me rinde no es más que un conjunto de usos humanos aprendidos.»

Jamás en la historia de las religiones, ni siquiera en la de las primitivas, un pueblo ha sido sometido a un *strip-tease* de sus seculares tradiciones religiosas tan fulminante como el que se ha producido en la antigua liturgia de la Iglesia católica de rito latino, cuyo restablecimiento sigue estando prohibido en todo o en parte. Tras haber eliminado de la antigua liturgia el antiquísimo filón elegíaco del latín realzado por el canto gregoriano, se ha pasado a una marea de composiciones sin la menor lírica ni gusto estético, a unas ramplonas rimas muy pobres en contenido teológico y carentes por completo de fuerza descriptiva, de brillo y de color literario. Sólo una conceptualidad sencilla y casi primitiva, exenta de vigor ideal y/o realista, sin el menor atisbo de arte poético o musical.

La música anónima del canto gregoriano es fruto de siglos de plegaria y de búsqueda de Dios, unas realidades cautivadoras y trascendentes que conducen a la fe. El que se sintió autorizado a aplicar la reforma litúrgica, arrinconando el canto gregoriano, rebasó ciertamente las tareas que le había asignado la constitución conciliar sobre la liturgia *Sacrosanctum Concilium* n.º 116, y pisó con fuerza el acelerador de la secularización.

No hay nada que ver ni aprender como no sea el juego escénico, los desfiles, la danza y el mimo que la televisión nos hace llegar desde los estadios durante las ceremonias pontificias, orquestadas previamente por unos directores cinematográficos que de todo saben menos de liturgia: escenas de películas y solistas líricos como en el teatro.

Llevado por las alas de este viento mistral, un monseñorito musiquero del Vicariato de Roma ha empezado a crear unas composiciones corales con solistas de escenario destinadas a ser interpretadas en las plazas a las que se abren las basílicas donde se celebran las liturgias pontificales y papales; las reuniones, ruidosas y distraídas, seguramente sirven para colocar al monseñorito en el podio de director de alguna otra orquesta mucho más elevada.

Todo inspirado, naturalmente, en la inmortal divisa de Cristo del *«nova et vetera»*, lo antiguo se rejuvenece en lo nuevo y lo nuevo en lo antiguo se consagra. A la reforma de la Iglesia se podría aplicar la ley natural, enunciada por Lavoisier en su axioma: «La materia no se crea ni se destruye, sólo se transforma», siempre y cuando se inspire en la divina Tradición. El Maestro divino al fundar su Iglesia sabía que ésta sería un reino de conflictos cuando dijo: «El reino de los cielos se parece a una red que, arrojada al mar, recoge toda suerte de peces; o como un padre de familia que saca de su tesoro cosas nuevas y cosas antiguas.» La criba corresponde a Dios.

Siempre en este contexto espiritual, parece que unos, los tradicionalistas, se batieron por la fidelidad a la tradición y las cosas antiguas mientras que los otros, los progresistas, propugnaron la creatividad para las cosas nuevas.* Los responsables están obligados a vigilar sin avivar el fuego de este conflicto, que está resultando ser una fuente indispensable de progreso. El hombre que acepta su opción o la de los demás acepta también el riesgo de perder lo que se descarta.

En la era posconciliar del Vaticano II muchos indagaron a fondo para averiguar de dónde había surgido la orden de alterar las antiquísimas tradiciones litúrgicas, patrimonio intocable de la Iglesia cuyas raíces seculares tenían su origen en los tiempos apostólicos y éstos a su vez en el Antiguo Testamento del pueblo elegido. Siguieron los movimientos del principal artífice de la mayoría de manipulaciones litúrgicas, el arzobispo Annibale Bugnini, secretario de la Congregación Pontificia para el Culto Divino.

Despues de largas y exhaustivas investigaciones, descubrieron que las huellas conducían a los alrededores del Janículo, a la sede masónica del Gran Oriente de Italia, en el edificio llamado Il Vascello. Resultó que el tal Annibale se

---

* Un ejemplo de modernismo nos lo ha dado la dirección cinematográfica del último Congreso Eucarístico nacional celebrado en Bolonia, donde, entre otras cosas, habían colocado —qué casualidad—, sobre un altar desnudo sin flores ni luces, incluso la Eucaristía, expuesta en una birria de ostensorio de tres al cuarto, pues, por lo visto, los que están cuajados de piedras preciosas y brillantes no corresponden a los altares sino a los museos. Sin embargo, los rutilantes tronos elevados y adornados con flores estaban destinados a las autoridades humanas, ignorantes de que su poder procede de Dios.

había puesto a disposición del gran maestro, quien le pasaba unos sustanciosos cheques mensuales; uno de ellos fue fotografiado y publicado en una conocida revista en el verano de 1975. En el siguiente mes de octubre, la prensa señaló que Bugnini había desaparecido de la escena de la Curia y nadie sabía dónde se había metido. La rapidez con que monseñor Bugnini había sido defenestrado de la noche a la mañana de su cargo pretendía ser una lección de cinismo diplomático y también un ejemplo de neurosis política.

Los prelados masones de la Curia mantenían a los dos congregados Bugnini y Baggio (este último prefecto por aquel entonces del dicasterio de los obispos) al abrigo de las iras de Pablo VI, informado del complot urdido contra él por los servicios secretos de máxima seguridad al mando del general del Ejército Enrico Mino. Una vez apagada la ira montiniana, el 4 de enero del año siguiente Bugnini fue enviado como nuncio a Irán, donde permaneció hasta el mes de julio de 1982, fecha en que murió de muerte natural provocada.

Monseñor Bugnini había cumplido a la perfección la tarea que le había encomendado Satanás, el gran arquitecto del universo masónico, sobre la desfloración de la sagrada liturgia. Tras haber sido descubierto, la prolongación de su existencia hubiera sido un estorbo tanto para él como para la orden que, en circunstancias de este tipo, tiene facultad para tomar decisiones al respecto, según el juramento que prestan todos los aprendices masones cuando entran en el primer grado de la «luz» iniciática.

Los gendarmes de la fe

La simulación en el Vaticano se convierte en una segunda naturaleza que acaba por superar a la primera. Los hipócritas son alabadores y preceptores de todas las virtudes fingidas y se convierten en detractores y perseguidores de todas las verdaderas.

Fingiéndose devotos observantes y respetuosos creyentes, cultivan en su interior la soberbia, la mezquindad y la intransigencia. En cuanto alcanzan una posición de autoridad, califican las costumbres y los prejuicios de su propio yo como reflejo de la voluntad de Dios. En lugar de ser custodios de la fe, se convierten en sus gendarmes, celosos de su propia dignidad, y en unos símbolos de hipocresía religiosa cuyo comportamiento es similar al del actor que en escena, para ser sincero, tiene que ser hipócrita, en palabras de Camus.

La hipocresía viste el *habitus* de la mentira con un fin muy concreto, lógico y coherente: bajo los oropeles de la piedad, busca las cosas que más le interesan *(«Ipocrita est qui sub specie pietatis ea quaerit quae sua sunt»)*. El prelado hipócrita actúa de conformidad con el fin que pretende alcanzar, aunque de manera muy poco evangélica, cuando opta por comportarse con simulación e hipocresía, cualidades muy molestas y, a veces, nefastas. En cualquier despacho de la Curia, donde es fácil la cordialidad pero difícil la familiaridad, no se ve más que adulación vana y superficial, profusamente dada y recibida.

No ha habido ningún cambio desde la época del embajador en Roma Alvise Contarini, más tarde patriarca de Venecia en 1563, que así se expresaba en su crónica al Senado veneciano: «Aquí la adulación se viste de honradez y el engaño de astucia. En resumen, todos los vicios se presentan enmascarados: todo es honradez, todo es honorable y necesario si conduce a lo útil, única divinidad a la que se adora. La simulación es el alma de la corte romana.» Por consiguiente, en el umbral del año 2000 nada ha cambiado desde entonces: cuando la sumisión se conjuga con la avidez, la unión se convierte en el plexo de la ficción natural.

Los aspirantes a hacer carrera, siempre en la pista de entrenamiento para la competición de fondo, corteses y escurridizos y jadeantes, arden de fiebre de vanidad y de ambiciones desmesuradas y, en caso necesario, saben adoptar las actitudes más apropiadas y pronunciar las palabras más idóneas para llevar a cabo sus galanteos y adulaciones. Como recaderos mercenarios que son, se introducen en los ganglios del sistema eclesiástico y, una vez en el vértice, encierran orgullosamente el rebaño en un recinto vallado regido por toda una serie de órdenes y prohibiciones de producción propia.

Los listillos de aquel veinte por ciento que se prepara para iniciar la escalada en el Vaticano, hábiles y delicados en el trato, recurren fácilmente al embaucamiento de los superiores, los cuales creen tenerlo todo bien amarrado, pero, en realidad, se encuentran en la esfera de la incapacidad subjetiva y objetiva. En efecto, el embaucamiento induce a una persona psicológicamente incapaz, a llevar a cabo actos jurídicos insuficientes y perjudiciales con el fin de obtener un provecho en beneficio de los interesados.

Prestaciones en simbiosis: el superior se encuentra en estado de éxtasis, es decir, fuera de su ser; y el otro, como astuto servidor, se dedica a manejar y adular debidamente al asno domado.

En el ordenamiento jurídico de la Iglesia vaticana no es punible el delito de favoritismo, sino que más bien se considera una gracia beneficiosa *gratis data*, otorgada con carácter gratuito.

Ya desde la alta Edad Media el privilegio del favoritismo y la protección era tenido en gran estima y aprecio. Es un punto de honor para el monseñor que desbanca a los demás en sus derechos de precedencia. En el ambiente se le considera un afortunado por haber pasado por encima de los que tenían derecho. Estar siempre del lado de la parte vencedora es el principal objetivo del arribista, siempre preparado para flotar sobre las mudables corrientes de los devotos bandos.

La simonía ya no tiene aquel rigor de las draconianas leyes del derecho canónico. La ley a este respecto está muy aguada. El término está inflacionado. Nunca se denomina «corrupción». Se prefiere el término «protección», lo cual no constituye ningún delito; al contrario, se envuelve con el manto de la benevolencia y la caridad y, por consiguiente, es una virtud. Ningún tribunal eclesiástico la deberá perseguir jamás.

Superado por tanto el escollo del equívoco, el hecho de alcanzar dignidades y ascensos mediante los favoritismos y los donativos más extravagantes, tanto en especie como en dignidad, se presenta como algo lícito y natural. Mejor dicho, obvio. Es costumbre de la corte romana adular con tiránica vileza a los príncipes dominadores y maldecir con increíble desfachatez a los vencidos y a los muertos, anotaba en sus tiempos el historiógrafo Gerolamo Brusoni.

Como conclusión de lo arriba apuntado, reproducimos a continuación el parecer «sobre la corte de Roma» del cardenal Commendone, solicitado por el secretario de los dos papas Paulo IV (1555-1559) y Pío IV (1559-1565), Jeronimo Ragazzoni, obispo y nuncio de Francia: «Hay una desproporción —escribe— entre el lugar en el que se elige al pontífice y el grado al que éste es elevado. Porque el hecho de que salga elegido papa quien menos se espera provoca en toda la Curia una situación en la que se cree que cualquiera que sea listo puede alcanzar cualquier dignidad. Y así, junto con estas personas tan bajas y a veces hasta indignas, son elevadas otras que, como en una barca, navegan con sus amos, amigos o familiares.

Y esta situación se refleja con toda claridad en la libertad que tiene cada cual de hablar y hacer las cosas a su manera y en la diligencia, con la cual los cortesanos más listos se ganan el favor de todos y los gastos de los bienes y la forma de hacerlos; todo lo cual no nace más que de las esperanzas de aquel que los hace y de aquellos que se los permiten; las cuales esperanzas no se cumplen allí donde no es posible adquirir mucho en poco tiempo y donde la suerte no puede hacer gran cosa... Que la revelación del sereno rostro del verdadero Sol que ilumina estas tinieblas permita que, más hermosa y santa que nunca, la Iglesia pueda regresar a él: «*Induta vestimentis salutis et indumenta justitiae, quasi sponsa ornata monilibus suis*», «la Iglesia vestida con ropajes de salvación y de justicia como una esposa adornada con preciosos joyeles».

17

BOLCHEVISMO Y SATANISMO

Lenin estaba convencido de que un secretario del partido comunista en un estado católico, para estar a la altura de su misión, hubiera tenido que vestir, en caso de necesidad, incluso el hábito franciscano.

En 1935, los servicios secretos descubrieron que aproximadamente unos mil estudiantes comunistas estaban infiltrados en los seminarios y noviciados de la Europa occidental, donde, en una perfecta simulación de vida religiosa, se disponían a convertirse en sacerdotes. Más tarde el partido se encargaría de soltarles la correa y colocarlos en los puestos más vitales de la Iglesia. El fenómeno se fue extendiendo progresivamente hasta llegar a las graves protestas en los seminarios y noviciados y a la aparición de un elevado número de sacerdotes, obreros o no, durante los años sesenta-setenta.*

Bajo el seudónimo de Caesar, Antonio Gramsci escribió en los años veinte en *Ordine Nuovo* esta profética afirmación: «La roja túnica del Cristo flamea hoy más deslumbrante, más roja, más bolchevique. Hay una orla de túnica de Cristo en las innumerables banderas de los comunistas que en todo el mundo avanzan al asalto de la fortaleza burguesa para restaurar el reino del espíritu sobre la materia y asegurar la paz en la tierra a todos los hombres de buena voluntad.»

---

* ¿Quién no recuerda la ostentosa participación de jóvenes clérigos vestidos de eclesiásticos, vociferando exaltados en los desfiles comunistas de Roma en medio de un protector mar de puños cerrados y banderas rojas? Por aquel entonces ocurrían también estas cosas.

Decía Henry de Lubac: «Cuando lo sagrado está en todas partes ya no hay nada sagrado en ningún lugar.» Parece una paradoja, pero a menudo es verdad. Ocurre que en el transcurso de la existencia de un alma consagrada, inmersa en lo sagrado, ésta acaba por no encontrar espacio para lo sagrado ni en su interior ni en su devenir, sino tan sólo en la carrera.

Efectos devastadores

En los años setenta, el obispo esloveno monseñor Pavel Hnilica fue expulsado de la URSS, donde permanecía detenido, con la promesa de la parte contraria vaticana de convencerlo de que se trasladara a Estados Unidos.

Pero el prelado, una vez recuperada la libertad, prefirió encauzar su ministerio pastoral hacia los fieles del otro lado del Telón de Acero, para lo cual fijó su residencia en Roma. De vez en cuando, alguien de la Secretaría de Estado lo llamaba y lo invitaba a trasladarse a Estados Unidos para, desde allí, desarrollar el apostolado que había emprendido. El prelado prometía hacerlo, pero siempre lo aplazaba.

A bordo del avión en el que regresaba de los países del otro lado del Telón, Hnilica aprovechó para pedirle a la azafata el *Pravda* con el propósito de ponerse al día acerca de la actualidad en los países comunistas. Con sorpresa leyó en un recuadro muy visible la noticia de que él, monseñor Hnilica, había pedido y obtenido el traslado a Estados Unidos para poder desarrollar mejor su ministerio pastoral. Conocedor de los métodos que allí se utilizaban, dobla el periódico y se lo guarda en la cartera.

Tres días después lo llaman a la Secretaría de Estado y esta vez es recibido por un personaje del más alto nivel, el cual le comunica en tono perentorio y sin ambages la decisión de trasladarlo definitivamente a Estados Unidos; le daban muy pocos días de tiempo para los preparativos necesarios. Monseñor Hnilica llevaba consigo el *Pravda* del avión, buscó con calma la página de la noticia, la colocó delante de los ojos del importante prelado, se la tradujo y después le preguntó con impresionante lealtad y sinceridad:

—Monseñor, ¿a qué estamos jugando?

La conclusión fue que no se hizo nada y monseñor Hnilica pudo permanecer en Roma hasta nuestros días. Está claro que no consiguieron sus propósitos, pero él tampoco salió indemne de la situación. Poco después se vio involucrado en una acusación por tráfico monetario. ¿Represalia? ¡Quién sabe! Aquél fue también un ábrego.

En 1956, el sacerdote Pasquale Uva, fundador en Bisceglie de la Casa de la Divina Providencia, presentó con cierto retraso a la dirección del seminario regional de Apulia a un joven de la Basilicata, aspirante a religioso en su incipiente fraternidad, al cual él avalaba. Sanomonte, que así se llamaba el joven, era un seminarista inteligente y ejemplar en todo: un poco cerrado, estatura media, complexión robusta y aspecto simpático. En la nota característica del prefecto del dormitorio, se leía: ligeramente circunspecto y poco locuaz, pero amable con todos.

Entretanto, el curso académico estaba tocando a su fin. Por la tarde de un día muy caluroso, los miembros del grupo de su dormitorio, unos treinta, se dirigieron al puerto para dar un paseo. Por regla general, Sanomonte prefería ser siempre el último de la fila y así lo hizo también aquella vez. De repente, se agachó para subirse los calcetines sin apartar los ojos del grupo que estaba doblando la esquina. Contempló con cierto hastío la persiana metálica cerrada de la sección del partido comunista. Un hombre grueso con las manos en la espalda permanecía apoyado en la hoja lateral de la puerta como si esperara que la abrieran. Un momentáneo titubeo y, pensando en los compañeros que se estaban alejando, se armó de valor y abordó al desconocido, diciéndole:

—Camarada, dale este sobre cerrado al camarada secretario... ¡Cerrado, por favor!

Pero se había equivocado de medio a medio. El barrigudo era conocido en toda la ciudad como un acérrimo democristiano; se llamaba Peruzzi. Éste, que era muy socarrón, había seguido la turbación y los movimientos del seminarista en todos sus detalles. Ahora, con el sobre en su poder, se preguntaba qué debía hacer.

Se pasó tres días preguntándoselo: ¿se lo daba al secretario comunista? ¿Era el seminarista pariente suyo? En caso de que decidiera no entregarlo, ¿lo rompía? ¿Lo dejaba cerrado o mejor lo abría? ¿Acudía al rector del seminario? ¿Y qué le diría? El dilema se resolvió finalmente introduciendo la punta de un abrecartas en el extremo del sobre. Dentro figuraba escrito lo siguiente: «Querido camarada secretario, he sido destacado desde mi pueblo para estudiar en este seminario religioso. Necesito verte enseguida para establecer contigo el plan a seguir en un futuro próximo. Te ruego que te hagas pasar por mi tío. Las visitas de los familiares están autorizadas todos los jueves a partir de las cuatro de la tarde en el antiguo locutorio de la planta baja. Saludos, Andrea Sanomonte.»

Peruzzi, muy aficionado a los chismes, no podía creer que el rector fuera a recibirlo en secreto. Explicó lo ocurrido, gesticulando con las manos y haciendo cómicas muecas hasta que, al final, entregó la carta con el sobre abierto. Por la noche, junto con el vicerrector y el prefecto del dormitorio, registraron cuidadosamente el escritorio y los efectos personales de Sanomonte. Les pareció que no habían encontrado nada importante: algunos apuntes sospechosos, algunos escritos de orientación comunista y una pequeña agenda de bolsillo con unos garabatos indescifrables que no parecían tener demasiado interés, pero que, de todos modos, fue requisada.

Era la primera vez que ocurría un caso semejante y las opiniones no eran unánimes. Se pidió consejo a la Policía, la cual se llevó la agenda a la comisaría para examinarla. Actuando de común acuerdo con el venerable padre Uva, invitaron a Sanomonte a regresar a su casa hasta nuevo aviso.

Cuando parecía que ya todo había terminado, el rector recibió una severa reprimenda del dicasterio de la Curia romana encargado de los seminarios por no haber informado al órgano vaticano de lo ocurrido.

He aquí lo que había sucedido: algunas de las claves transcritas en la pequeña agenda de Sanomonte contenían códigos secretos sobre el cargamento y el destino de un navío de guerra italiano que navegaba por el océano Pacífico, sólo conocidos por los responsables de todos los buques italianos que surcaban los mares del globo. Este departamento militar se encontraba en la galería subterránea del cuartel Santa Rosa en las inmediaciones de la Storta, circunscripción municipal de Roma, y era una importantísima localización secreta que se ramificaba en estrella hasta dieciocho kilómetros subterráneos a la redonda. Sobre lo ocurrido se hizo caer un pesado manto de silencio. Nadie más lo volvió a comentar.

Pero, ¿cuántos de aquellos falsos seminaristas cuya presencia ya se detectó en los años treinta, consiguieron su propósito de llegar al sacerdocio? ¿Y cuántos de ellos llegaron a obispos y cardenales?

Todos recordaban en su época el comentario del cardenal Alfredo Ottaviani, muy ligado al sector de la intransigencia tanto dentro como fuera de la Iglesia, que, en un artículo suyo posconciliar, se refería a ciertos eclesiásticos, llamándolos «comunistillos de sacristía».

En cambio, la corriente comunistoide de la Curia romana adoptó la *ostpolitik* hacia el bloque comunista y sus gobernantes. Bajo semejante vendaval, entre otros muchos mártires de la fe, dos veces cayó derribado el roble, el testigo, el primado de Hungría cardenal Josiph Mindszenty, condenado primero por los comunistas a la pena de muerte, posteriormente conmutada por la de cadena perpetua por alta traición a la ideología atea, y después por los practicantes de la *ostpolitik* vaticana, que le arrebataron el título de primado de Hungría en virtud de los compromisos históricos suscritos con las ateas autoridades magiares. A estas alturas, no se ha iniciado su proceso de beatificación.

A este respecto, el secretario de Estado Agostino Casaroli, fallecido el 9 de junio de 1998, en una entrevista por televisión se jactaba de sus contactos con los gobiernos comunistas por medio de la *ostpolitik* que, a su juicio, había contribuido en gran medida al deshielo político. Pero la prensa se preguntaba al día siguiente: si los hombres de la Iglesia como él y Montini no hubieran prolongado sus amorosos trapicheos con aquellos gobiernos del otro lado del Telón de Acero, ¿con cuántos años de antelación se hubiera producido la caída del Muro de Berlín? Un futurible del pasado, para el cual jamás habrá ya una respuesta.

Mientras allí Cristo agonizaba con su Iglesia en los manicomios políticos y en las cárceles de los creyentes condenados a trabajos forzados de por vida, el ateísmo entraba triunfalmente en el Vaticano para proclamar que Dios había muerto o, por lo menos, que ya era inofensivo. A los obispos y a los sacerdotes de los manicomios, de los campos de exterminio y de los trabajos forzados se les mostraban deliberadamente fotografías y cortometrajes sobre los encuentros entre altos prelados y gobernantes comunistas para que comprobaran con sus propios ojos que eran los únicos en empeñarse en no firmar aquel insignificante documento de abjuración de la Iglesia y alineación con el régimen a cambio de la libertad.

Stalin, que, de entre los ejércitos más armados del mundo, temía por encima de cualquier otro el de los fieles bajo el mando del Papa, al percatarse de que la persecución bolchevique contra la Iglesia había tenido hasta entonces unos resultados más bien escasos, decidió cambiar de táctica: para alcanzar unos efectos más devastadores, era necesario corromperla y desgarrarla por dentro.

Los frutos fueron tan abundantes que las demás organizaciones que todavía propugnan y difunden el ateísmo social en todo el mundo se han apropiado de la estrategia estalinista.

Detrás de la reja del confesionario

Satanás, príncipe de las tinieblas, guía con astucia los movimientos de sus secuaces. Hoy el enfrentamiento es frontal. Se presenta sin disimulo y tiene empeño en hacer saber que actúa con sus artes infernales ayudado por las sectas satánicas cada vez más extendidas.

Su lógica es la siguiente: no es necesario ir contra Dios cuando se puede hacer sin Dios. Basta inspirarse en los modelos del mundo: convertir en lícitas, apetecibles y normales las ambiciones del egoísmo humano en el ámbito de la Iglesia, institución divina que podría convertirse fácilmente en el triunfo del materialismo ateo. Con este sistema, Satanás induce a los hombres de Iglesia a actuar en contraposición con las Bienaventuranzas.

En el santuario romano del Divino Amor, meta de ininterrumpidas peregrinaciones organizadas e individuales, a última hora de la tarde, mezclado entre los demás, se acerca al confesionario un penitente muy alterado y turbado. El confesor lo anima a hablar.

—Padre, no sé por dónde empezar y ni siquiera si usted me podrá absolver... Tengo un grave problema de conciencia, temo incluso provocarle desconcierto y asombro...

—No se preocupe por eso, hijo mío; en el fondo, nosotros somos como los vertederos de basuras, donde se arroja de todo... Por otra parte, ¿dónde puede uno descargar su fardo de culpas sino en la confesión? Estamos aquí para eso.

—Padre, pertenezco a una secta satánica, en la que desempeño un papel importante. He arrastrado a muchos a ella...

—¿Desde hace cuántos años?

—Padre, hace unos diez años que entré de lleno en la actividad...

—Y ahora, ¿por qué ha venido aquí? Usted no se está confesando; me está contando su turbación, pero eso no basta para la absolución. Hace falta una materia para que lo absuelva, y la materia son los pecados cometidos...

—He llegado incluso a convencer a otras personas a asistir a misas negras y a otros ritos satánicos. Sin embargo, el otro día fui yo el invitado a una misa negra en un lugar donde yo jamás hubiera imaginado que se pudiera celebrar semejante rito...

—¿Dónde? —pregunta el confesor desde el otro lado de la reja.

—En el Vaticano.

—¡No es posible! Lo que usted dice parece increíble... ¿Está usted seguro? ¿Quiénes eran los demás?

—Créame, padre, no he venido aquí para contarle embustes... Estoy trastornado. He perdido la tranquilidad. No sé qué me ocurre... Siempre me había burlado del histerismo de cualquier arrepentimiento religioso, y trataba de inculcarles esta burla a los demás. Ahora me avergüenzo de tener que rectificar, pero no puedo seguir así. ¡Siento una pena inmensa dentro de mí!

—¿Quiénes eran los demás? ¿Los conoce?

—No se les podía reconocer, todos íbamos encapuchados y cubiertos de la cabeza a los pies. Las voces eran graves, imposibles de identificar por el timbre. La invitación me había parecido un honor... Ahora, en cambio, maldigo el momento en que la acepté... Padre, ¿qué se puede hacer en un caso así? ¿Cómo tendré que actuar en el futuro?

Era muy tarde y la iglesia estaba llena a rebosar de fieles que cantaban, rezaban y gesticulaban a su manera para rendir culto de alabanza a la Trinidad y a la santísima Virgen en su cita mensual. Ya era casi medianoche cuando el penitente se apartó del confesionario sin que lo vieran y se perdió entre la gente.

«Era de noche», dejó escrito el evangelista Juan para subrayar la hora elegida por Judas para abandonar el Cenáculo y dirigirse al lugar de la traición. «Así dice el Señor: Ay de la ciudad contaminada y prepotente; apartaré de ti a los soberbios fanfarrones y tú dejarás de engreírte.»

18

EL HUMO DE SATANÁS
EN EL VATICANO

La masonería, inspirada en el deísmo y el racionalismo, es religiosa a su manera. Admite la existencia de un gran arquitecto del universo al que todos los adeptos de la orden pueden llamar con el nombre que quieran, pues sólo hay un constructor de toda la realidad existente en el universo siempre en fase de construcción y en cuya conclusión están empeñados los masones, es decir, los albañiles, bajo la égida del mismo gran arquitecto universal. Es una creencia racional y fideísta al mismo tiempo, con sus ritos y sus preces dirigidos a la gran realidad universal deificada.

Todas las sociedades secretas que pertenecen a la orden masónica están orientadas hacia la ayuda recíproca y la colaboración entre los miembros del grupo. El organismo masónico se propone extender su dominio en el campo económico, político, militar y religioso con el fin de conducir la realidad existente bajo un solo gobierno mundial, obtenido por consenso o bien por conquista. Para los francmasones, librepensadores, Satanás es una parte de esta realidad. Por consiguiente, no se le puede rechazar; es más, la adoración debida al arquitecto tiene que extenderse a toda la creación y, por consiguiente, también a Satanás, criatura que participa de la realidad universal.

Para iniciarse en esta vida, cualquier persona que sea invitada a formar parte de la familia masónica, tiene que someterse a un severo aprendizaje de tres años, durante el cual recibe los tres grados: de aprendiz, compañero de arte y, finalmente, maestro de la logia. Los grados se deciden mediante votación secreta. El grado de maestro otorga la facultad de la palabra en el templo; los otros dos sólo en el ágape.

Los hermanos masones se dan a conocer entre sí mediante el apretón de manos: con el pulgar derecho, el que saluda y quiere saber, da en el pulgar del otro tres golpecitos consecutivos; si el otro lo entiende, responde con otros tantos en el mismo momento o en el siguiente apretón de manos; de lo contrario, el que da los golpecitos comprende que el otro no pertenece a la familia. Este ceremonial de reconocimiento —una especie de documento de identidad— lo practican los masones seglares; algunos de ellos lo practican también con algún eclesiástico afiliado. Pero los eclesiásticos masones no lo usan fácilmente entre sí, por prudencia.

Sin embargo, ante la evidencia de los hechos, esta sociedad se comporta como agnóstica y se entrega a la más estricta observancia del librepensamiento. Jean Guitton escribió: «el ateísmo agnóstico es simplificador, es vivificador». Para los que en la vida se conforman con vivir, gozar del presente, insertarse en la historia del mundo a la espera de dormirse para siempre en la paz, el ateísmo es una dulce solución que sólo resulta desesperante y angustiosa si se conserva una aspiración a la supervivencia que se puede adormecer mediante el estudio y la diversión.

La mafia masónica en el Palacio

Entre las culturas más exclusivas, la romana es la más cerrada, pues ni siquiera los títulos aristocráticos y nobiliarios son suficientes para entrar en ella. Y, sin embargo, la masonería entra fácilmente por la puerta de servicio y sin billete y se mimetiza a la perfección.

La masonería no tiene por costumbre cambiar la metodología existente en los lugares donde actúa. En el Vaticano, esforzado baluarte de la Iglesia católica, se arma de diabólica paciencia y espera el momento en que consiga alcanzar las mejores palancas de poder y de mando. Esta secta que siempre se infiltra allí «donde late la historia», en palabras del escritor Cesare Pavese, sabe que el Vaticano es desde siempre una audaz antena que capta y transmite avanzados mensajes acerca de todo; el hecho de conseguir contagiar la epidemia al espíritu significa indirectamente destruir las defensas inmunológicas de la razón humana. La consigna es, como dijo José de Maistre, «creer lo menos posible, sin ser hereje, para obedecer lo menos posible, sin ser rebelde».

La mano invisible de la masonería en el Vaticano, en el centro de los poderes ocultos que se mueven entre las altas finanzas y los altos niveles, no es una habladuría: se percibe por todas partes, en el proceso de los contratos del personal, en el proceso de los ascensos, en el método de las promociones, en las difamaciones o las alabanzas a este o aquel monseñor, según distintos pesos y medidas. Y así, el cuerpo de este centro que por mandato divino tiene que ser un faro, alberga en su interior unos tumores que lo descomponen.

Si alguien causara algún daño al Juicio Universal de la Capilla Sixtina, el mundo entero se pondría en pie de un salto para condenar la profanación; sin embargo, la infiltración masónica en el Vaticano es mucho más desacralizadora, pues trastorna las mentes y la sacralidad del corazón del cristianismo. Las contradicciones y las ambigüedades de unas realidades programadas desorientan a los creyentes, que se ven impotentes para frenar y domar los escurridizos y evanescentes hechos y acontecimientos que se producen en la Curia.

El pulpo mafioso de la masonería en el Palacio, hoy más que nunca a punto de rebasar los niveles de seguridad, se reviste del don de la ubicuidad. Se advierte su solapada presencia de largos tentáculos, pero no se sabe dónde anida. Se sirve de emisarios situados en su interior, unos mercenarios oscuros que no desdeñan aprovecharse del equívoco de un hampa organizada, hecha de mezquindad y nobleza y muy bien introducida en el ambiente. Cuando tiene que atacar, jamás se trata de un acto temerario. La trama es tan tupida que el afectado sólo percibe su propia impotencia y comprende que el hecho de reaccionar sería más perjudicial para su propia persona que para la bestia.

Un tribunal italiano ha sentenciado que la parte acusada puede recusar a un juez afiliado a la masonería. En el Vaticano esta recusación jamás será posible; ningún alto dignatario lleva escrita en la frente su pertenencia a la masonería.

Muchos periódicos y revistas se han referido abiertamente a la infiltración masónica en el Vaticano.* Ha llovido mucho desde Clemente XII (1730-1740) que con una bula declaró su excomunión en 1738, hasta llegar al año 1974 en que el jesuita padre Giovanni Caprile, con un benévolo artículo en la revista *Civiltà Cattolica* (19 de octubre de 1974) tranquilizaba a los católicos afiliados a la masonería: «Si su fe de católico no encuentra en el grupo masónico al que pertenece nada que sea sistemáticamente hostil y organizado contra la Iglesia y sus principios morales y doctrinales, puede *[el católico masón, N. del R.]* permanecer en la asociación. Ya no deberá considerarse excomulgado y, como cualquier otro fiel, podrá acercarse a los sacramentos y participar plenamente de la vida de la Iglesia. No necesita de una especial absolución de la excomunión, puesto que, en su caso concreto, ésta ya no está en vigor.»

En realidad, semejante «plena participación en la vida de la Iglesia» de un considerable número de católicos y prelados masones ya llevaba muchos años produciéndose. Inmediatamente después de su nombramiento como arzobispo de Milán, monseñor Montini eligió como asesor financiero suyo al catoliquísimo masón Michele Sindona. Y más adelante, ya convertido en papa, encomendó la suerte de las fi-

---

* *Panorama* del 10 de agosto de 1976; *Introìbo* de julio de 1976; *Euroitalia* del 17 y el 25 de agosto de 1978; *Osservatore Politico* del 12 de septiembre de 1978; *Oggi* del 17 de junio de 1981; *30 Giorni* del 11 de noviembre de 1992. Además de un elevado número de libros acerca de la historia de la masonería en Italia y en el Vaticano.

nanzas católicas del Ior* a la indiscutible competencia ladronesca y criminal de los católicos masones Michele Sindona y Roberto Calvi, los cuales se sirvieron de la colaboración de otros dos fieles masones de la Logia P2, Ligio Gelli y Umberto Ortolani.

En 1987, el periodista masón Pier Carpi, confirmando la tesis del «hermano» Fulberto Lauro, según el cual muchos obispos y cardenales pertenecían en secreto a la Logia masónica P2, señalaba que «se llama "Loggia Ecclesia" y está en contacto directo con el gran maestro de la Logia Unida de Inglaterra, el duque Michael de Kent. Dicha logia actúa en el Vaticano desde el año 1971. A ella pertenecen más de cien personas entre cardenales, obispos y monseñores de la Curia que consiguen mantenerlo en el más absoluto secreto, pero no hasta el extremo de escapar de las investigaciones de los hombres del poderoso Opus Dei».**

Finalmente, la revista católica mexicana *Proceso* (832 del 12 de octubre de 1992) informaba de que la masonería ha dividido el territorio vaticano en ocho secciones, en las que actúan cuatro logias masónicas de rito escocés cuyos adeptos, altos funcionarios del pequeño Estado vaticano, pertenecen a él con carácter independiente y, al parecer, no se conocen entre sí, ni siquiera con los tres golpecitos de la yema del pulgar. En caso necesario, dichas logias establecen contacto con las logias masónicas de los distintos países; es más, en los países en los que la Iglesia actúa en la clandestinidad a causa del Corán, las relaciones con la Iglesia local tienen lugar en secreto a través de la red de la secta, la cual presta de esta manera un servicio religioso en favor de sus hermanos destacados en el Vaticano.

Los países del bloque islámico, pese a mantener relaciones diplomáticas con la Sede Apostólica, por obediencia al Corán, se obstinan en prohibir no sólo cualquier forma de

---

* Istituto per le Opere di Religione, fundado en la Ciudad del Vaticano por Pío XII el 27 de junio de 1942.

** *L'Espresso*, 12 de diciembre de 1987.

culto católico sino también la práctica del proselitismo. Los respectivos gobiernos designan como embajadores en el Vaticano precisamente a los hermanos masones más celosos y activos, a los que transmiten instrucciones sobre las distintas modalidades de actuación que deberán poner en práctica con los odiados eclesiásticos íntegros y con los que, por el contrario, se muestran benévolos con la masonería, muchos de los cuales consiguen alcanzar y manejar las palancas del poder en el Vaticano. En complicidad con estos últimos, hoy se pretende «guiar» a Juan Pablo II, viejo y enfermo, el cual camina con mucha dificultad (sólo puede levantar los pies unos pocos centímetros del suelo) y, debido a la dolencia que padece, sufre frecuentes amnesias.

La prensa de todas las tendencias sigue mencionando nombres y apellidos de cardenales y altos dignatarios de dentro y de los alrededores del Vaticano y los de otros prelados afiliados a la masonería, pero ninguno de ellos se toma la molestia, como no sea mediante un leve mentís, de negarlo y denunciarlo ante la justicia, exigiendo la debida, más aún, la necesaria rectificación, si no por su honor personal, por lo menos, por respeto a la credibilidad del cargo que ocupan. Su silencio no respalda el axioma del «*quod gratis asseritur, gratis negatur*» («lo que gratuitamente se afirma, gratuitamente se niega»), porque, puesto que aquí nadie niega nada, todo induce a creer que quien calla, otorga.

Falsos apóstoles y obreros fraudulentos

Pero ¿cómo es posible que un masón se infiltre en los meandros de los despachos vaticanos? O más bien, ¿cómo es posible que un eclesiástico de la Curia se convierta en masón? Esta pregunta se la planteó a un prelado de la Curia un joven sacerdote que ejercía su ministerio en un país de creencias enteramente islámicas, turbado por la propaganda anticatólica de la televisión de aquel país.

El argumento del joven sacerdote era muy detallado.

—Nuestro país —decía—, cuando le conviene, finge ignorar a la Iglesia católica, al Papa y a la jerarquía; pero, cuando se susurra algún escándalo en aquel ambiente, para denigrarla, informa puntualmente a la opinión pública con todo lujo de detalles. Todos los medios de comunicación se movilizan para divulgar los hechos y las fechorías con los datos en la mano. Por ejemplo, dicen que el cardenal secretario de Estado está afiliado a la masonería y, junto con él, otros cardenales arzobispos y conocidos prelados de la Curia. Se publican los nombres y apellidos de todos ellos, las fechas de su afiliación y los cometidos que desempeñan en el Vaticano y en la logia masónica a la que pertenecen. La pequeña comunidad católica de aquel lugar se queda literalmente desconcertada y trastornada; acude a nosotros los sacerdotes para pedir explicaciones acerca de la autenticidad de este fenómeno y saber de qué manera tienen que contestar a quienes les pregunten... Usted, monseñor, ¿qué opina? ¿Es posible que un cardenal, un prelado de la Curia, se afilie de la noche a la mañana a la masonería y empiece a colaborar bajo las órdenes de un gran maestro? Parece increíble que se pueda producir un hecho semejante. Por otra parte, si no es verdad, ¿por qué los acusados no se querellan contra los calumniadores para rebatir en los tribunales nacionales e internacionales las injustas acusaciones que se les hacen? ¿Por qué el Vaticano no interviene a través de su nuncio apostólico para desmentir oficialmente todas estas afirmaciones tan escandalosas?

A propósito del fallecimiento del papa Luciani, el joven sacerdote también comentaba con alarmado estupor los insistentes rumores de una muerte provocada, unos rumores confirmados por numerosos indicios. Y otro tema escandaloso: el del banco vaticano y el enorme río de miles de millones de dinero negro blanqueado y desviado hacia bancos extranjeros.

—Publican los nombres de altos dignatarios vaticanos, cómplices de la flor y nata de la masonería italiana —decía el joven sacerdote—. Hablan de homicidios y suicidios, de órdenes de captura de la magistratura italiana de personalidades del Ior... Comentan el alejamiento de monseñor Marcinkus y la elevación al episcopado de Donato de Bonis en la orden de Malta... Le pondré otro ejemplo: después del atentado al Papa, los periódicos publicaron su fotografía, sentado en el borde de la piscina de Castelgandolfo, hecha, al parecer, por un empleado del Vaticano, que se encontró entre los efectos personales de Alí Agca en el momento del atentado, el 13 de mayo de 1981, una fotografía por la que, según se dijo, el venerable Licio Gelli de la logia P2 había pagado treinta millones de liras, diciéndole al «hermano» Vanni Nisticò: «Ha valido la pena; si se le pueden hacer estas fotografías al Papa, ¡imagínate lo fácil que debe de ser pegarle un tiro!» A nosotros, que vivimos rodeados por enemigos de nuestra fe, y al pequeño rebaño que tenemos encomendado, nos hacen mucho daño estas indiscutibles realidades... Una noche, el presentador de la televisión terminó el informativo diario, diciendo: «En el Vaticano proclaman a gritos que bajo el poder de la mafia masónica, no llueve», añadía.

El monseñor del Vaticano vio reflejada en el rostro de su interlocutor la profunda inquietud interior que éste experimentaba. Sabía que en su país era un sacerdote entregado en cuerpo y alma a la pastoral juvenil. Era necesario hablarle muy claro y sin disimulos.

—Verás, querido hermano, tu pregunta es la misma que nos planteamos todos. Aparte de la fotografía del Papa desnudo de cintura para arriba, que encargó algún afiliado a la masonería en el interior del Palacio y sobre la cual todo el mundo pedía una explicación...* Personalmente, yo no me pongo del lado de los que pretenden negar a toda costa la

* Después de mucho tiempo, una noticia de agencia cuya veracidad no se pudo establecer señaló que un periodista gráfico, un tal Adriano Bortoloni, se había atribuido la autoría de la afortunada instantánea, tras haberse pasado tres días y tres noches posado en las ramas de un frondoso sauce de la villa, sin comida y sin poder hacer sus necesidades. Evidentemente, un cuento propio de la época de las cruzadas.

existencia de los hechos, como si el atentado al papa Wojtyla no hubiera sido más que un simple accidente de caza. El avestruz que, cuando se avecina la tormenta, esconde la cabeza en la arena para no darse cuenta, no por eso evita el peligro. Hay que dar una respuesta. Yo la tengo y te la voy a decir tal como la creo.

»Considero imposible que un buen día un masón abandone su logia para abordar a un importante prelado, nada menos que a un cardenal, y le proponga a quemarropa afiliarse a la masonería. Y mucho más que este dignatario pique inmediatamente el anzuelo como si tal cosa y, liando el petate, se inscriba en los registros masónicos y se alíe con ellos para pasar a combatir a aquel Dios a cuyo reino se había entregado y que ahora se compromete en la práctica a destruir. Por otra parte, que la masonería cuenta con adeptos entre las filas de los eclesiásticos e incluso entre los más altos dignatarios de la Curia romana es un hecho difícilmente discutible cuyos innegables resultados se palpan y advierten con toda claridad.

»Te has referido a los ríos de dinero negro que unos masones declarados desviaban al extranjero desde el Ior gracias a la innegable complicidad de los máximos dignatarios eclesiásticos que dirigían aquel organismo que alguien ha comparado con un agujero negro del espacio sideral que succiona la materia de aquellos fondos fraudulentos para hacerlos salir después, ya blanqueados, en cualquiera sabe qué otra parte de la Tierra. Eso ya no es un misterio para nadie. Los telespectadores italianos lo pudieron oír con una claridad meridiana y con una simplicidad desconcertante en la retransmisión televisiva del mes de enero de 1994 durante el proceso sobre el escándalo Enimont...*

* En los principales textos de dicho proceso se hacía referencia directa a los masones que se sirvieron de la banca vaticana para sus turbios negocios. Por las cajas del Ior pasaron cuentas corrientes por un valor de unos 110 mil millones de liras destinados a pagar comisiones a políticos de todas las creencias y tendencias. Una espesa capa de complicidad con la logia P2, invisible y evanescente, se extiende y serpea por el ambiente.

»Por consiguiente, no cabe ninguna duda de que la masonería se encuentra en el Vaticano como en su casa, aunque su círculo recreativo esté en otro lugar. Se debió de dar cuenta de ello, con un primer sobresalto, el pontífice Albino Luciano, cuando el periodista Paolo Panerari, al día siguiente de su elección, 31 de agosto de 1978, en el semanario de actualidad económica *Il Mondo*, le dirigía al Papa a bocajarro una apesadumbrada carta: "Santidad, ¿es justo que el Vaticano actúe en los mercados como un especulador bursátil? ¿Es justo que el Vaticano tenga un banco que participa en la fuga de capital desde Italia a otros países? ¿Es justo que este banco ayude a los italianos a defraudar al fisco?" El buen Papa aún no se había recuperado de aquel interrogatorio cuando el día 12 de septiembre el intrigante semanario *Op*, dirigido por Mino Pecorelli, masón posteriormente asesinado, bajo el titular "La Gran Logia del Vaticano", publicaba entre otras cosas la lista de nada menos que 121 nombres de representantes vaticanos y altos prelados, presuntamente afiliados a la masonería...

»"Habrá tinieblas tan densas sobre la tierra que se podrán

Todos los medios de difusión de la época daban a conocer con profusión de detalles los nombres y apellidos de los prelados y cardenales involucrados en la comisión del Ior que gestionaba los fondos de las cuentas corrientes destinados a la corrupción. Un testigo clave, Carlo Sama, pagador de la empresa Montedison, consideraba que el banco vaticano se hallaba al corriente de todas las actuaciones del financiero masón Luigi Bisignani, de quien el Ior recibió, al parecer, unos diez mil millones de liras, cantidad desmentida por éste y reducida a sólo dos mil millones. El otro testigo clave, Carlo Calvi, hijo del banquero masón Roberto Calvi, hallado ahorcado bajo el puente de los Blackfriars de Londres, declaró: «Francesco Pazienza me dijo que monseñor Giovanni Cheli, representante del Vaticano en la ONU, tenía ciertas aspiraciones, era íntimo amigo suyo y ambicionaba ocupar el puesto de Marcinkus. Por aquellas fechas él no se encontraba en Estados Unidos... Cheli me dijo lo mismo que Marcinkus ya me había dicho por teléfono: que le dijera a mi padre *[detenido, N. del R.]* que no hablara, que no revelara ningún secreto y siguiera creyendo en la providencia.» El prelado Giovanni Cheli fue elevado a la púrpura cardenalicia el 21 de febrero de 1998, coincidiendo casualmente con el carnaval de Viareggio, tal como más arriba se ha señalado.

palpar." Como una nubecilla que, cuando te envuelve, parece que se disipa, eso es lo que ocurre aquí dentro; un ciego a través del tacto te puede decir que lo que toca es una mesa, aunque no la vea. Lo mismo sucede con la masonería vaticana: se palpa, por más que no se vea... En una carta del mes de octubre de 1838, Antonio Rosmini escribía: "Ésta es una de las mayores fuentes de la incredulidad moderna: los sacerdotes se comportan mal y, por consiguiente, es falsa la religión que enseñan. He aquí el sofisma. Hay que advertir y prevenir a los jóvenes contra toda suerte de escándalos y, muy especialmente, contra los que proceden de la mala conducta del clero..."

»Pablo VI se percató de la presencia masónica en el Vaticano y lo proclamó ante el mundo: la llamó "humo de Satanás". Sabía que, a través de la grieta masónica, aquel humo había penetrado y estaba llenando de niebla el templo del Señor. La política masónica del siglo pasado era más bien de enfrentamiento directo con la Iglesia católica, pero, con este comportamiento, sólo conseguía crear empalizadas. Con el tiempo, a principios de este siglo, cambió de metodología: ha comprendido que le resultaba mucho más rentable infiltrarse en los más altos puestos eclesiásticos. Encaramarse por los intrincados baluartes para llegar a la cumbre no resulta tarea fácil y es necesario armarse de tiempo y de paciencia con el fin de poder elegir los elementos más adecuados y útiles para alcanzar semejante objetivo. A este propósito la organización masónica dedica enormes reservas económicas y elige a la flor y nata de sus adeptos más cualificados, capaces, con circunspección y constancia, de llevar a cabo la criba de los eclesiásticos destinados en el futuro a hacer carrera y ocupar los puestos más altos.

A finales de los años cuarenta, el papa Pío XII experimentaba el comprensible y sacrosanto temor y la angustiosa inquietud de que el ateísmo se infiltrara en la Iglesia bajo sus dos vertientes por aquel entonces más en boga de la masonería y el comunismo.

En julio de 1949 un pueblecito del sur de Italia celebraba la ordenación sacerdotal del padre Francesco, hijo único de un matrimonio muy pobre que, para que él pudiera estudiar en el seminario, se había privado durante varios años de lo más necesario. El flamante sacerdote, para agradecer el sacrificio a sus padres, quiso regalarles un viaje a Roma, donde ellos jamás habían estado. Con el dinero que le habían ofrecido como regalo pensaba pagar los gastos del viaje y de la estancia en la ciudad; para vestirse, bastarían las sencillas prendas que se habían comprado para la fiesta. Durante el viaje nocturno en tren, ninguno de los tres pudo conciliar el sueño a causa de la emoción. Con las primeras luces del alba, la madre vio a través de la ventanilla las casas de las afueras y le pareció estar viviendo un sueño: ¡Quién le hubiera podido decir a ella que visitaría Roma, la ciudad del Papa, la capital del cristianismo!

La pensión estaba en el barrio de Prati, en las inmediaciones de San Pedro. Empiezan a visitar las basílicas y los restantes monumentos más conocidos de la antigua Roma. En San Pedro la visita fue más exhaustiva y pormenorizada y el padre Francesco les hizo de cicerone, echando mano de lo poco que recordaba o que traducía de las inscripciones en latín. En la plaza les señaló la ventana del estudio del Papa. Pío XII no tenía por costumbre asomarse, tal como más tarde empezó a hacer su sucesor Juan XXIII.

Al oír hablar del Papa, su madre, casi para sus adentros, comentó que le gustaría verlo. El padre Francesco le replicó:

—Mamá, al Papa sólo se pueden acercar los jefes de Estado y los embajadores y a duras penas los cardenales de la Curia.

—¡Qué boba soy! —dijo ella, y enseguida se olvidó de la audiencia.

En los días siguientes, una vez finalizado el recorrido turístico previamente proyectado, se dedicaron a ponerse en contacto con algún pariente lejano residente en la ciudad y algún conocido importante. De entre éstos, se acordaron de un capitán de los carabineros que, a pesar de su juventud, había hecho una espléndida carrera en el Cuerpo. A la pregunta de si podían ir a hacerle una visita de cortesía, se declaró encantado de conocerles.

El capitán, muy amable, se interesó por la estancia de sus parientes en Roma y les preguntó qué habían visto. El padre Francesco, en nombre de sus progenitores, enumeró los monumentos y comentó el asombro de sus padres y el absurdo deseo de su madre de ver al Papa.

—¿Les gustaría ver al Papa? —preguntó el capitán.

—No, por Dios, señor capitán —contestó el padre Francesco—, ya le he explicado a mi madre cuál es la situación. Ya hemos visto un montón de cosas que podremos describir a la familia a la vuelta.

Pero el capitán, sin quitarse la idea de la cabeza, les pidió el teléfono de la pensión y, con expresión pensativa, les dijo:

—¡Estaremos en contacto!

Después los acompañó a la puerta, donde el centinela se cuadró.

Estaban tan contentos que ya habían decidido regresar a su pueblecito, encaramado en la empinada ladera de la montaña. Aquella noche a la hora de cenar, un camarero se acercó a su mesa y le dijo al padre Francesco que el capitán de los carabineros le llamaba al teléfono. Respirando afanosamente por haber subido a toda prisa la escalera, el sacerdote escucha la seca orden del militar:

—Mañana a las 9.30 tienen que estar los tres en el Arco de las Campanas, a la izquierda de la basílica de San Pedro. Les acompañarán en automóvil hasta el ascensor privado y, desde allí, a los apartamentos pontificios. A las 10 serán recibidos en audiencia privada por Su Santidad. Correctamente vestidos, naturalmente, y con la máxima puntualidad. Y, por favor, mucha discreción.

Desde el otro extremo de la línea el padre Francesco no tuvo tiempo de pedir ulteriores aclaraciones: enseguida oyó que al otro lado colgaban el aparato.

La audiencia con el Pontífice duró veinte minutos y se produjo siguiendo el protocolo establecido.

En el pueblo nadie se creía la historia de la audiencia privada de aquella humilde familia con el Papa y todo el mundo la consideraba una fanfarronada del joven sacerdote que quería presumir, contando trolas. Pero ni siquiera el padre Francesco conseguía explicárselo.

Aproximadamente un año después, el capitán de los carabineros, que entretanto había sido ascendido a comandante, murió repentinamente a causa de un infarto. El padre Francesco se enteró por la prensa de que, desde hacía aproximadamente un año y medio, aquel comandante había sido nombrado maestro de la logia masónica del Palacio Giustiniani. Puede que la audiencia papal que él había solicitado al otro lado del Tíber para sus tres paisanos constituyera un banco de pruebas destinado a demostrar su influencia transtiberina. Y todo ello a espaldas del papa Pacelli, que sin saberlo era un instrumento más.

Existe un auténtico noviciado para los eclesiásticos destinados a ingresar en la orden masónica y hay una cierta categoría de personas que se dedican, por cuenta de la masonería, a seleccionar posibles colaboradores eclesiásticos, los cuales tienen que reunir unos determinados requisitos: inteligencia privilegiada, ansia de hacer carrera, ambición, rápida intuición para comprender y fingir no comprender, generosidad en el servicio y, a ser posible, prestancia física. Cualidades todas ellas excelentes para poder entrar a formar parte de la masonería.

Cuando todas estas características se hallan reunidas en un joven eclesiástico —da lo mismo que sea diocesano o religioso—, sobre todo si la persona en cuestión posee una extraordinaria capacidad de intuición y asimilación de la vida intelectual y de revitalización del mundo en el que se encuentra, además de una notable facilidad de expresión y comunicación, se pasa a la fase del abordaje y se inicia la tarea de cosquillear su amor propio.

Una condición absoluta es que, durante esta primera

fase, el elegido no sospeche la trama que se está tejiendo a su alrededor. La técnica masónica impone una revelación gradual, por lo que al elegido sólo le es dado ir conociendo poco a poco los fines de la secta, según lo que decidan los superiores.

Las maneras de abordar son muchas y muy variadas. Una invitación a una embajada de conveniencia en ocasión de una fiesta nacional, un inesperado encuentro con una persona que se declara afortunada de haberlo conocido, un prelado que le pide algo y le expresa su gratitud. Esto es sólo el principio. Después viene la fase de los elogios y las lisonjas: ¡Pero qué amable es usted, qué inteligencia, qué distinción, qué delicadeza! Pero, ¿cómo es posible?, usted merecería algo más, está desaprovechado en el lugar que ocupa... pero ¿por qué no nos hablamos de tú?... Vamos a ver, ¡tenemos que buscarte otra cosa!

A continuación, se pasa a la fase de las posibles perspectivas: yo conozco a aquel prelado, aquel cardenal, aquel embajador, aquel ministro... si tú quisieras o, por lo menos, no pusieras trabas, yo gustosamente le hablaría de ti; le diría que eres una persona que se merece un cargo superior, subsecretario de aquel dicasterio, obispo de..., nuncio en..., secretario personal de...

Llegado a este punto, el proponente enseguida se da cuenta de si el interesado ha picado el anzuelo, aunque con falsa modestia se escabulla detrás de frívolas frases de circunstancias: no soy digno, no estoy a la altura, me siento un pobre hombre, hay otros mejores que yo... y cosas por el estilo. El proponente está muy al quite de la situación y sabe que, así como la prudencia es la virtud de los fuertes, la falsa modestia es la virtud de los imbéciles escaladores, detrás de la cual se esconde la rendición.

El camino ya se ha iniciado. Poco a poco, las promesas se traducen en resultados concretos. El candidato elegido comprueba el cumplimiento de las promesas y se siente obligado a manifestar su gratitud a aquel amigo a quien considera su benefactor. Entretanto, su carrera sigue adelante a toda vela y sin obstáculos, más aún, con las más halagüeñas perspectivas a largo plazo al servicio de la Iglesia, en cuyo seno empieza a adivinar la posibilidad de llegar a ocupar un buen cargo.

Ahora bien, cuando el prelado rebosante de vanidad y ávido de hacer carrera empieza a tener en su mano las pruebas de aquel fácil ascenso que ni él mismo se puede explicar y ve en el horizonte la posibilidad de alcanzar niveles muy superiores, llega la decisiva fase de la aclaración, que se desarrolla más o menos de la siguiente manera:

«Monseñor, excelencia, es necesario decir con toda sinceridad que si usted ocupa este prestigioso cargo, más que a mi persona lo debe a la influencia de la orden masónica y a la de todos sus amigos de dentro y fuera de la Iglesia, que han hecho posible su ascenso a los delicados cargos que hasta ahora se han encomendado a su persona... Como ve, no tiene que preocuparse, pues está muy bien considerado gracias a todas estas distinguidas personalidades. Sin embargo, es usted libre de elegir si, a partir de ahora, desea o no seguir colaborando con nuestra organización, la cual le garantiza la máxima discreción y su voluntad de seguir apoyándole con vistas a ulteriores ascensos.»

En esta fase tan delicada, el prelado, presa de una profunda crisis, tiene que tomar una decisión. Su situación podría suscitar compasión hasta en casa del demonio. La aspiración a nuevas metas, la turbación de saber que lo han introducido en la masonería, el temor de inevitables revelaciones en caso de que se niegue a adherirse, el vacío que intuye a su alrededor en caso contrario, la fraternal exhortación de algún dignatario, invitándolo a seguir adelante tal como ha hecho él; en resumen, todas estas cosas en su conjunto acaban convenciendo al prelado de la conveniencia de seguir avanzando por aquel camino que otros ya han iniciado por él, muy a pesar suyo.

Cuando más arriba está uno, tanto más peligro corre de mostrarse frágil debido al temor de perder el alto puesto al que otros le han hecho llegar. Un abismo llama a otro abismo. Trata de justificarlo: aquello no es el fin del mundo y también es posible obrar el bien desde aquella extraña perspectiva. Para los masones Dios también existe, lo llaman el Gran Arquitecto del Universo aunque no le presten un servicio total. En el universo existe el Ente Supremo, ¿eso quién lo niega?, basta que no dicte leyes en contra. Un sacrificio personal que recuerda el terrible voto de Jefté que, para consolidar su victoria sobre los amonitas, no desdeñó sacrificar a Dios a su única hija cuando ésta le salió al encuentro para festejarlo.

Así pues, una vez infiltrado en su ambiente eclesiástico, el valeroso novicio masón está obligado ante todo a resultar creíble en el lugar en el que actúa, cumpliendo las promesas que haya hecho y, en caso necesario, procurando desprestigiar por medio de la acusación de falsos e hipócritas, a los mejores prelados del sector en el que está infiltrado.

El reino de Satanás consiste precisamente en eso: en sustituir lo verdadero por lo falso para que el hombre justo parezca un mentiroso. Su técnica mezcla lo verdadero con lo falso mediante una alquimia tan hábil que lo verdadero parece dañar precisamente a la falsedad cuya existencia nadie discute, al tiempo que introduce justo la cantidad de odio hacia lo verdadero que es suficiente para combatir la verdad que, como tal, molesta.

Voltaire convencía de la siguiente manera a sus seguidores: si creéis que Dios os ha hecho a su imagen y semejanza, pagadle con la misma moneda: haceos un dios a vuestra imagen y semejanza, con vuestras mismas perfidias y defectos: poderoso, vengativo, hegemónico, ávido de poder y ambicioso. Y, cuanto más os convenzáis de él, tanto más como anillo al dedo os sentará, deslavazando y apagando dentro de vosotros al anterior, el verdadero. Todo eso los masones lo hacen a la perfección con sus seguidores eclesiásticos.

Así pues, el flamante francmasón, hábilmente seducido, se convierte en una nueva pieza del tablero de aquella logia secreta, que se añade a los restantes adeptos que allí anidan. Ahora su ascenso puede seguir adelante sin ningún obstáculo, en competencia con los demás «hermanos» asociados. Y, si la carrera es acertada, puede llegar incluso al cardenalato o más arriba todavía.

De esta manera, según ciertos retazos de investigación que se filtraron y que eran algo más que un susurro, parece ser que la Iglesia, en un eclipse parcial, corrió el peligro de que eligieran a un papa perteneciente a esta congregación. Al fallido Papa, que salió del cónclave como cardenal, un periodista perteneciente a su misma banda le preguntó:

—Y ahora, ¿cómo irán las cosas, Eminencia?

—¡Bien, muy bien! —contestó el purpurado.

—Pero, ¿con la ayuda de Dios? —insistió el periodista-hermano.

—¡Jamás se lo he negado! —dijo el purpurado.

—¡Claro! —terminó diciendo el periodista.

El joven sacerdote dijo entonces:

—Este despiadado análisis suyo, monseñor, tan específico en sus detalles, me recuerda un hecho que me ocurrió hace unos cuatro años, justo tal y como usted lo ha descrito. Se lo cuento para que compruebe usted las conexiones.

»Una mañana poco después de la misa, el sacristán me dijo que un distinguido caballero deseaba hablar conmigo; había dicho ser el Gran Rabino de Jerusalén. Le mandé preguntar si prefería hablar con el vicario general, que era mi hermano. Pero él quería hablar conmigo. Entonces me ofrecí a acompañarlo en un recorrido por los monumentos históricos de la ciudad, tal como suelo hacer a menudo con algunos fieles en viaje de turismo.

»Cuando todo terminó, me empezó a decir exactamente las cosas que usted me acaba de decir ahora: que merecía un destino mejor, puede que en Roma o al frente de alguna diócesis... Ante mi rotunda negativa, añadió: "De todos modos, piénselo y llámeme esta noche. Mañana a las 7.30 de la mañana mantendré un encuentro privado con el cardenal secretario de Estado en el convento de las monjas de la Via Mura Aureliane, inmediatamente después de la misa; prefiero que sea allí y no en el despacho de la tercera logia, a salvo de vigilancias y miradas indiscretas. Con mucho gusto le hablaría de usted si usted me diera permiso... Mantengo con él unas excelentes relaciones de amistad..."

»Ahora que ya ha pasado tanto tiempo, puede que aquella extraña proposición tuviera hoy una explicación lógica. Más tarde me enteré de que aquel personaje visitaba asiduamente los ambientes eclesiásticos por encargo de la masonería...

»Pues estos falsos apóstoles, obreros fraudulentos, se disfrazan de apóstoles de Cristo, y no es de extrañar, pues también Satanás se disfraza de ángel de luz. Por eso no hay que sorprenderse de que sus ministros se disfracen de ministros de la justicia; sin embargo, su fin será el que merecen sus obras.

He aquí los fenómenos latentes, ocultos, nebulosos, rebosantes de arrogancia totalizadora, de caciquismo y clientelismo, de marginación paralizadora y nepotismo proteccionista que se llevan a cabo a plena luz y prosperan en el sotobosque vaticano de la Iglesia actual, alérgica a los rectos de corazón.

Verdaderos y falsos prelados masones

Cuando la prensa informó a la opinión pública de la existencia de la poderosa logia masónica Propaganda 2, más conocida como P2, presidida por el venerable maestro Licio Gelli en connivencia con Michele Sindona, Roberto Calvi y Umberto Ortolani, unos catoliquísimos masones implicados a su vez con el Ior en el crac del Banco Ambrosiano, se mencionaron también los nombres de dos altos prelados que figuraban en la lista más arriba citada de los 121 nombres en orden alfabético con sus correspondientes fechas de inscripción en la orden masónica, registro y nombre de la logia, que ya circulaba en distintos ambientes desde hacía algunos años.*

Debido al escándalo que dicha lista causó en el Vaticano y fuera de él, pues muchos de los nombres correspondían a altos dignatarios muy prestigiosos, otro periódico del sector masón publicó otra lista de religiosos y seglares, en la que, junto a los nombres de la primera lista, figuraban otros, añadidos con el exclusivo propósito de mezclar a los verdaderos inscritos a la masonería con los que eran totalmente ajenos a ella. Tanto los unos, los verdaderos afiliados, como los otros, que no tenían nada que ver, tuvieron que darse buena maña en demostrar la falsedad de las acusaciones de su afiliación a la secta.

Pero los vaticanistas mejor informados sabían que era una verdad a medias. Desde mucho tiempo atrás y desde distintos sectores, se señalaban en el Vaticano los nombres y apellidos de eclesiásticos indiscutiblemente afiliados y estrechos colaboradores de la masonería. Por comodidad, se eligió la política del silencio por ambas partes.

Si algún lector desea comprobar la veracidad de los hechos, que tome los nombres mencionados en aquella lista y los coteje con los del índice de los Anuarios Pontificios de los años noventa: cualquiera podrá constatar que casi todas aquellas personas han llevado una espléndida carrera eclesiástica. Mucho más de las dos terceras partes de aquellos prelados no enteramente honrados, si no han muerto en el tiempo transcurrido desde entonces, ocupan actualmente los lugares más encumbrados de la Curia romana: algunos como cardenales, otros como obispos de prestigiosas diócesis, otros como prefectos de importantes dicasterios y otros como jefes de cordada, con las ventosas bien sujetas a los baluartes de Miguel Ángel. Y todo ello no por casualidad o como consecuencia de un accidente laboral.

«Demasiado justo eres tú, Yavé, para que yo pueda dis-

---

* El periódico que publicó la escandalosa noticia el 12 de septiembre de 1978 era *Op*, del masón Mino Pecorelli.

cutir contigo, pero quisiera hacerte una pregunta sobre la justicia: ¿por qué prosperan los caminos de los impíos?» Por regla general, el hombre, desde fuera, pide a Dios que se justifique por las injusticias que se observan en el mundo de la Iglesia. Pero, cuando entra a formar parte de este círculo, se ve envuelto por la injusticia mientras la justicia lo interpela y lo somete a interrogatorio.

En caso de que algún eclesiástico no elegido pretenda hacer carrera con el apoyo de aquella camarilla, de entrada, los responsables lo someten a prueba, invitándolo a pronunciar doctas conferencias ante los distinguidos socios de los clubs de Leones o Rotarios de las ciudades de los distritos, que son los círculos culturales donde se prepara el semillero en el que se elige a los candidatos a ingresar en la masonería.

A propósito de dichos círculos, la revista de los jesuitas *La Civiltà Cattolica* demostró sin el menor asomo de duda que, por su derivación masónica, mantienen estrechos contactos con la secta. Hubo una intensa polémica acerca de la veracidad de aquella afirmación hasta que el gran maestro Giordano Gamberini, en la revista masónica *Hiram*** del 1 de febrero de 1981, confirmó oficialmente que tanto los Rotarios como los Leones, derivan de la masonería y confluyen en ella, escribiendo: «Melvin Jones, maestro masón de Chicago, fue uno de los fundadores de los Leones, y también su secretario general y tesorero hasta el año 1917. En los Leones, el también origen masón resulta evidente incluso en el escudo que eligió la asociación. Unas relaciones prácticamente idénticas con la masonería había mantenido también el club Rotario.»

Precisamente por eso, al año siguiente, 1982, se eligió por primera vez para el prestigioso cargo de gobernador del

---

* Órgano bimestral del Gran Oriente de Italia, fundado en 1870. Editorial Erasmo.

distrito rotario de Sicilia-Malta a un prestigioso jesuita, el padre Federico Weber, sin que sus superiores se lo prohibieran. Incluso muchos cardenales, generosamente recompensados y animados por el ejemplo de su hermano ya difunto el cardenal Baggio, se consideran muy honrados cuando los dignatarios rotarios los invitan a inaugurar nuevas sedes o el curso social, y les ofrecen la oportunidad de exhibirse con sus doctas conferencias y participar en exquisitos banquetes.

Una profética confirmación la tenemos en el relato de una aparición de Jesús al padre Pío de Pietralcina, que éste describe a su confesor, el padre Agostino da San Marco in Lamis, el 7 de abril de 1913: «El viernes por la mañana, cuando todavía estaba en la cama, se me apareció Jesús. Estaba tremendamente maltrecho y desfigurado. Me mostró una gran multitud de sacerdotes regulares y seculares, entre los cuales figuraban varios dignatarios eclesiásticos, que estaban celebrando la misa, preparándose para celebrarla o despojándose de las sagradas vestiduras. La contemplación de Jesús en semejante angustia me causó una profunda pena y quise preguntarle por qué sufría tanto, pero no obtuve respuesta. Pero su mirada se posó de nuevo en aquellos sacerdotes; poco después, casi horrorizado... apartó la vista y, cuando la volvió a levantar hacia mí, observé con horror que dos lágrimas le surcaban las mejillas. Alejándose de aquella turba de sacerdotes y, con expresión de profundo desagrado, gritó: "¡Carniceros!" Después me volvió a mirar, diciendo: "Hijo mío, la ingratitud y el sueño de mis ministros hacen más dolorosa mi agonía... éstos añaden a su indiferencia el desprecio y la incredulidad." ¡Con razón se queja Jesús de nuestra ingratitud! Cuántos desgraciados hermanos nuestros corresponden al amor de Jesús, arrojándose con los brazos abiertos a la infame secta de la masonería! Recemos por ellos...»

Jesús reveló al padre Pío, ya en 1913, es decir, cuatro años antes del secreto de Fátima, que muchos dignatarios eclesiásticos colaboraban con la masonería, lo cual hoy en día ya no es ningún secreto.

A todos aquellos que en la actualidad se sienten indispensables y creen revestir una importancia decisiva en el gobierno de la Iglesia, a pesar del peligro que corren de causar escándalo, el Espíritu Santo por boca del profeta Malaquías les advierte: «Y ahora a vosotros, sacerdotes, esta advertencia. Los labios del sacerdote han de guardar la sabiduría, pues es el mensajero del Señor. Vosotros, en cambio, os habéis apartado del recto camino y habéis sido causa de tropiezo para muchos con vuestras enseñanzas. Por eso os he hecho despreciables y abyectos delante de todo el pueblo.»

Jesús les dedica palabras mucho más severas. En la cátedra de mi Iglesia se han sentado muchos escribas y fariseos. «Ay de vosotros, escribas y fariseos hipócritas que descuidáis las prescripciones más importantes de la ley: la justicia, la misericordia, la fe. Guías ciegos, que coláis un mosquito y os tragáis un camello. Sepulcros blanqueados.» Apártate de éstos, Señor, que se sientan como amos en tu Iglesia y después te obligan a cumplir su voluntad así en la tierra como en el cielo. Y repiten a todos para convencerlos: «¡Templo del Señor, templo del Señor, éste es el templo del Señor!»

Los errores cometidos en estos ambientes eclesiásticos desde el pasado hasta el presente, sin mancillar para nada la gran santidad de la Iglesia, son el precio que hay que pagar por el enorme privilegio de todos los que son admitidos a gozar de la Sangre redentora de Cristo. Somos culpables de desinterés por haber dejado el amor a merced de los negadores, los blasfemos y los calumniadores, cualesquiera que éstos fueran; somos los responsables de haber anquilosado el amor, encerrándolo en el congelador de los fríos cálculos del poder terreno.

En vísperas del año 2000 y en plena preparación del Año Jubilar, en la mesa de la Iglesia, en las más secretas estancias vaticanas, ambos poderes, el de la Luz y el de las Tinieblas, juegan su partida de ajedrez delante de todo el mundo bajo los potentes focos de los medios de difusión; ¡y no está dicho que la victoria intermedia de Satanás no pueda dar jaque al Cristo del Viernes Santo en el Calvario! Jesús no prometió a su Iglesia que destruiría a sus enemigos sino que no sería destruida por ninguno de ellos.

19

PODER, VIDA VEGETATIVA Y CELIBATO

Los empleados de la Curia no se sienten protegidos en sus derechos naturales inherentes a su persona, casi siempre bajo vigilancia. El ambiente induce al jefe a arrogarse unos poderes que son auténticos caprichos lesivos y arbitrarios, con la mayor superficialidad y desconsideración.

El que es desbancado por otro no tiene que hacer ningún reproche, pues nada se le debe. Los contraataques del ambicioso respaldado, ante el cual se abre una fácil carrera, provoca todo lo más unos débiles y estériles refunfuños por parte de los que bajan de categoría, pero sin más consecuencias. Allí donde no existe ningún recurso para luchar contra los abusos de poder del superior de la Curia, se sigue utilizando el anticuado método de la suplantación en los ascensos, lo cual constituye un grave error pedagógico y sociológico, amén de una clara ofensa a la dignidad de la persona.

Contra semejante prepotencia, no se puede recurrir a ninguna institución de solidaridad, puesto que no existe ni se quiere que exista este tipo de rémoras. No cabe por tanto pensar en una posible acción sindical. Gracias a este vacío, mejor dicho, ante semejante torbellino, el superior sigue adelante impertérrito, pues sabe muy bien que los desgraciados no le podrán devolver la ofensa. El prestigio del superior se tiene que salvaguardar en todo momento aunque sea a expensas de la justicia tribunicia. Por más que decida preferir a uno en lugar de otro, conculcando derechos y cualidades, su conciencia está en perfecta sintonía con la presunción de hacer lo que ha decidido. Así nos lo enseña monseñor Cabra Montés.

En la Curia romana el superior se atribuye la facultad que sólo corresponde a Dios, es decir, se convierte en norma moral de todas sus acciones. «Seréis como Dios», aseguró la serpiente a nuestros primeros padres. El súbdito, pasito a pasito, intenta ascender por un tobogán encerado, siempre en la inseguridad y el temor de retroceder y volverse a colocar en el último lugar de la fila. Su vida está siempre en vilo sobre la cuerda floja entre la espera y los retrocesos del sistema.

Para muestra, un botón. Con cardenalicia desvergüenza, un día el prefecto del dicasterio presentó a los funcionarios a un sacerdote de cincuenta y tantos años. En ofensa a todos los que desde hacía años esperaban una justa promoción, el prelado les comunicó su decisión de incorporarlo por las buenas a la plantilla, a pesar de su procedencia del exterior, con una cualificación de noveno nivel.

Hay que subrayar para ser más precisos que el hombre consiguió ser asignado al décimo nivel porque el cardenal tenía que aprovecharse de las millonarias sumas que éste había recibido de los industriales milaneses para desviarlas en beneficio de los universitarios nazarenos, que vivían a lo grande y sin dar golpe. Para cumplir su parte del pacto, el cardenal solicitó al despacho correspondiente la contratación del ilustre desconocido con la categoría de jefe del despacho, cosa que le fue negada por falta de competencia específica. O sea que el chanchullo no respetaba los acuerdos: a menor cualificación, menores ingresos. Al cardenal le fastidiaba tener que incumplir su palabra con el recién contratado. Entonces se sacó de la manga un expediente.

Al día siguiente, el purpurado llama al más veterano de sus empleados, es decir, al decano del dicasterio y, en diez minutos exactos, inventándose apremiantes y urgentes necesidades, lo destituye del importante cargo que hasta entonces había ocupado a entera satisfacción de todo el mundo, incluida la suya. En aquella frenética carrera, había decidido regalar aquel cargo al recién contratado para premiarlo de inmediato con el décimo nivel.

El prepotente más insoportable es el que pretende que sus abusos de poder sean acogidos con aplausos, mientras él da muestras de enojo y de altivez rayana en la iracundia. Pero había hecho las cuentas de la lechera. En torno a la ondeante bandera de la obediencia giran cómodamente los abusos y las contradicciones. El monseñor, demasiado decidido como para dejarse domar por completo, rechazó amablemente el trueque: «A Balaam, hijo de Bosor, un asno mudo que hablaba con voz humana, impidió la demencia del profeta.» Ante la inflexible y adamantina actitud del decano, que le recitó a su superior la frase de san Bernardo al papa Eugenio III: *«Praesis ut prosis, non ut imperes»*, has sido propuesto para el cargo para que seas de utilidad a los demás, no para que cometas abusos de poder, el cardenal se vio obligado a dar marcha atrás, dejando para otra ocasión y otro lugar su mezquina revancha.

Protectores, protegidos y discriminados

«Cuando se admite que la moral del Evangelio procede de Dios —escribía Manzoni—, hay que admitir el estricto deber de la Iglesia de adoptarla con exclusión de cualquier otra.»

Todos los que ejercen autoridad, difícilmente poseen en la misma medida el sentido de la responsabilidad y de la imparcialidad moral, cualidades ambas indispensables para inspirar respeto, confianza y consenso. Allí campan por sus respetos los dominios incontrolados, las prevaricaciones generalizadas, las idolatrías de mitos más o menos conscientes y tanto más deshonrosos cuanto menos conscientes. Un monopolio de poder dictatorial, indiscutible e incompatible con la dignidad y la libertad del hombre.

Ningún estudioso se asombra hoy en día del antiguo nepotismo pontificio que hubo en la Iglesia desde la Edad Media hasta el Renacimiento. Todo eso pertenece al pasado. En nuestra época están de moda las nidadas, las corrientes y los favoritos de todo tipo, tal como ya hemos visto. Entre aquello y lo de ahora hay sólo una elegante y sutil diferencia etimológica: el método y los fines son idénticos.

Este sórdido proteccionismo que todo lo impregna no es más que una reminiscencia moderna del tan denostado nepotismo de aquellos papas. Pero el de ahora es más nefasto que aquél o, cuando menos, más inexcusable. Los papas de entonces estaban obligados a desconfiar de los que los rodeaban, maestros en la utilización de venenos y arcabuces. En sus familiares más directos, precisamente en sus sobrinos, depositaban la esperanza de que se cumplieran mejor las disposiciones que ellos adoptaban para el buen gobierno de la Iglesia. El actual neonepotismo entre protegidos y protectores no se puede combatir ni castigar por falta de leyes específicas capaces de limitar sus excesos; por eso causa estragos por doquier. A pesar de todo, no está considerado un delito, tal como ya se ha dicho.

Mientras que la sociedad civil ha luchado con denuedo por la afirmación del ser humano contra todo tipo de discriminación, los hombres de Iglesia practican instintivamente en su seno, bajo el escudo de la misericordia, las normas de comportamiento que imperan en el interior de la Curia, olvidando las leyes innatas del hombre. El superior que altera el orden de la plantilla llega incluso a presentarse como benefactor del que sufre la afrenta y tratará de convencerlo de que el hecho de no haberlo propuesto para el ascenso ha sido un acto de clemencia por su parte para evitarle la humillación de ser rechazado por el de más arriba. Por consiguiente, el subordinado le debe reconocimiento y gratitud mientras él le da a entender una cierta esperanza para más adelante. ¡Qué perfidia! Son hechos auténticos que volverán a ocurrir si no se pone remedio.

De conformidad con el teorema según el cual la actuación del superior es indiscutible, la pretensión del subordinado de defender sus derechos naturales y adquiridos se considera una indebida injerencia en la actuación del jefe. En la Curia, el todo de un despacho eclesiástico no es la suma de las partes, es decir, de las personas, sino la voluntad del superior que suma o no las demás partes a su antojo.

La dignidad de los subordinados eclesiásticos se desintegra y se malogra si el superior no la acompaña con la suya propia, que tiene que ser su esencia. Si éste considera oportuno devolverla a los interesados en parte o en su totalidad, más que un acto de justicia, es sólo una emanación de su benevolencia. La dignidad del hombre en semejante ambiente puede pasar con indiferencia de uno a otro extremo de la curva, del altar al polvo y, en cuanto cambia la dirección del viento, del polvo al altar, aunque eso ocurre muy pocas veces.

Más que una carrera de obstáculos en la que gana el que mejor se ha entrenado, la vida vaticana es una conquista diaria en la que todos se ganan a sí mismos y pierden ante los demás en ausencia de la convocatoria de concurso que jamás se convoca. La meritocracia, la verdadera, es lo que más se sigue echando en falta en la Curia. En una sociedad que oscila entre lo semiserio y lo semitrágico, los derechos y los deberes de las personas se invocan o desaparecen según el capricho y el arbitrio no sólo del superior, sino también del influyente servidor que consigue imponer su voluntad sin ningún tipo de control. Como se ve, se trata del atropello del más fuerte sobre el débil con el beneplácito del sistema que manipula el poder.

El subordinado ideal para este superior tiene que ser virtuoso sin pasarse: insensible, pasivo, indiferente a lo que le ocurre, sin columna vertebral y, mejor, si un tanto psicasténico. Los mejores subordinados son los que se dejan codificar y descodificar por el superior hasta convertirse en unos simples dientes del engranaje. Todo ello como consecuencia de aquella extraña convicción medieval, según la cual al súbdito nada se le debe y todo es un regalo.

De esta manera, unas personas dignas del mayor respeto por su inteligencia y sus aptitudes se ven obligadas a vivir en el semisótano del inconsciente más debilitante. Los sumergidos no consiguen ayudarse los unos a los otros por más que lo deseen. Son como unos radios sueltos alrededor del eje de la rueda que chirrían desde lejos sin un colectivo hacia el que converger. Terminan su existencia como unos crucificados, los unos al lado de los otros sin posibilidad de tenderse una mano solidaria.

Lo más que se puede hacer es vivir despersonalizados en inerte actitud de pasiva sumisión, en necia e inconsciente docilidad borreguil, a las órdenes del presumido déspota de turno. El padre Primo Mazzolari así fustigaba a los prelados de entonces: «Algunos hombres creen que la fe les ha sido dada para dispensarlos de la caridad. Y, por un deseo de servir de puente entre nosotros y los de fuera, nos hemos olvidado de los hermanos que están dentro, agotando nuestra dulzura, reservando para los nuestros la amargura de la palabra, la sentencia áspera, el tono arrogante.»

No se pueden mencionar problemas éticos, espirituales o sociales como, por ejemplo, la prioridad de los derechos adquiridos, la primacía de la persona sobre los asuntos del despacho, la superioridad de lo espiritual sobre lo material, el valor de la dignidad de la persona en su totalidad y concreción. Nuestro Señor siente un profundo respeto por cada una de las ovejas de su rebaño y las llama a todas por su nombre; y, cuando se pierda en el anonimato del grupo, prefiere que se aleje. Después abandona el rebaño y sigue sus huellas. La individualidad de la oveja encontrada le produce a Jesús más satisfacción que todas las demás que permanecen extraviadas entre el pelotón eclesial.

Pero la mayor paradoja es ver en el subordinado desbancado el convencimiento de que nada le corresponde por derecho y que, por esta razón, tiene que adaptarse a todas las extravagancias de su superior cuya voluntad convierte en contingente cualquier hipótesis acerca de la prudencia, la justicia, la sabiduría, la discreción, el juicio, la dulzura, la solicitud, la sensibilidad, la valoración, la estima, la capacidad de escuchar, la valoración de las cualidades intelectuales del subordinado colaborador.

En el Vaticano, todas las relaciones están invertidas: el ambiente persigue al grupo, el Señor busca a la persona. Para adueñarse de la masa, se puede pasar con indiferencia sobre el individuo, olvidar sus necesidades y su problemática particular. Interesa más la masa, la cantidad, el número. Al Señor le interesa el hombre, cada hombre individualmente, sobre todo cuando está marginado y ha sido rechazado; va en su busca y llora con él.

A falta de democracia y de debate, el ambiente curial se transforma en una tropa de subordinados sin personalidad, la expresión de cuya conciencia queda englobada en la del superior. «Sí, la conciencia es un espejo —decía Ugo Ojetti—. Pero ojalá se estuviera quieto. En cambio, cuanto más lo miras, más tiembla.»

Cuando el superior despótico tiene la pertinaz convicción de que él todo lo puede, incluso lo contrario de lo debido, se lanza a actuar sin el menor respeto por la persona del subordinado cuyos derechos ha conculcado. A falta de la más mínima sombra de oposición sindical, muy fácilmente prescinde de ciertos frenos inhibidores.

Y, puesto que para el superior todo es relativo y contingente, la inestabilidad de su parecer está siempre a punto de rozar el arbitrio y el abuso. San Agustín diría: «¿O acaso porque tú eres injusto, el Juez ha de ser como tú? ¿O acaso porque tú eres mentiroso, la verdad no dirá lo que es verdadero?»

Difícilmente o casi nunca la autoridad interviene en el momento oportuno para apartar o desautorizar al dignatario que comete prevaricación, sobre todo si es cardenal, para no exponerlo a las burlas públicas. El superior que ha llegado a estas cimas y tiene la sartén por el mango, sabe cómo seguir manejándola en favor de sus protegidos y en contra de los que se oponen. Estamos en el vicio de un círculo virtuoso.

Existe sin duda en este ambiente vaticano una cuestión moral, pero no hay nadie que abrace su causa. No existen y no se desean unas instituciones colaterales y autónomas. Todo es jerárquico. Nadie investiga de abajo arriba, sino que sigue el proceso inverso. El espionaje está dirigido por el mando a distancia del de arriba, por el que ordena cómo y cuándo tiene que estallar la mina. El contraespionaje de las denuncias que proceden de la base, de los estamentos inferiores, no consigue llegar al vértice.

El de la Curia es un Evangelio trastocado, en el que los últimos y los primeros no corresponden a los últimos y los primeros señalados por Nuestro Señor. Los primeros son los prelados protegidos a ultranza, los arribistas que tratan de dominar las situaciones más difíciles y desbancan a los demás de sus puestos, los delatores, los corruptores, los colaboradores del demonio que causan daño a la Iglesia de Dios. Todos estos primeros, pertenecientes a aquel veinte por ciento de funcionarios de la Curia, listos, astutos, rápidos, despiadados y sin escrúpulos, ambivalentes aduladores muy cautos en su sagacidad y su capacidad de discernimiento, esperan su turno, avanzan a toda prisa y reciben el premio de los puestos a los que ávidamente aspiraba su ambición.

Está claro que, cuando uno avanza corriendo, cambia también el método de la zancadilla y se tiene que modificar el sistema: «Dijeron los impíos: Tendamos trampas al justo porque nos molesta y se opone a nuestras acciones; nos reprocha las transgresiones de la ley y nos recrimina las faltas contra la educación que hemos recibido. Si el justo es hijo de Dios, él lo ayudará y lo librará de las manos de sus enemigos. Pongámoslo a prueba con insultos y tormentos.» El cardenal Newman escribió: «En Roma la vista es muy clara desde lo alto de la colina del Vaticano, pero la parte de abajo está llena de pantanos malsanos.»

Los últimos, según el código curial, son los que han sido apartados de sus derechos adquiridos, aquellos a los que hay que eliminar a toda costa, los que son víctimas de sospecha, los que no están alineados con la marcha de los acontecimientos, los calumniados deliberadamente para que no puedan emerger, los privados de recurso y de cualquier esperanza. A éstos nada se debe más que el silencio y la indiferencia más humillantes, las presiones psicológicas que provocan sentimientos de culpa agigantados. Y, si tratan de oponerse e intentan ejercer su derecho al ascenso corren el peligro, como don Bosco, de ser encerrados por algún orden procedente de las alturas en una sala de un manicomio, llamadas actualmente centros psiquiátricos, para que les curen la alienación esquizofrénica que padecen debido a su afán de alcanzar aquello que no les corresponde.

El método recuerda la conclusión de la investigación psiquiátrica a la que llegaron las autoridades francesas sobre la vidente de Lourdes Bernadette Soubirous: «Goza de plena salud mental y sus facultades son totalmente normales; pero, puesto que insiste en sus afirmaciones, puede que sufra alucinaciones.»

La condena al descanso obligado

En cuanto se acercan a la edad de la jubilación, los ya exprimidos por el sistema vaticano, empiezan a perder altura y consideración en el ámbito de su despacho y en todos aquellos que guardan relación con su trabajo. En cuanto cruzan el umbral de la jubilación, pasan inmediatamente a vagar como muertos por el aislamiento y la penumbra del limbo dantesco.

Se trata de una categoría de sordomudos a la que no se presta la menor atención y a la que sólo se permite gesticular y emitir sonidos inarticulados. La costumbre está tan enraizada que ni siquiera los propios jubilados se consideran capaces de hacer valer sus derechos; están convencidos de que todo lo que reciben es un don y una gracia que se les concede desde lo alto. Por consiguiente, es una categoría sin voz, como si sus componentes fueran unos incapacitados necesitados de acompañante, unos minusválidos de la decrepitud, sobre los cuales otros deciden según sus propios criterios y sin posibilidad de recurso.

Si sale alguien que no está de acuerdo con lo que otra persona ha decidido en su nombre, se le dice que la escurridiza Comisión Cardenalicia Superior —que a lo mejor ni siquiera existe, o, en todo caso, no sabe absolutamente nada al respecto—, ha rechazado su recurso. Porque en el Vaticano cuando algún querúbico eclesiástico o seglar metementodo se arroga indebidos poderes, suele escudarse en entes incomunicables, inalcanzables, inapelables, impersonales, puede que inencontrables o, en cualquier caso, absolutamente ajenos al asunto. Entretanto, elude el cumplimiento de las leyes y las prestaciones. Para tomar decisiones en nombre del interesado, es suficiente un simple mandamás que se arrogue los poderes necesarios para actuar de semejante manera, con el respaldo de sus sabuesos y, en caso necesario, de su propio superior que jamás podría permitir que alguien pensara que se le dejó al margen de la cuestión.

Puesto que no tiene ningún derecho a discutir nada de lo que ocurre, el mismo día en que el seglar o el monseñor empieza a vagar para su desgracia por la nebulosa inactividad del desguace de las jubilaciones vaticanas se da cuenta de que ya no tiene derecho a acudir al economato de siempre, tal como había venido haciendo hasta la víspera, sino que tiene que irse a otro sitio; al día siguiente, el distribuidor de gasolina de siempre ya no es el suyo porque otros, desactivando su tarjetita informatizada, han decidido desviarlo a otro incómodo lugar situado a decenas de kilómetros de su domicilio, sin previo aviso y a traición. Los que la víspera estaban al frente de un despacho, de un sector, de toda un área intercontinental, se convierten al día siguiente en algo así como unos disminuidos psíquicos.

Los jubilados de mayor rango del primer nivel, es decir,

los cardenales, los obispos y los dignatarios más destacados no se diferencian demasiado de los jubilados de la categoría inferior. A muchos eminentísimos personajes de edad avanzada les cuadra a la perfección el dicho *«Solitudo eminentium amarissima»*, «la soledad de los eminentes es muy amarga». El pequeño santuario preferido de estos jubilados se encuentra a unos pocos centenares de metros del Vaticano y está dedicado a la Virgen del *Descanso Obligado*.

Y pensar que Sófocles ya era centenario cuando escribió su *Edipo*, que Teofrasto a los noventa y nueve años escribió los *Caracteres*, que Buffon contaba ochenta y ocho cuando terminó su obra maestra sobre la *Naturaleza* y que Miguel Ángel tenía la venerable edad de ochenta y nueve años cuando Paulo III Farnesio (1534-1549) lo llamó de nuevo para encomendarle el fresco de la inmensa pared del altar de la Capilla Sixtina, regalando de esta manera al mundo la obra cumbre del Juicio Universal cuyo descubrimiento se realizó el día de Todos los Santos del año 1541.

En el ambiente vaticano no abundan los asesinatos ni las muertes violentas, es más, toda la atmósfera está impregnada de espiritualidad y oraciones. Sin embargo, sí abundan los pecados veniales que se arrojan sobre los demás y de los que jamás nadie se retracta: equívocos, economía de la verdad o restricción mental, mentalidad estrecha, mezquinas ambiciones, denigración, cinismo, déficit de bondad, falta de caridad, amigos que huyen... todo eso impregna y contagia el aire vaticano de humo satánico.

La norma canónica posconciliar obliga a todos los obispos al frente de una diócesis, incluso en el caso de que sean cardenales, a presentar su dimisión al Papa en razón de edad al cumplir los setenta y cinco años.

Pero lo cierto es que, cuando se acerca al final del trayecto, la inmensa mayoría de los obispos no acepta de buen grado la imposición canónica. A pesar de sus reiteradas manifestaciones de sumisión a las decisiones del Sumo Pontífice, en su carta dimisionaria hacen saber al Papa que se encuentran en mejores condiciones que nunca y estarían dispuestos a prolongar su mandato al menor indicio papal de aplazar su dimisión.

En realidad, la norma canónica tal y como se plantea, se refiere a un problema que existe y que aflora constantemente a la superficie en cada persona eclesiástica. Lo malo es que no ofrece una solución justa y adecuada a cada caso. El 75 aniversario de cada obispo no siempre coincide con la demencia y la senectud del individuo. Muchos a los setenta y cinco años son inmejorables maestros de vida y de ciencia, precisamente por su edad; mientras que otros, de físico juvenil, dan muestras de desgaste y deterioro mental con un declive patológico de sus capacidades intelectuales y sin un adecuado control de su emotividad, mucho antes de cumplir los setenta y cinco años.

¡Imaginemos, por ejemplo, a un cardenal prefecto de un dicasterio en semejantes condiciones! Ha habido casos extremos de demencia causada por la enfermedad de Alzheimer: un cardenal prefecto absolutamente privado del uso de sus facultades mentales cuyos más importantes documentos de aquel período presentan su firma visiblemente estampillada...

Antes del Vaticano II, el obispo de una diócesis seguía siendo su esposo y el matrimonio era indisoluble hasta su muerte. Qué desgracia para la pobre esposa, representada por los sacerdotes y los fieles, obligados a aguantarlo mientras viviera.

Había un obispo sardo que, durante las reuniones de su conferencia episcopal, se mostraba impaciente con los octogenarios hermanos que se pasaban la reunión babeando y pronunciando palabras inconexas. Él les aconsejaba con toda claridad que tuvieran el valor de presentar la dimisión cuando llegaban a semejante estado, pero los otros, ni caso. El caso es que los años también iban pasando para él y con el transcurso del tiempo empezó a caminar más ladeado y le fallaba la memoria. No faltó quien le recordara los consejos que solía dar a los demás para que presentaran la dimisión.

—Excelencia, ¿recuerda sus exhortaciones a los hermanos obispos para que presentaran la dimisión cuando les llegara la decrepitud?

—¡Pues claro que las recuerdo! ¡Y sigo pensando lo mismo!

—Pues ahora, Excelencia, ¿no le parece que ya ha llegado el momento de que usted presente la suya?

—Pero, ¿eso qué tiene que ver conmigo? Yo estoy en perfectas condiciones y en plena forma... Cuando vea que ya no lo estoy, mi deber será presentar la dimisión. ¡Pero ahora no, ahora no!

Hace algunos años se produjo un hecho que causó sensación: unos obispos jubilados estaban decididos a convocar una reunión nacional para denunciar el abandono y la incomprensión que el Vaticano pone de manifiesto para con esta multitud de pastores errantes sin rebaño. Monseñor Mario Ismaele Castellano, obispo emérito de Siena, que contaba por aquel entonces ochenta y un años, declaró a propósito de aquella extraña asamblea que algunos querían convocar: «La idea se le ocurrió a un hermano mío más inquieto. Un día me llamó por teléfono y me dijo: "¿Por qué no nos reunimos todos en Roma y presentamos nuestros problemas a la Curia romana?"»*

El malhumor anidaba bajo las cenizas y Juan Pablo II fue debidamente informado. Antes de la reunión, se convocó otra a toda prisa: la asamblea plenaria del colegio cardenalicio para examinar el malestar de los obispos dimisiona-

* El problema es real bajo todos los puntos de vista: pastoral, teológico y, en parte, económico. Por ejemplo, el obispo jubilado no tiene derecho a voto en las conferencias episcopales. Y, una vez alcanzada la fatídica edad, todos se afanan para arreglárselas como pueden.

rios sin voz ni voto que estaban a punto de rebasar los niveles de seguridad.

Como de costumbre, el más combativo fue el cardenal Silvio Oddi:

—La norma que impone la dimisión del obispo al cumplir los setenta y cinco años es una clara violación de los derechos humanos. Carece de base en la tradición de la Iglesia y se podría utilizar para imponerla también moralmente al obispo de Roma, que es el Papa. Sin embargo, el obispo es un padre, no un empleado, y los padres no se jubilan jamás: se entregan a su familia hasta el final. La misma consideración se puede aplicar a los cardenales de más de ochenta años excluidos del cónclave. Creo que hoy la mayoría de los cardenales estaría dispuesta a abolirla.

Monseñor Alessandro Maria Gottardi, dimisionario de Trento, a pesar de considerar que la norma estaba dictada por el sentido común, subrayaba:

—El problema es de orden psicológico: la sensación de inutilidad que se experimenta de la noche a la mañana, después de muchos años de intenso servicio pastoral a la diócesis.

La vida de las personas se ha alargado y el número de los obispos jubilados sigue aumentando. Las diócesis italianas son 226 y se calcula que los obispos jubilados en el año 2000 serán doscientos. ¿Qué hacer? El remedio acordado fue un paliativo que consistía en permitirles participar en organismos consultivos de las diócesis y de las correspondientes conferencias episcopales. Pero ello no ha bastado para calmar los ánimos que, entretanto, se siguen encrespando.

Sin embargo, hecha la ley, hecha la trampa. Para esquivarla, los prelados se las inventan todas. Hay quienes convocan un sínodo diocesano justo la víspera de su 75 aniversario y alargan la iniciativa pastoral para asegurarse una buena prórroga de la excedencia; hubo un cardenal prefecto de dicasterio de setenta y cinco años que, para ganar tiempo, dio a conocer su intención de preparar una asamblea plenaria de los cardenales con el fin de examinar las más graves cuestiones jurídicas y teológicas del sector de su incumbencia. El papa Wojtyla, enfermo, calla y pasa por alto el engaño: en el estado en que se encuentra, le conviene fingir, sabiendo que fingir es un defecto, pero que el que no sabe fingir no es perfecto.

Un tema candente

La ley canónica del celibato eclesiástico afecta principalmente a todos los sacerdotes del clero diocesano de la Iglesia de Occidente, es decir de rito latino, difundida en todo el mundo.

Las Iglesias de Oriente, tanto católicas como ortodoxas, ya desde los tiempos apostólicos han concedido a sus ministros la libertad de optar por el ejercicio de su ministerio como casados o como célibes. La tradición es tan pacífica que tanto la jerarquía como los fieles tienen en la misma consideración y respeto tanto al cura casado como al célibe y lo aprecian por su labor y no por su estado civil.

En Occidente, la ley del celibato se tiene que encuadrar en el contexto histórico-político del primer milenio a través de la idea de la restauración del Sacro Imperio Romano llevada a cabo por Carlomagno y sus sucesores. La experiencia le había demostrado a Carlomagno (742-814) que los principados regidos por obispos-monarcas, a la muerte de éstos, regresaban a la potestad del emperador que se encargaba de nombrar a su sucesor. Todo lo contrario de lo que ocurría con los príncipes con prole, los cuales dividían y subdividían sus territorios en tantos condados y ducados como hijos tenían. Convenía por tanto confiar y unificar en las manos del obispo el ducado diocesano. Pero, para poder contar con obispos sin prole, se tenía que preparar un presbiterio de sacerdotes célibes, entre los cuales poder elegir a los obispos. En esta perspectiva política, la jurisprudencia de los reyes longobardos y merovingios, contenida en las leyes llamadas *decretalia, capitularia, edicta, decreta, rescripta, ri-*

buaria, etc., imponen dictámenes acerca de la conducta de la vida sacerdotal y del estado célibe no sólo de los religiosos sino también del clero diocesano. Los distintos concilios y sínodos regionales y nacionales de aquel período no hacen sino adaptarse a las disposiciones del brazo secular, incluyéndolas progresivamente en la norma canónica de la Iglesia.

Una vez finalizado el Concilio Vaticano II, en el que se había hablado de todo menos de los derechos inherentes a todos los sacerdotes de la Iglesia de rito latino, se produjo una preocupante crisis de identidad sacerdotal que se tradujo en una salida en masa de los sacerdotes víctimas de una crisis de fe. En las estadísticas se hablaba de un número entre quince y veinte mil sacerdotes secularizados y casados. Pablo VI se asustó y encargó al cardenal secretario de Estado Jean Villot un estudio pormenorizado del fenómeno con el fin de ponerle remedio.

Los secularizados más combativos y rencorosos se asociaron y organizaron una reunión que debería celebrarse en Roma. Pero las autoridades policiales sólo les concedieron permiso para hacerlo fuera de Roma. Un número bastante considerable de ellos se reunió lejos de la capital. Hubo quien hizo de espía para poder informar: un franciscano que trabajaba en la Congregación para el Clero, vestido de paisano, anotó los puntos más escabrosos que salieron a relucir en las distintas exposiciones y réplicas. En su relación se leía entre otras cosas, algo parecido a esto:

Las primeras comunidades cristianas elegían a sus sacerdotes entre los hombres casados; los mismos apóstoles fueron elegidos por Jesús a pesar de tener familia, con mujer e hijos. Según san Pablo, el obispo tenía que haberse casado una sola vez... Las verdaderas enseñanzas de Cristo son el amor a Dios y al prójimo, el desprecio de los bienes terrenales y la humildad, cosas todas ellas en contradicción con la jerarquía vaticana que somete a trato vejatorio a los sacerdotes, imponiéndoles el celibato como si ésta fuera la voluntad del Señor. Los prelados vaticanos, cargados de dinero, ambicionan puestos cada vez más elevados, más prestigiosos y más rentables. «Hipócritas, olvidáis el mandamiento de Dios y os aferráis a la tradición de los hombres»... El Vicario de Cristo habita en el palacio más lujoso del mundo; millares de familias viven en tugurios y barracas no muy lejos de él... De nada sirve compadecerse de ellas y regalarles aguinaldos navideños. Algunos ejemplos:

• El cardenal Tedeschini, a quien se atribuía la frase «Todos estamos aquejados de la misma fiebre del oro, pero somos célibes», dejó en herencia a su familia dos mil millones de liras de entonces (de aquella época).

• El cardenal Canali, prelado de probada castidad y encargado por ello de la enmienda de los clérigos impúdicos, ha dejado a sus sobrinos seis mil millones de liras.

• El cardenal Dell'Acqua, alias Wanda Osiris (vedette de revista), para hacer unas pequeñas reformas en su dormitorio, pidió cinco millones de aportaciones para los pobres.

• Por no hablar de las órdenes y congregaciones de religiosos y religiosas arrastradas por un diluvio de dinero de dudoso origen... A propósito del Sínodo de los Obispos que trataba del sagrado celibato de los sacerdotes, el Papa se apresuró a proclamar que aquella votación era la expresión de la voluntad de todos... Pero, ¿y los sacerdotes ausentes? Jamás fueron interrogados para efectuar un sondeo serio y honrado acerca de su comportamiento general en la cuestión del celibato, y se cerraron los ojos a las realidades macroscópicas... Laurentin en *Le Figaro* del 2 de diciembre de 1971, puntualizaba: «La debilidad del actual sínodo *[acerca del celibato, N. del R.]* es sobre todo la de haber afirmado estructuras y principios y haber cerrado los ojos a las realidades; la de haber defendido la obligación del celibato sin interesarse por la cuestión de la castidad; lo que cuenta para Dios y los hombres es precisamente la realidad concreta de nuestra vida.» Basta echar un vistazo a los documentos del Santo Oficio o de la Penitenciaría Apostólica —tal como ha tenido ocasión de hacer el relator—, cuántas miserias e inmundicias... Muchos monseñores de la Curia romana se acomodan a vivir como pobres burócratas por partida doble combinando su tarea con su ministerio y siguen desempeñando el papel de pilares de la Iglesia de Dios bajo la mirada del Papa... *[se mencionan ejemplos y nombres aquí omitidos, N. del R.]* Se ha rechazado la propuesta de un referéndum, pero el Vaticano hace oídos sordos y anuncia al mundo que el clero de rito latino seguirá vinculado al celibato libremente elegido: esto es hipocresía, falta de honradez, traición... Las almas de los sacerdotes casados también se deben salvar y con ellas se quieren redimir también las de sus esposas. ¿Y qué decir de los derechos naturales y divinos de los inocentes *nascituri* y de los ya nacidos de tales uniones? Los condicionamientos de los vértices vaticanos dan lugar a la multiplicación de enojosas situaciones, impregnadas de pecados, escándalos y sacrilegios. A los sacerdotes de rito latino les está prohibido contraer matrimonio, pero ellos se conforman con el celibato eclesiástico... sólo que algunos juristas se preguntan qué significa el adjetivo «eclesiástico» puesto al lado del sustantivo «celibato»: ¿un más, un menos o un diferente? ¿Y es por tanto desde un punto de vista jurídico algo lícito, ilícito o sobreentendido?

Uno de los más activos asistentes a la reunión era un sacerdote debidamente casado, con dispensa pontificia, con la hermana de tres monseñores de la Secretaría de Estado que hoy en día mandan y ordenan en los más altos puestos. El hombre se jactaba de tener por cuñados —él, que era cura— nada menos que a tres monseñores del Vaticano. De vez en cuando le arrancaba a alguno de ellos algún secretito de Estado y, para presumir, ponía especial empeño en contarlos por ahí. Con la mayor discreción, le contaba a éste y aquél las últimas noticias. Gracias a la inmediata intervención del Centro Operativo —huelga decir que un paisano suyo era ministro de Asuntos Exteriores de la Santa Sede— y como consecuencia de un fallo del delegado apostólico en Jerusalén,* éste fue promovido en 24 horas al cargo de nuncio apostólico en Argentina. ¿A qué venían tantas prisas?

Los eficacísimos servicios secretos israelíes habían advertido a aquel delegado de que un periodista estaba a punto de divulgar, con las pruebas en la mano, su cordial relación con una monja que prestaba servicio en aquella delegación. El escándalo sólo se hubiera podido retrasar como mucho un par de días; se tenía que recurrir al remedio más radical: su traslado. De esta manera podrían hacer callar a todo el mundo, incluida la prensa. El sacerdote llama fraternalmente al ministro de Asuntos Exteriores del Vaticano, natural de Brisighella, y lo pone al corriente de las habladurías, fundadas; para que pudiera seguir figurando en el famoso *Libro Blanco de los candidatos* a los máximos lugares, tenían que actuar en 24 horas. De esta manera, le hicieron firmar al Papa el nombramiento del delegado para el cargo de nuncio en Argentina. ¡Vaya si venían las prisas! El grupo de los secularizados comentaba al final: «Dentro de poco éste ocupará posiciones de mando en los vértices vaticanos y hasta puede que lo elijan papa.» En efecto, hoy en día, ya convertido en cardenal, es uno de los candidatos para el próximo cónclave. Puesto que ya tiene la edad de Roncalli, el hombre no pierde la esperanza: «¡Te das cuenta?... Yo pondré toda la carne en el asador y después... ¡los de la cordada se encargarán de lo demás!»

* Así se llama un representante pontificio, no nuncio, cuando el país en el que reside no mantiene relaciones diplomáticas con la Santa Sede; es delegado cerca de los obispos y la Iglesia del lugar, pero, en la práctica, reviste la misma importancia diplomática que se reserva a los embajadores. Por aquel entonces, Israel aún no mantenía relaciones con la Santa Sede.

20

UN SINDICATO PARA SÚBDITOS
SIN DERECHOS

Los papas dirigen sus numerosas encíclicas sociales, empezando por la *Rerum Novarum*, a todos los estados de la tierra para que apliquen su doctrina. Y los gobiernos de los pueblos, unos más y otros menos, se van adaptando a sus directrices.

Sin embargo, por costumbre inveterada, en el estado Vaticano estas mismas encíclicas se guardan en un estuche sellado para que todos los empleados vaticanos las veneren. El contenido sociológico de dichas encíclicas es como un apocalipsis de arcano lenguaje, un juego de símbolos, nombres, colores, astros, y animales monstruosos, «el velo de los extraños versos» (Dante), constantemente proyectado hacia el último futuro. Pero, en el presente, no se comprende y, por consiguiente, es inaplicable. Dejando aparte el bizantinismo verbal en torno a las tan cacareadas declaraciones sobre los derechos del hombre, unos derechos válidos «para uso externo», al otro lado de las murallas vaticanas.

En el antiguo libro de la historia china se leía ya entonces: «El pueblo tiene que ser alimentado; el pueblo no tiene que ser oprimido; el pueblo posee las raíces del país; si la raíz está sana, el país está en paz.» En la sociedad vaticana se niega a los eclesiásticos la posibilidad de dotarse de un organismo de solidaridad que proteja y defienda los derechos que les corresponden, una especie de Solidarnosc que se interese por las reivindicaciones personales de estos eclesiásticos impediría el indiscutible mangoneo de los superiores intrigantes y de los trepas ya situados en la recta final.

Con tanta doctrina social y tanto respeto hacia los que cumplen las más nobles tareas intelectuales, hoy nadie puede tener la pretensión de obligar a Dios a obrar milagros para proteger los derechos tutelados por aquellas leyes, pero olvidados y violados en el Vaticano.

Es necesario que tales leyes, tal y como están grabadas en la conciencia individual y social, se cumplan en todas partes a través de organismos de solidaridad sindical.

Los colaboradores del papa tienen que constituir una comunidad en pacífica convivencia que no sea la suma de toda una serie de soledades. En el mundo existen muchas clases de soledad, pero la peor de todas es la que te hace sentir solo en el centro mientras todos los demás te dan la espalda. La Iglesia de hoy en día también necesita una extremada transparencia en su interior para poder reflejarla en su exterior.

La salvaguardia de los derechos del hombre, y por consiguiente también de los del eclesiástico, presupone una clara relación con la realidad sociológica. La relación del individuo con la sociedad discurre sobre la simetría de los derechos y de las obligaciones que se entrecruzan. Dios jamás ha respaldado el insolente reproche de Caín: ¿soy yo acaso el guardián de mi hermano?

La llamada al deber y a la solidaridad se basa en la exigencia de que cada individuo sea consciente de la obligada relación que lo mantiene unido a los demás y a la sociedad. Ningún eclesiástico puede desentenderse del hermano o los hermanos indebidamente infravalorados o injustamente degradados. La omisión y el desinterés son hoy en día un verdadero pecado social, tan grave como el personal.

Después de más de un siglo de doctrina social, la Iglesia verticista ha hecho todavía muy poco por sus eclesiásticos, cuando no les ha puesto trabas. A las puertas del año 2000, es urgente ayudar a la Curia vaticana a abrirse a los sistemas de libertad y democracia que la propia Iglesia enseña a los pueblos en sus encíclicas sociales, pero que después, de la manera más despiadada y categórica, prohíbe llevar a la práctica en su interior. No es posible que en este bimilenario final de siglo, el mensaje evangélico y pontificio sobre lo social no se aplique también a los eclesiásticos, aunque ello se haga en otra clave: la del amor y la comprensión solidaria.

Alinearse con Abel no es un mérito indiferente; pecar de discreción más que de intromisión es una virtud sublime; pero ningún estado de derecho, pequeño o grande, podrá basar sus fundamentos sociales en un bienestar opresor destinado a que nadie se adelante a defenderlo. «A los que están arriba se les hará un severo juicio.»

Si hubiera habido una organización de sólidas bases, valerosa en la defensa de los subordinados eclesiásticos de la Curia, puede que hoy estas denuncias fueran superfluas. Una Solidarnosc eclesiástica, todavía clandestina, hubiera permitido seguir el debido camino de la doctrina social que los papas han sugerido en este último siglo a los demás Estados, pero han olvidado aplicar en su pequeño Estado.

Por desgracia, para no arrebatarle al superior que se equivoca el privilegio medieval de la impunidad indiscutible, prefieren declarar inaplicables en el interior del miniestado vaticano las deslumbradoras verdades de la moral social que hoy en día ya se han convertido en patrimonio común de todos los pueblos libres. En el Vaticano, por el contrario, queda a la discreción del superior envolver para regalo y colocar un lazo a todo aquello que a sus subordinados les corresponde por derecho natural.

Hubo estupor y consternación general cuando los medios de comunicación de todo el mundo dieron a conocer, pasadas las nueve de la noche del 4 de mayo de 1998, la noticia de la tragedia ocurrida en el Vaticano: un joven cabo de la Guardia Suiza, Cedric Tornay, tras haber escrito una carta donde rogaba el perdón de su madre, llama a la puerta de su comandante, Alois Estermann, que una hora antes había recibido la investidura, lo mata junto con su esposa Gladys Meza Romero y, a continuación, se suicida.

Julio II (1503-1513), Giuliano della Rovere, comunica el 21 de junio de 1505 a los estados europeos más importantes de la época su decisión de enviar a su cubiculario Pietro Hertenstein a Suiza al objeto de reclutar a 200 soldados para la custodia de «nuestro Palacio». El 21 de enero de 1506, tras haber llegado a Roma en número de sólo 150, los soldados cruzaron la Piazza del Popolo y llegaron a la plaza de San Pedro, donde los esperaba el Papa, quien los bendijo solemnemente desde la logia que había sido de Paulo II (1464-1471). Aquella solemne entrada en dicha fecha sigue siendo considerada por el Cuerpo de la Guardia Suiza pontificia como el de su fundación oficial bajo el nombre de «Coorte Elvetica». En tal fecha se celebra la solemne ceremonia del juramento de los nuevos guardias suizos pontificios. Cedric Tornay se consideraba víctima del trato vejatorio y persecutorio de su superior, Alois Estermann. Cuando aquel 4 de mayo vio confirmado su temor de tener que soportarlo durante el resto de su servicio militar como su mayor tirano, le escribió a su madre una carta, revelándole la extravagante protesta que al cabo de muy poco rato pensaba llevar a efecto y que aquella misma noche cumplió con fría determinación.

Se habló de un ataque de locura de Tornay, del acto inesperado de una mente trastornada. Pero, por encima de todo, se procuró cubrirlo todo de inmediato con un velo de silencio. Ocho meses después, a finales del mismo año, para poner sobre aviso a la opinión pública y calibrar su reacción, la prensa anunció un probable e inminente archivo del caso de los tres muertos y una pistola, descubiertos sin vida en aquel apartamento situado dentro de las murallas del Vaticano.

Sin embargo, algunos psicólogos y sociólogos se siguen preguntando: de haber existido un organismo superior al que pedir justicia, ¿hubiera aquel joven recurrido a él para que lo defendiera? ¿Quién puede afirmar con certeza que

Cedric hubiera descartado semejante posibilidad, optando por aquel acto tan trágico y tan doloroso para su madre? Si Julio II hubiera podido prever esta terrible tragedia en el interior de aquellas murallas, hubiera decretado, para evitarla, la creación de un sindicato suizo pontificio.

Sin pelos en la lengua

Urge la creación de una corporación integrada exclusivamente por eclesiásticos, libres y fieles colaboradores, siempre en continuo diálogo con la otra parte, es decir, con la autoridad, en un clima de recíproco respeto, pero sin pelos en la lengua.

En los despachos de la Administración del Estado, el superior directo suele informar a cada funcionario acerca de las notas características de su persona y sus cualidades generales y específicas. Si el funcionario se muestra de acuerdo, las suscribe y da el *enterado*. En caso de que no las comparta en su totalidad, se abstiene de firmarlas y recurre a su derecho a concertar otras con su superior o bien a protestar ante los órganos superiores.*

* Ejemplo de ficha para los funcionarios de la Administración del Estado:
   Características generales del funcionario...
   Cualidades físicas: de constitución normal; robusta; delicada; frágil... buen estado de salud...
   Cualidades morales: de inteligencia despierta; buena; excelente; sentido común...
   De carácter: serio; disciplinado; activo; sincero; leal; reservado; tranquilo; concienzudo...
   Capacidad profesional: normal; buena; excelente; por encima de la media...
   Cultura general: normal; inferior; buena; superior; excelente...
   Cómo ha desarrollado la tarea: bien; regular; como ha podido; de manera encomiable...
   Conducta en el trabajo: buena; excelente... *Fuera del trabajo*: buena; excelente; regular...

En cambio, en el ambiente eclesiástico vaticano las notas personales se redactan todas en secreto y a espaldas del interesado, que jamás podrá exigir conocerlas o leerlas. Todas las fichas personales se guardan en un armario ultrasecreto jamás accesible a los no enterados, los cuales son, casualmente, justo los que tendrían el derecho de conocer las notas relativas a su persona.

Marcados y fichados por el sistema, los funcionarios eclesiásticos jamás podrán exigir el derecho de conocer el contenido de sus notas personales. El superior no está obligado a revelárselas, pero sí a redactarlas, siempre sin que lo sepa el subordinado, para mostrarlas a los que decidirán su futuro, ascendiéndolo o degradándolo.

El funcionario de la Curia sabe que las notas sobre su persona se difundirán por el éter como las musicales y perforarán los tímpanos de todos los oídos menos los de los suyos. ¡Qué viento sopla en aquellas quebradas!

En el umbral del tercer milenio, los veredictos sobre las cualidades de los funcionarios eclesiásticos siguen conservándose en cajas fuertes blindadas, tanto en los pisos altos como en los bajos, en los palacios como en los pequeños despachos periféricos.

Estas notas, secretas sólo para él, el funcionario las llevará escritas en la frente mientras viva y sólo a los demás les será lícito leerlas y transmitírselas los unos a los otros en su totalidad, en parte o mediante elocuentes silencios.

El reloj del Vaticano tiene una esfera sin manecillas y se

Tareas desarrolladas:

Opinión general del redactor: el empleado posee buenas cualidades básicas; *o bien:* elevadas calidades generales; *o bien*: excelentes cualidades profesionales. Cumple sus deberes con seriedad, espíritu de sacrificio, sus prestaciones son satisfactorias y su rendimiento excelente...

Calificación asignada: media; superior a la media; excelente...

Opinión general del revisor: [suele ser casi siempre el superior del redactor]...

Comunicación al interesado...

Enterado... firma o ausencia de firma...

ha quedado detenido en la Edad Media. La hora del despertar se confía todavía a las trayectorias zodiacales. La infame comisión secreta de anónimos prelados de calibre cada vez más imponderable sigue adoptando decisiones en favor y en contra del funcionario sin jamás interpelarlo; a estos comisarios, convertidos en prisioneros de opinión y de conciencia, les basta escuchar o conocer las acusaciones del superior para amonestar al subordinado, favorecerlo o, por lo menos, favorecer los desiderátums del protector.

La propia Curia hace saber que no está obligada a informar a la opinión pública acerca de ciertas reticencias y recurre a restricciones mentales que no son más que subterfugios para ocultar realidades asfixiadas y verdades más claras que el sol.

El Ufficio del Lavoro della Sede Apostolica (Oficina del Trabajo de la Sede Apostólica), órgano destinado a la tutela de los legítimos intereses de los miembros de la Curia romana, es un olimpo de magnates cuyo sanedrín está reunido en sesión permanente para cumplir las órdenes de los que mandan. Allí se discute siempre a puertas cerradas para interpretar las acusaciones del superior que, por el sólo hecho de serlo, siempre lleva las de ganar, pues se da por sentado que tiene la razón de su parte.

No se admiten las disculpas del subordinado por la sencilla razón de que no existe debate. El subordinado sólo es llamado cuando los hechos ya están consumados para que escuche las decisiones unívocas e irrevocables de los sabios. Este organismo sindical, creado por la autoridad, es el menos indicado para la tutela de los intereses de los prestadores de cualquier servicio, también religioso.

Los poderosos comisarios, más que tranquilizar al subordinado con el fin de obtener de él el mejor rendimiento, secundan al superior y acuerdan con éste la manera de acallarlo, dejándolo al margen o bien degradándolo.

En cambio, si es el subordinado el que presenta una protesta por el trato recibido por parte del superior, su proceder, tal como ya se ha dicho más atrás, ya es de por sí un punto negativo; entretanto, un muro de silencio y frialdad se levanta como por arte de ensalmo entre el funcionario y los restantes miembros del personal del despacho, todos solidarios con el jefe.

La autoridad en la Iglesia está muy bien protegida, pero la base se halla totalmente desamparada e indefensa. Urge dar a los clérigos, los religiosos y las religiosas libertad suficiente para la creación de un organismo básico de defensa de sus derechos naturales. Se trata de una cuestión social inaplazable, teniendo siempre presente el significado objetivo de la realidad y la naturaleza específica de la Sede Apostólica.

Ya no es posible despachar la solución del problema con unas cuantas frases de conveniencia y de una manera simplista y expeditiva. Ya no se puede negar por más tiempo a esta noble categoría de colaboradores la atención a la que tiene derecho. Es un pecado de omisión del que sólo se podrá obtener la absolución tras haber subsanado el error.

Tal como repetidamente se ha dicho, no siempre y no todos los superiores son la expresión de la justicia perfecta. En sus disposiciones hay de todo, incluso la cuadratura del círculo que uniforma lo imposible. Muy a menudo, su forma de dirigir un despacho constituye una mezcla de mediocridad, hipocresía, mezquindad, frivolidad, corruptela, favoritismos e injustas preferencias.

La verdadera honradez vive en una tensión ideal, que no se encarna en este o aquel superior eclesiástico. El hecho de que en la Curia falte por entero un organismo destinado a proteger a la base y guiar en todo momento, llamar la atención y corregir en vertical y en horizontal al superior, hace que la justicia brille fácilmente por su ausencia.

Si alguien interpone un recurso administrativo, este solo

hecho ya condiciona de por sí al que tiene que juzgar, quien se siente incómodo ante la necesidad de emitir un veredicto de condena contra un igual en autoridad. Todos los tribunales eclesiásticos se proponen la salvaguardia de la autoridad mientras que la finalidad de los sindicatos es la tutela de los derechos de los subordinados.

Una vez alcanzado el vértice, el semidiós sin control suele dar por sentado que todo lo que él haga será confirmado por los de arriba. La cortedad de miras, la malicia espiritual y las intrigas en los asuntos eclesiásticos inmovilizan el ambiente clerical.

Está claro que no se puede pretender que el régimen abra un proceso contra sí mismo. El juez de estos despachos o tribunales da por sentado que el superior es bueno y no cometerá injusticias. De ahí la ecuación: superior igual a bondad y ésta igual a imparcialidad. En su opinión, no es necesario exigir pruebas.

En cambio, para el subordinado la equivalencia es distinta y la premisa es justo la contraria: si tiene al superior en contra, por regla general significa que no tiene razón. A él sí se le exigen pruebas. Para evitar los contragolpes del sistema, es costumbre imponer y exigir una sumisión ciega y una renuncia incondicional a exigir reparaciones, recursos ambos que la arrogancia del poder utiliza como amortiguadores sociales.

Muchos empleados de la Curia viven esta injusticia en su propia carne. Tratados perennemente como colegiales retrasados y revoltosos, siempre bajo acusación y sospechosos de querer sustraerle competencias al jefe. La virtud de la modestia que los subordinados están obligados a practicar sirve al superior para enterrar los méritos ajenos.

Necesidad de un organismo que ponga coto a las arbitrariedades

Es de todo punto inaplazable la creación de un organismo sindical para todos los clérigos y religiosos, tanto para los que prestan servicio en el Vaticano como para los que lo hacen en las curias diocesanas, o bien en las correspondientes casas religiosas. De lo contrario, se seguirán multiplicando los casos de recursos de eclesiásticos en los sindicatos y los tribunales civiles.

En un mundo de alusiones y sospechas, todos los religiosos experimentan la necesidad y la urgencia de un órgano democrático capaz de frenar determinadas arbitrariedades de los superiores con el fin de poner coto a los abusos de poder y evitar que los subordinados se encuentren indefensos contra el inicuo juego de los intocables.

En el caso de los religiosos, una buena gente que, según el cardenal Cicognani, casi siempre sobresale un poco del marco del cuadro, la situación es algo más favorable, sobre todo cuando los respaldan los superiores de sus órdenes. A éstos se les presta una mayor atención.

Los sacerdotes del clero secular difícilmente consiguen dialogar con su ordinario diocesano acerca de lo que ellos consideran que les corresponde. A éstos les está prohibido en la práctica cualquier aspiración a mejoras personales. En el caso de que dependan de la Curia romana y a no ser que cuenten con influencias, son tratados como material averiado y abandonados al ostracismo en un rincón del despacho.

Cuando las dos congregaciones para los religiosos y para el clero se mueven en el plano del derecho, no pueden ni deberían sustituir a la asociación de solidaridad elegida por la base, pues ambas son la expresión de la autoridad del vértice y, en el instante mismo en que se convirtieran en parte contraria, actuarían *pro domo sua*, barriendo para su casa, y carecerían de la imparcialidad necesaria para juzgar con rectitud.

El organismo que urge crear para la tutela de todos los derechos de los asociados, una especie de Solidarnosc de eclesiásticos movidos por el amor solidario y la solicitud fraterna, debería ser fruto y expresión de la base desde una óptica evangélica.

La justicia administrada por la autoridad podría actuar a menudo sin imparcialidad. Es necesario que un órgano distinto, precisamente un órgano de la base capaz de equilibrar la balanza con la caridad, le recuerde la necesidad de ser ecuánimes. Por consiguiente, la creación de semejante organismo no debería suscitar el menor rechazo ni la menor oposición.

Cuando la ley presenta deficiencias y el Estado no colabora, sino que más bien pone trabas a la creación de semejante organismo asociativo, hay que pasar a los hechos, pues por derecho natural el problema no compete a la autoridad sino a la base.

En un sindicato sometido y sumiso prosperan fácilmente la adulación, la sumisión y los halagos, lo cual no es conforme con la doctrina social católica. La Iglesia de Nuestro Señor ganará en agilidad y dignidad cuando permita que sus eclesiásticos también se organicen libremente desde la base con el fin de colaborar con los vértices en la tarea de hacer justicia a los oprimidos y conceder libertad de expresión a todos los subordinados que lo deseen.

Convendrá por tanto confiárselo todo a esta institución de solidaridad para que pueda crear unas relaciones interpersonales capaces de adaptarse a las distintas situaciones contingentes e irrepetibles de cada persona en particular que tengan que juzgarse *hic et nunc*, «aquí y ahora».

A los cincuenta años de la Declaración de los Derechos del Hombre (1948), una conquista para la humanidad, todos los pueblos se han visto obligados a reconocer la equidad de los principios que en ella se incluyen. A este respecto, el pontífice polaco escribía en su primera encíclica *Redemptor Hominis*: «Al compartir la alegría de esta conquista de todos los hombres de buena voluntad *[de la Declaración de los Derechos del Hombre, N. del R.]*, con todos los hombres que aman de veras la justicia y la paz, la Iglesia, consciente de que la sola "letra" puede matar, mientras solamente "el espíritu da vida", debe preguntarse continuamente junto con estos hombres de buena voluntad si la Declaración de los Derechos del Hombre y la aceptación de su "letra" significan también por todas partes la realización de su "espíritu". Surgen, en efecto, temores fundados de que muchas veces estamos aún lejos de esta realización y que tal vez el espíritu de la vida social y pública se halla en una dolorosa oposición con la declarada "letra" de los derechos del hombre. Este estado de cosas, gravoso para las respectivas sociedades, haría particularmente responsables, frente a estas sociedades y a la historia del hombre, a los que contribuyen a determinarlo. Este sentido no llega a realizarse cuando, en vez del ejercicio del poder mediante la participación moral de la sociedad o del pueblo, asistimos a la imposición del poder por parte de un determinado grupo *[clan, bando, familia, sector, N. del R.]* a todos los demás miembros de esta sociedad. Éstos son, pues, problemas de primordial importancia desde el punto de vista del progreso del hombre mismo y del desarrollo global de su humanidad.»

Por consiguiente, ningún hombre está excluido de estos derechos esenciales, ni siquiera uno sólo de los subordinados eclesiásticos de los despachos vaticanos. Los Estados, cualesquiera que sean su tamaño e influencia, que no permiten a sus súbditos la plena aplicación de tales principios se convierten en responsables ante las distintas sociedades y ante la historia humana.

Juan Pablo II, en la misma *Redemptor Hominis*, dirigiéndose al mundo y dando la espalda al Vaticano, profundiza en el tema, escribiendo: «La Iglesia ha enseñado siempre el deber de actuar por el bien común y, al hacer esto, ha educado también buenos ciudadanos para cada estado. Ella, además, ha enseñado siempre que el deber fundamental del poder es la solicitud por el bien común de la sociedad; de aquí derivan sus derechos fundamentales. Precisamente en nombre de estas premisas concernientes al orden ético objetivo, los derechos del poder no pueden ser entendidos de otro modo más que basándose en el respeto de los derechos objetivos e inviolables del hombre. El bien común al que la autoridad sirve en el Estado se realiza plenamente sólo cuando todos los ciudadanos están seguros de sus derechos. Sin esto se llega a la destrucción de la sociedad, a la oposición de los ciudadanos a la autoridad, o también a una situación de opresión, de intimidación, de violencia, de terrorismo, de los que nos han dado bastantes ejemplos los totalitarismos de nuestro siglo. Es así como el principio de los derechos del hombre toca profundamente el sector de la justicia social y se convierte en medida para su verificación fundamental en la vida de los organismos políticos.»

Son palabras que invitan a todos a reflexionar acerca de la centralidad del hombre, también del eclesiástico, con su dignidad y sus correspondientes derechos. Ninguna autoridad puede sustraerse a estos deberes, ni siquiera la de la Curia romana, donde a menudo es suficiente un monseñorón déspota para escribir despiadadamente la sentencia del futuro, en el bien y en el mal, sobre la piel de sus compañeros y hermanos. La rectitud de la actuación de un don nadie vestido de morado todavía equivale al carácter indiscutible de su actuación; en la certeza de que jamás será contraatacado por el subordinado, precisamente debido a la ausencia de un órgano que lo proteja y asuma su defensa.

El principio de la subsidiariedad del Estado en el ámbito de las sociedades intermedias afirma que aquél no puede sustituir a éstas cuando puedan o quieran actuar por su cuenta; el Estado tiene simplemente la obligación de ayudarlas a alcanzar su objetivo sin intervenir en la coordinación de las asociaciones.

Cuando el único empresario es el Estado, tal como ocurre en el Vaticano, su legislación al respecto puede transformarse fácilmente en un régimen totalitario, en cuyo caso es él el que decide el espacio y el límite, siempre revocables, que se debe conceder a sus subordinados, manteniéndolos a raya para poder defenderse de ellos. De esta manera, el Estado-régimen, con sus propias maneras y normas, se defiende del individuo, acaparando para ello la mayor cantidad posible de consensos, lo cual da lugar a que la discrepancia del rebelde, cuya singularidad siempre se intenta presentar como minoritaria, quede reducida a la nada.

En semejante contexto de gobierno, las relaciones interpersonales, incluso cuando están presididas por la justicia, el respeto y la comprensión, necesariamente tienen que chocar con las mismas instituciones autoritarias que, cual otros tantos compartimientos estancos, limitan la creatividad, la libertad y la iniciativa del subordinado, destruyendo su esencia y su dignidad.

Actualmente, en el miniestado Vaticano sólo existe una agrupación de trabajadores, reservada exclusivamente a los seglares, la Asociación de los Empleados Laicos del Vaticano (Associazione dei dipendenti laici Vaticano (AdlV), surgida a pesar de la sorda oposición de los jefes y con libertad de expresión muy limitada.

Los socios y el directorio se quejan de la sistemática, puntillosa y disuasoria contraofensiva de las autoridades encaminada a frenar sus iniciativas sindicales.

En cuanto a los sacerdotes, los religiosos y las religiosas, tanto los que dependen directamente del Vaticano como los que desarrollan su actividad en el más vasto campo de la Iglesia en el mundo, nadie ha pensado hasta ahora en la posibilidad de creación de un organismo desde la base, en el que, sin bajar al terreno de la confrontación a ultranza y de la lucha de clases, éstos se sientan mejor representados y mejor defendidos en sus derechos y en sus relaciones con la otra parte, individual o social.

La cuestión es de una sencillez palmaria, basta con saber conciliar los principios de la ética profesional con los de la dignidad profesional, humana y eclesiástica, esta última tan sagrada como aquélla. El propio Papa, tal como ya se ha dicho, es partidario del desarrollo de tales organismos, destinados a entablar un diálogo constructivo y continuado con los órganos competentes, respetando siempre el especial carácter constitutivo de la Iglesia. «Expreso —escribía el Pontífice el 20 de noviembre de 1982— mi confianza en que las asociaciones de este tipo, inspirándose en la doctrina social de la Iglesia, desarrollen una beneficiosa función en la comunidad.»

Si en los documentos pontificios se afirma con toda claridad el reconocimiento del derecho de los trabajadores vaticanos de dotarse de unos sindicatos que defiendan y promuevan sus intereses económicos y sociales y se exhorta a la propia autoridad civil a ayudarlos en la creación de dichos organismos, no es admisible que el mismo Estado vaticano, aunque sea en forma solapada o indirecta, prohíba a los eclesiásticos la creación de un organismo que los defienda y tutele sus derechos. El derecho a asociarse libremente es inherente a la naturaleza humana, de la que el eclesiástico también forma parte: «*Naturalia non sunt unquam turpia*», «lo natural jamás es innoble».

Escudándonos por tanto en las invitación del Pontífice que a la Inmaculada de Lourdes le pedía: «Que encuentren lugar en nuestra oración todos aquellos que sufren atentados intolerables en su dignidad humana y en sus derechos fundamentales» (15 de agosto de 1983), creemos llegada la hora de pasar a la acción en favor de los miles de eclesiásticos que ya no confían en los dicasterios ni en los tribunales eclesiásticos, y desean encomendar la defensa de sus derechos humanos y religiosos al organismo querido e instituido por la base, es decir, por ellos mismos, con unos responsables libremente elegidos y destituidos democráticamente por los afiliados de la base.

Muchos son los que siguen manteniendo vivo este tema hasta el extremo de haber definido los principios generales de un futuro organismo que podría configurarse y perfeccionarse de la siguiente manera: *Asociación para la Defensa de los Derechos de los Eclesiásticos y Religiosos* (Adder), situada en una sede independiente con el fin de evitar cualquier tipo de condicionamiento y con un órgano de prensa propio *(El Adderista)*, que se enviaría a los interesados en el ámbito en el que actuaran.

No hay nadie que no comprenda que, con el tiempo, dicho organismo prestaría un servicio al aparato social de toda la Iglesia, poniendo en práctica la justicia distributiva hacia la persona y sus derechos, el primero de los cuales es el de dar a cada uno lo que le corresponde. Pero, entretanto, las autoridades eclesiásticas recurrirán a la táctica de esperar tiempos mejores para que, de esta manera, nadie les recuerde la improrrogable necesidad de semejante institución.

La frustración de todos los eclesiásticos dentro y fuera del Vaticano deriva precisamente de la falta de este organismo de libre y directa elección, capaz de defender a sus afiliados en sus discrepancias con la otra parte. Dado el malestar y la insatisfacción de los subordinados, no se puede perder la oportunidad de encontrar una dialéctica que no quede anulada por los directorios ni mutilada por exclusiones a priori.

La creación de este bloque federativo de sacerdotes y religiosos, capaz de detectar los errores y las arbitrariedades de los que gobiernan, deberá mantenerse dentro de la óptica y la órbita de servicio para evitar que las gigantescas estructuras curiales pisoteen a los individuos, que quedarían triturados por los engranajes burocráticos.

En este sentido, por tanto, la altísima intervención del propio jefe del Estado, el Papa, tiene que disipar los temores de la Curia romana, según la cual la defensa de los derechos individuales del subordinado eclesiástico llevaría a una contradicción con las autoridades de la Curia en caso de que se plantearan reivindicaciones de carácter sindical. Según ellos, el concepto de dualismo de la doctrina social que se aconseja a todos los demás Estados no podría aplicarse sin más a la Sede Apostólica, dadas las singularidades del Vaticano. Escudándose en este prejuicio, no permiten a los súbditos el ejercicio de este derecho natural que, sin embargo, desean que se respete en las sociedades de todos los demás Estados. ¿A quién le interesa esta contradicción en los términos, natural en los civiles y contrario a la naturaleza en los eclesiásticos?

Puesto que no todos pueden tener el privilegio de ser escoltados por dos cardenales protectores, como le ocurrió al ex religioso Boff, divulgador de la teología de la liberación, cualquier superior actual podría atacar con la máxima dureza al súbdito inerme e indefenso cuya defensa sólo podría asumir un organismo sindical.

Los que todavía siguen empeñados en no reconocer a los subordinados eclesiásticos del año 2000 el derecho a afiliarse solidariamente dentro de la Iglesia están haciendo girar las manecillas del reloj en sentido contrario al de la historia.

21

EL PONTÍFICE ENFERMO EN ESTADO DE ASEDIO

Sin atribuir una importancia excesiva a la inminencia del Año Santo del 2000, impregnado de por sí de valor simbólico, para evitar el peligro de una psicosis de grandes expectativas, no cabe duda de que algo cambiará en la Iglesia.

Este meditado trabajo empieza precisamente ahora que ya está a punto de terminar. La lengua —dice san Agustín— se ha expresado lo mejor que ha podido, pero lo demás hay que imaginarlo con la mente. Exige una pausa de reflexión con la cabeza fría para poder llevar a cabo la necesaria descodificación de los datos del original. Ahora bien, saber que estamos siguiendo un camino equivocado ya es suficiente para que nos comprometamos a buscar el verdadero, el camino del deber que está muy cerca de cada uno de nosotros. Éstas son las inquietudes que preocupan a los hombres que se enfrentan con el año 2000.

Jamás la pobreza y la denuncia de los males morales han llevado a la derrota de la Iglesia; en cambio, son sus caídas en la tentación del poder y su apego a los fastos del mundo los que la convierten en una organización mezquina. Es necesario que vuelva a ser la Iglesia de las Bienaventuranzas, una provocación para este mundo de laxismo; que sea el pequeño grano de mostaza, una comunidad desnuda de poder, en la que los poderosos a duras penas puedan seguir desde lejos a los pobres y los pequeños, herederos del reino. «Puede que Roma no perezca si los romanos no quieren perecer. Pero no perecerán sólo si alaban a Dios» (San Agustín).

Para alcanzar la transparencia *(perestroika)* del Evangelio, la Iglesia tiene que emprender una lucha sin cuartel en su interior, hecho de vaticanismo impregnado de corrupciones masónicas y de otro tipo. Dejando intacta la estructura querida por Cristo, todo el edificio de la Iglesia de los humildes y de los pobres tiene que apuntar hacia una auténtica *glasnost*, es decir, hacia la unánime convergencia de todos acerca de la orientación que ésta debe seguir en el Tercer Milenio. Si para ello fuera necesario otro concilio ecuménico, no ya vaticano sino intereclesial, que se convoque sin más.

La Iglesia tiene que volver a ser la del Señor Crucificado que le dice: la bolsa o la vida, es decir, o el desapego de los bienes y de las ambiciones o la expulsión del Reino de los cielos. «Rezad a Dios para que los pobres os perdonen la humillación sufrida al ser ayudados por vosotros» (San Vicente de Paúl).

Sertillanges nos dice: «La palabra tiene peso cuando se percibe en ella el silencio, cuando oculta y permite adivinar el tesoro que va dispensando poco a poco sin prisas y sin frívola agitación. El silencio es el contenido secreto de las palabras que valen. Un alma vale por la riqueza de sus silencios.» Es necesario por tanto no un silencio que adormezca, sino el silencio que reestructura. Estas palabras escritas son los viandantes misteriosos del alma, al decir de Victor Hugo, pues, antes de seguir adelante, llaman al espíritu para invitarlo a la acción. Ahora que ya se ha experimentado todo, ¿no sería hora de que se experimentara también la verdad? Pilato en el pretorio le pregunta a Jesús: «¿Qué es la verdad?», por más que la tenía delante, silenciosa y en persona. A menudo, en el mundo curial la verdad se hace coincidir con los intereses del que manda. A veces el hombre tiene el deber de hablar en favor de la verdad; pero no siempre el de hacerla triunfar, dice Manzoni. El objetivo de este libro es hacer triunfar la verdad.

Los hechos son los hechos y los prejuicios no los pueden

borrar. Por muy respetables que sean los funcionarios de la Curia, no borrarán los graves errores que aquí se han denunciado con el simple estremecimiento de indignación del criado Malco que, abofeteando a Jesucristo, le apostrofa: «¿Así contestas al Sumo Sacerdote?» A éstos, como hizo el Señor, se les puede replicar: «Si he hablado mal, muéstrame en qué; pero, si he hablado bien, ¿por qué me pegas?»

Esta obra ha sido pensada como un acto de amor hacia la Iglesia de Jesús, que avanza hacia el Tercer Milenio. Sería una lástima no percatarse del amor que la impregna, tratando de lapidar a quienes están detrás de este *je vous accuse*.

Pablo amó mucho más a la Naciente Iglesia cuando se enfrentó con las incomodidades de un viaje a Jerusalén con el fin de reprender a Pedro, el primer papa, por la evidente injusticia de su equivocado comportamiento discriminatorio entre los creyentes circuncisos y los que procedían del paganismo; más todavía que cuando la difundía entre los gentiles por medio de sus viajes apostólicos, anunciando a todos al Cristo crucificado y resucitado.

Nosotros, la Iglesia, somos constantemente la esencia del amor divino «*Deus caritas est*», Dios es amor, lo cual no es más que un eco de aquel «Yo soy» que jamás puede decir «Yo te amaré» y «Yo te he amado» sino «Yo soy», el que te ama ahora, en el momento presente. Y también «Escuchad hoy mi voz: No endurezcáis vuestro corazón».

Aunque este libro se colocara en el Índice, más profunda y purulenta sería la podredumbre de las llagas cicatrizadas a flor de piel, como las cinco denunciadas por Rosmini y, antes que él, por el mártir Girolamo Savonarola, a punto de ser beatificado. Las verdades no pueden esconderse bajo la prohibición. Se disparan como un muelle y asoman por el otro lado, quizá con un poco de retraso, en la hoja de ruta.

Los responsables a todos los niveles tienen la obligación de preguntarse sin aspereza y con imparcialidad, reflexionando con sosiego y volviendo a estudiar todos juntos los remedios que hay que ofrecer a los que claman justicia. Porque el verdadero optimismo no estriba en observar siempre y en todas partes que todo va bien en la Iglesia, sino en no creer a toda costa que en ella todo irá siempre bien.

Dios en su plan redentor golpea a los hijos para salvarlos de los azotes eternos; hunde a la Iglesia para levantarla; poda las ramas inútiles para vigorizarla; la humilla en su orgullo para volver a levantarla después en la grandeza de la humildad. La rectificación de los errores propios y ajenos le confiere sabiduría. Su humildad es el descenso a las alturas divinas de su Fundador, de aquel Hombre que alteraba las certezas intocables de los escribas y de los fariseos y que ahora, quemando las superestructuras, desea limitar la extravagancia del poder de los eclesiásticos de las distintas cordadas.

Es necesaria una pausa de silencio para pedir al Señor que nos dé a nosotros, la Iglesia, la gracia de hacernos dudar de nuestro tuciorismo, para que estemos más dispuestos y disponibles a recibir las verdades divinas que asoman por otro lugar. Nosotros, la Iglesia, no podemos quedarnos siempre en los problemas: nuestra inteligencia no se conforma con descubrirlos sino que se complace en encontrar las soluciones; de otro modo, sólo se consigue provocar inquietud en nosotros mismos y en los demás.

Algunos episodios de la Iglesia nos producen desazón y desconcierto. Las costumbres religiosas no se corrompen cuando se denuncia la parte de la sociedad que está corrompida. Pese a todo, nuestra actitud, lejos de la tentación de discriminar a los hermanos, tiene que adecuarse a la de Jesús en presencia de la adúltera, confusa y trastornada: agachándose al suelo, consideró más conveniente ahorrarle su mirada escrutadora. Ojalá la Iglesia estuviera integrada sólo por santos, pero existe también una parte enferma en la que a menudo nos reconocemos, necesitada de la más solícita comprensión.

No es prudente arrojar sobre estas consideraciones el manto del olvido para que todo vuelva a entrar en la calma traidora y se pueda volver a ocultar en sus lodazales a las víctimas de los déspotas, arrastradas por el torbellino de la fangosa lava que empujan los aludes del vértice de la montaña. De nada sirve soltar por ahí un poco de retórica para seguirles la corriente a los que esperan justicia y reformas radicales.

Quienes se consideran los primeros exponentes del próximo cónclave, que desde hace años se anuncia como inminente, harán bien en aplicar la inaplazable reforma de las iglesias, empezando por ellos mismos, a fin de que se encuentre lo que se ha perdido y se corrija lo defectuoso.

En este absoluto vacío curial, preludio de una nueva primavera, los que están maniobrando para elegir con toda suerte de subterfugios las maneras y los tiempos que les permitan actuar como primeros conclavistas, tratan por todos los medios de que se pierda en la indiferencia todo lo que, en caso de divulgarse, atraería sobre ellos la ignominia, como la tercera parte del secreto de Fátima. Las venganzas prefieren el velo del olvido. La Iglesia es el fruto de fragmentos recuperados, de misterios actuantes, de carismas vivos para siempre. En su devenir debe tender a formar una sociedad de creyentes más libres, menos dependientes del poder incontrolado con el fin de evitarles la mayor cantidad de extravíos y distorsiones posible.

Los nuestros son tiempos de largas paciencias, tenaces esperanzas e incontrolables esperas. El presidente Johnson señaló: «Hemos descubierto que cada muchacho que aprende, cada hombre que encuentra trabajo, cada enfermo que se cura, como una vela añadida al altar, hace más luminosa la esperanza de todos los fieles.» La luz de esperanza de este libro pretende invitar a una reflexión acerca de la Iglesia del ya inminente Tercer Milenio.

Para penetrar en esta sociedad, el Señor tiene que fundir el iceberg a la deriva de los prejuicios que ya han pasado a formar parte de la historia, de la política, de la formación y de la trivialización de la vida eclesiástica en sus valores éticos ya caducos. ¡Cuántos detritus acumulados y convertidos en doctrina en dos mil años de sedimentación! Un efecto invernadero que, con su deshielo, lleva consigo otros vuelcos que habrá que tener en la debida consideración.

«Ahora, en cambio, prestáis oído a gente sin valor —nos dice san Clemente I—, a personas que os pervierten y arrojan descrédito sobre aquella cohesión fraterna que os había granjeado una bien merecida fama. Es un deshonor que hay que eliminar cuanto antes. Arrojémonos a los pies del Señor y supliquémosle con lágrimas en los ojos que nos sea propicio, nos devuelva su amistad y nos restablezca en una magnífica y casta fraternidad de amor. El sabio en el discernimiento y en el obrar debe ser tanto más humilde cuanto más grande sea considerado, y tiene que buscar lo que es útil a todos y no su propio beneficio.» Que traducido significa: es la cruz de Cristo la que salva y no las comodidades y los mangoneos de los corruptos peces gordos.

La barca de Pedro siempre pasa dificultades en medio de las tormentas de la Curia: «Al anochecer, la barca se encontraba en medio del mar. Viéndolos cansados de remar, pues el viento les era contrario, se acercó a ellos caminando sobre el mar: ¡Ánimo, soy yo, no temáis! Después subió con ellos a la barca y el viento amainó.» A nosotros, pacientes del Divino, se nos ofrece la posibilidad de elegir entre las siguientes opciones: o nuestra autorrealización o la Cristorrealización. Si eligimos lo primero, el mundo y nosotros permaneceremos en la contingencia que pasa; si lo segundo, convertiremos el mundo en coesencial con Cristo redentor.

La valerosa voz de un cura solo

El actual vaticanismo no es más que un doble de la que debería ser la esencia de la verdadera Iglesia de Cristo en el Tercer Milenio: pobre, desnuda, crucificada, apartada de los fastos del poder que no le corresponden; humilde con los humildes, despreciativa con los poderosos mientras lo sigan siendo. Para poder trazar el que será el gran fresco de la celestial Esposa en la pared del futuro inmediato, séanos permitido utilizar los pinceles de un testigo de nuestro tiempo, el padre Francesco Emmanueli, párroco de Tollara, destituido por su obispo monseñor Enrico Manfredi de Piacenza. El 7 de abril de 1976, reinante como secretario de Estado y jefe de cordada de los de Piacenza el cardenal Agostino Casaroli, escribía a su obispo «empujado por el afán de contribuir a prestar una válida ayuda a la edificación de la Iglesia», la siguiente carta* de hijo a padre:

Respondiendo a la llamada a la unidad —sentida como un deber de conciencia—, me permito hacerle unas puntualizaciones que, por una vez, considero necesarias.

La unidad del cuerpo eclesial hunde sus raíces en el mismo *Misterio Trinitario* y actúa como algo profundo, vital e imprescindible en la Iglesia. Es el significado del *ut unum sint*, para que sean uno, en la suprema *oratio* del Señor. Una vez dicho esto, no se puede ignorar que semejante unidad mística y «metafísica» se realiza, en el plano psicológico-existencial, en aquella *unanimidad* que lógicamente requiere y presupone. Así eran *unánimes* los discípulos, según el testimonio de los Hechos de los Apóstoles. La «unidad» se produce por tanto en el *creer*, es decir, en el hecho de aceptar aquellas Verdades que Dios ha revelado y que la Iglesia propone. La «unidad» se produce también cuando se acepta la norma de aquella ética cristiana que tiene en el magisterio eclesial su auténtico e indiscutible intérprete. Aquí no queda espacio para las reservas o los bizantinismos. Yo estoy con todos vosotros. Estoy con vosotros porque estoy con la Iglesia tal como la quiso su Fundador, constitucionalmente jerárquica: «A vosotros los obispos os ha puesto el Espíritu Santo para que dirijáis la Iglesia de Dios.» Hasta la materia más elástica y maleable del ministerio pastoral requiere cierta disciplina y exige cierta univocidad, aunque sólo sea para

---

* Véase *Attualità Piacentina*, Año IX, 34, marzo-abril de 1977, p. 18: «Queríamos un obispo, no un businessman.» Nos hemos tomado la libertad de readaptar el texto para uso de toda la jerarquía católica, empezando por los que se creen exponentes esenciales de la Curia de Roma.

una mayor eficacia en las iniciativas y una mayor incisividad en la acción. Lo cual significa que yo opto por la unidad. Pero aquí existe un límite; hay que reconocerlo. La conciencia individual tiene su propia voz y la persona tiene su dignidad. No se puede reducir cualquier discrepancia a una pura y simple «acción corrosiva», aunque, en ciertas ocasiones, resulte cómodo hacerlo. En efecto, la unidad invocada, la que en la Iglesia es constitucional, no puede reducirse a un conformismo obtuso o al bajo nivel de un cálculo práctico. No se puede reducir a un cierto «amasijo de cerebros», aunque sea *ad usum hierarchiae*, con el resultado de una planificación de las conciencias y una «masificación» eclesial. No, cada uno tiene que seguir siendo él mismo. Y yo no pretendo otra cosa ni defiendo otra posición.

En mi vida he conocido por experiencia una dictadura. Me dijeron entonces que el poder venía de Dios y que, como tal, tenía que ser respetado y aceptado. Era catequesis. Después de la guerra que combatí y de mis cuatro años de prisión, cuando regresé amargado y decepcionado, los mismos de siempre me dijeron que me había equivocado en todo, que no hubiera tenido que «creer», que había sido un ingenuo. *Desde entonces, veneradísimos jerarcas, ya no he aceptado más dictadores*, cualesquiera que fueran sus vestiduras y sus títulos, tratando de no volver a caer jamás en la misma ingenuidad. ¿Es acaso eso una culpa?

Por lo demás, sé que la Iglesia es por naturaleza jerárquica, pero también sé que no legitima las dictaduras ni está al servicio de ambiciones personales. Sé que ejerce un poder legítimo, pero ello se traduce en amor y servicio. ¿Me equivoco si, de todo eso, yo extraigo mis lógicas y prácticas conclusiones?

Cuando un jerarca pastor toma iniciativas discutibles que, a simple vista, carecen en el mejor de los casos de buen gusto, de oportunidad y de sentido del límite, cuando no de puro y sencillo sentido común, no puede en modo alguno exigir unanimidad en nombre de Dios. Para que nos demos cuenta, me refiero a las obras jamás terminadas de ciertos obispos que son como un puñetazo en el ojo para los que las ven. ¡Y si pensamos —¿cómo no?— que se han sufragado con dinero público, es decir, a espaldas del vejado contribuyente y de los más débiles, arrastrados por una crisis sin precedentes! ¿Cómo conciliar todo esto con la obra de denuncia y moralización que todos nosotros, con la jerarquía al frente, deberíamos emprender decididamente, convirtiéndonos en ejemplo para una sociedad putrescente?

Vosotros, jerarquía, estáis en vuestro derecho al discrepar, pero estáis igualmente convencidos de que la opinión pública condena este derroche de dinero que moralmente no justifica, incluyendo en la condena a los que promueven, favorecen y aceptan semejantes obras. Estamos por tanto en el ámbito de un desastre «superfluo» que roza el escándalo.* ¿Cómo no darse cuenta de que, sin la ejemplaridad de estilo, la credibilidad de la palabra, la eficacia de las denuncias o de los llamamientos en favor de los pueblos del Tercer Mundo carecen de eco? «El zumbido de una abeja en una colmena vacía», diría Pascoli. Vuestra misma acción pastoral —que cada uno repare en ello—, a pesar de su compromiso y su vitalidad, muele en vacío.

Duele tener que recordaros todas estas cosas a vosotros, los de la jerarquía, buena parte de la cual tiene su origen en la clase obrera, aunque este origen se vea desmentido por ciertas veleidades principescas. Aquí se trata una vez más de una cuestión de autenticidad.

No faltan razones válidas que a menudo y de buen grado enfrentan a la jerarquía con la clase política, culpable de habernos arrastrado a la extrema playa de la co-

---

* El que entonces escribía esta carta, no podía incluir el escándalo de la curia arzobispal de Nápoles, con su eximio cardenal intrigante Michele Giordano.

rruptela. Pero, ¿qué sentido y qué peso puede tener todo eso si después, en el plano práctico, bajamos al nivel de los chanchullos, llegamos a compromisos con ella y aceptamos sus condicionamientos? Hay que convenir en que la crisis de identidad eclesial, cuyo peso soportan las espaldas de los pobres, los trabajadores, los desempleados y los chabolistas, nos exige un cambio de ruta y estilo. E impone un límite incluso a lo que sería legítimo, dando voz a un imperativo de conciencia que se expresa con un *¡Basta!*

¿Y si no nos escucharan? Nadie puede exigir la complicidad del silencio ajeno. En ciertos ambientes muy cualificados se habla con toda claridad del dinero que maneja la jerarquía y del camino poco claro que siguen los fondos, al decir de algunos. Aquí es necesario llegar hasta el meollo y el sermón me lo echo yo mismo, que tiemblo por una jerarquía que no tiembla en absoluto.

Somos los seguidores de Cristo que fue crucificado —el único auténtico—, el cual es el único contenido de nuestro mensaje y el único arquetipo de nuestra vida. Somos testigos no con la palabra y ni siquiera con los carismas oficiales y jurídicos —la palabra suena, en efecto, a hueco y los carismas quedan sin efecto— sino más bien con nuestra visible, controlable y sistemática aceptación del sacrificio de Cristo. Hoy no existe ninguna otra forma de apostolado más eficaz o, mejor dicho, cualquier otra está condicionada por ésta.

¿Cómo puede entrar en esta *lógica* el genio demoníaco de los *negocios* y del *dinero*? ¿Cómo se puede conciliar con eso el interés por el palacio o los palacios y por el bienestar? Cada papa, cardenal, obispo o prelado es, según el Evangelio, sinónimo de amigo, hermano, padre, pastor, ¡jamás de hombre de negocios! Así para que nos entendamos. Nuestra autentificación nos la da el Crucificado.

Hagamos por tanto «unidad». Lo necesitamos. Los enemigos que presionan a la Iglesia por todos lados y que ya actúan con fuerza irresistible deberían ser los charlatanes y los que invitan a la unidad. Una sociedad que no advierte la necesidad de la solidaridad y de la defensa contra el peligro está condenada. Hagamos unidad; pero la «unidad» también tiene un precio para vosotros, representantes de la jerarquía. Para que hubiera unidad no tendría que haber las discriminaciones del clero que tan metódica, abierta y duramente practican el obispo de la diócesis y ciertos prepotentes cardenales de la Curia. Se debería prestar un poco de atención no sólo a los aduladores interesados o involucrados sino también a los disidentes que también tienen su conciencia; es más, en mayor medida a éstos que a aquéllos.

No se debería concentrar el poder en forma de «encargos» en las manos de unos pocos en perjuicio y ofensa de todos ni concentrar en unos pocos la confianza que se debe a todos, con el resultado de crear privilegios y privilegiados. Para que haya siempre unidad, no debería darse el caso de sacerdotes marginados ni de eclesiásticos abandonados deliberada y vilmente a su soledad y a su humana desesperación. Sería necesaria, en suma, una igualación de los afectos, lo cual exige en un obispo que sea auténtico —y nosotros añadimos, en un papa o un cardenal de la Curia— un corazón muy grande, capaz de amar sin restarle nada al otro. Pero no todos saben imponerse una unidad de medida tan grande como la de Cristo.

Hoy en la Iglesia no hay división sino más bien una disgregación, que es la última fase de la desunión y precede únicamente a la quiebra. Por consiguiente, ni siquiera somos «amigos». Pese a ello, las concelebraciones se repiten, se multiplican y se malgastan. Signo evidente de que no se ha comprendido su función. La liturgia se convierte a menudo en una representación vacía que tiene más de teatro que de rito.

Es cierto, me dirán que me consume la arteriosclerosis. Pero lo que soy lo he ofrecido a la Iglesia, aunque ésta no haya sabido qué hacer conmigo. Sin embargo, que nadie espere mi silencio. Esta carta podría convertirse en una carta abierta para una comprobación eclesial y un control superior. Estoy en la Mazzolari y quedo obedientísimo en Cristo.

Sac. Francesco Emmanueli, sólo cura.

En presencia del resplandor del pensamiento de un testimonio tan gigantesco, es necesario que toda la Iglesia reflexione y, con la cabeza inclinada, se pregunte: ¿por qué razón lo rechazaron a él y otros siete condiscípulos suyos, todos enchufados a la cordada de Piacenza, han sido elevados al podio cardenalicio en un insulso conjunto absolutamente carente de brillo?

Buitres sobre el Pontífice

Con el advenimiento del papa Wojtyla, casi todos esperaban un cambio radical en la Curia romana. No hubo un terremoto, pero se creó un aislamiento a su alrededor. Una especie de crujía destinada a convertirlo en prisionero de su dorado aislamiento. Ahora, a su alrededor, en la recta del final de trayecto, todo está peligrosamente estancado, menos los viajes que lo convierten en un ser extraño, distraído y trastornado. Pero en el faro, como un centinela enfermo, él sigue reflejando la luz divina inmarcesible.

Al finalizar la orgía televisiva en ocasión de los festejos conmemorativos de los veinte años de este pontificado, los festejados eran, en realidad, los organizadores de los festejos que, de vez en cuando, permitían que él, situado en segundo plano, se asomara a la pantalla como un meteoro con acompañamiento. Delante del mundo entero, mientras las lágrimas le surcaban las mejillas, Juan Pablo II se preguntó si había cumplido debidamente y hasta el fondo su ministerio papal, pensando tal vez en toda aquella caterva de purpúreos metomentodos que, enviándolo a los cinco continentes cual si fuera un procesado en rebeldía, se han pasado veinte años tomándole el pelo y sustituyéndolo en el gobierno del timón de la barca de Pedro.

El balance final de este ventenio demuestra que han sido más numerosas las veces en que el Santo Padre polaco ha dejado hacer de papa a los demás que aquellas en que él lo ha hecho personalmente. Una coreografía digna de ser encomendada a la historia para que ésta la codifique.

«Cuando venga el juez supremo —le escribía Juan VIII (872-882) a la emperatriz Engelberga—, nos preguntará si hemos dejado su Iglesia en mejores condiciones de lo que estaba cuando la recibimos; si es más libre, más tranquila y más próspera.» Ésta es la verdadera actitud secreta de cualquier Papa y de cualquier dignatario de la Curia en el momento de entregarla a los sucesores.

Todo el mundo tiembla por la salud del Papa, el cual ya se encuentra en la recta final de su mutis de la escena de este mundo que se tambalea. Pero, más que el mundo, los que tiemblan son los cardenales y los prelados instalados en la Curia romana. Los jefes de cordada y los prefectos de los dicasterios, para estar presentes en sus puestos de guardia en el momento del tránsito, asedian los despachos y los controlan incluso con centinelas en turno de vigilancias nocturnas. Ni siquiera los que superan los setenta y cinco años sueltan el hueso, para poder estar en la brecha cuando llegue la fecha. El enfermo Pontífice confirma los cargos que ya han caducado *«donec aliter provideatur»*, «hasta que no se decida otra cosa», es decir, hasta el próximo cónclave para poder someter a chantaje al nuevo pontífice.

Cuando descienda hacia el ocaso de este año 1999, el sol, ocultándose detrás de las montañas en el horizonte, enrojecerá de vergüenza por todo lo que los creyentes de este siglo lo han obligado a contemplar como espectador.

22

LA IGLESIA DEL TERCER MILENIO

Ésta es la hora de Dios que despierta a su Iglesia con el canto del gallo porque el despertador ya no funciona. Desmontado pieza a pieza con el mayor descaro para analizarlas una a una, el reloj sigue ahí entero sobre la mesa de los técnicos que, sin embargo, carecen de la sindéresis necesaria para volver a colocarlas todas en el lugar que les corresponde. Dios nos pide que lo recompongamos todos juntos antes de que sea demasiado tarde y se oiga el canto del gallo por segunda vez y la negación a la tercera.

Ésta es la hora de María, profetisa en Fátima del triunfo de la Iglesia a las puertas del año 2000, momento en el que su Corazón Inmaculado derrotará el reino diabólico que oscurece y desconcierta el lugar santo de Dios, ennegrecido por el humo de Satanás. Siendo la Madre de Dios, roza los confines de la divinidad (según el teólogo Caietano) y es por tanto invencible y victoriosa. Ella, que no es el dios del templo sino el templo de Dios (san Ambrosio), tomará a la Iglesia de la mano y la conducirá a Cristo, centro del universo. Y así triunfará su corazón.

Ésta es la hora de la Iglesia: «Nosotros somos las arpas y tú nos tocas con el plectro, el dulce lamento no procede de nosotros, eres tú el que lo creas. Nosotros somos la flauta y el sonido que está en nosotros procede de ti; somos las montañas inaccesibles y el eco es el de tu voz. Cuando tú te ocultas, no creo en nada; cuando te manifiestas, soy creyente. ¡Sólo poseo lo que tú me diste! ¿Qué buscas en mis alforjas?» (*mevlana*, es decir, maestro, Jalal ad-Din Rumi – 1200 d.C.). Al término de esta obra, la Iglesia de Cristo, en el apóstol Pablo, dirá: «*Bonum certamen certavi, cursum consummavi, fidem servavi.*» («He combatido un buen combate, he terminado la carrera, he conservado la fe.») Señor, si hoy quieres salvar a tu Iglesia, tienes que echar mano de toda tu omnipotente misericordia; pero, si la quieres abandonar, será suficiente con que apliques tu implacable justicia. ¡Tú verás!

Pero es también y sobre todo la hora de Satanás en el enfrentamiento definitivo del Apocalipsis: «Cuando se hubieren acabado los mil años, Satanás será soltado durante algún tiempo y saldrá para seducir a las naciones de los cuatro puntos de la tierra... cercarán el campamento de los santos y la ciudad amada.» La ciudad amada de Cristo, la Iglesia, está siendo cercada por los emisarios de Satanás.

Coloquio con lo Divino

«Sé que todo lo puedes: lo que concibes, lo puedes hacer. Yo enredaba tus consejos con frases sin sentido. He hablado sin juicio de maravillas que eran superiores a mí y que yo ignoro. Sólo de oídas te conocía, pero ahora mis ojos te han visto. Así pues, retiro mis palabras y me arrojo sobre el polvo y la ceniza.»

«Yo, Jesús, envié a mi ángel para testificaros estas cosas sobre las iglesias. Yo soy la raíz y el linaje de David, el lucero luminoso del alba. El Espíritu y la esposa dicen: "Ven." Y el que escucha repite: "Ven." El que testifica estas cosas dice: "Sí, vendré pronto." Amén.»

APÉNDICE

FUENTES DE LAS PRINCIPALES CITAS

«Ha llegado el momento de que empiece el juicio a partir de la casa de Dios, que empieza por nosotros»: **1 Pe 4,17.**

«Quien quiera llevar a cabo una seria reforma religiosa y moral tiene que hacer en primer lugar, como un buen médico, un cuidadoso diagnóstico de los males que afligen a la Iglesia para, de este modo, poder recetar para cada uno de ellos el remedio más apropiado. La renovación de la Iglesia se tiene que llevar a cabo tanto en los primeros como en los últimos, tanto en los jefes como en los subordinados, por arriba y por abajo. Convendría que los cardenales, patriarcas, arzobispos, obispos y párrocos fueran de tal condición que ofrecieran la máxima confianza para el gobierno de la grey del Señor»: **IV Brev. p. 1.373.**

«Tú cíñete por tanto los costados, levántate y diles todo lo que yo te ordenaré, no tiembles ante ellos, de lo contrario, te haré temblar ante ellos. Hoy te constituyo en fortaleza, en muro de bronce frente a todo el país, frente a los reyes de Judá y sus jefes, frente a sus sacerdotes y el pueblo del país. Combatirán contra ti, pero no te vencerán»: **Jer 1, 4-5, 17-19.**

«Y yo le dije: "Ah, Señor Yavé, ya ves que no sé hablar, pues soy un niño." Pero Yavé me contestó: "No digas eso, pues irás hacia donde yo te envíe y dirás todo lo que yo te ordenaré. No temas ante ellos, pues yo estaré contigo para salvarte, oráculo de Yavé"»: **Jer 1, 6-7**.

«Me sedujiste, Yavé, y yo me dejé seducir; fuiste más fuerte y me venciste»: **Jer 20, 7**.

«Nosotros seguimos esta regla apostólica que nos han transmitido los Padres: si encontramos algo auténtico también en los malvados, corregimos su maldad sin dañar lo que haya en ellos de bueno. Así, en la misma persona, enmendamos los errores a partir de las verdades admitidas por ella, procurando no destruir las cosas verdaderas por medio de la crítica de las falsas»: **Ag.** *De unico baptismo* **5, 7**.

«Pues toda carne es como la hierba y su esplendor como la flor del campo. La hierba se seca, la flor se cae, pero la palabra del Señor permanece eternamente»: **Is 40, 6-8 – 1 Pe 1, 24**.

«No busquemos la vanagloria, provocándonos y enviándonos unos a otros»: **Gal 5, 2**.

«Por lo demás, los que quieran vivir plenamente en Cristo Jesús serán perseguidos. Pero los malvados y los impostores irán siempre de mal en peor, engañando y siendo engañados»: **II Tim 3, 12-13**.

«A cada uno se le otorga la manifestación del Espíritu para utilidad común: a uno el lenguaje de la sabiduría, a otro el de la ciencia, a uno el de la fe y a otro el de las curaciones, a uno el poder de obrar milagros, a otro el don de profecía, a otro el discernimiento de los espíritus, a otro el don de lenguas y a otro el de interpretarlas. Pero todos los reparte el Espíritu como quiere»: **Véase 1 Cor 12, 4-11**.

«Tú eres Pedro y sobre esta piedra yo edificaré mi Iglesia. Te daré, en calidad de vértice de ella, las llaves del edificio del Reino; todo lo que atares y desatares en el interior y a lo largo de los lados poligonales de esta construcción social en el transcurso de los siglos quedará confirmado por mi Padre del cielo»: **Véase Mt 16, 17 y ss.**

«No ha de ser así entre vosotros; si alguno de vosotros quiere ser grande, que se haga vuestro servidor y el que quiera ser el primero, sea el siervo de todos»: **Mc 10, 43-44.**

«¡Mira, los cielos y los cielos de los cielos no te pueden contener y tanto menos esta casa que yo he edificado!»: **1 Re 8, 27.**

«Un árbol bueno no puede dar frutos malos ni un árbol malo dar frutos buenos»: **Mt 7, 18.**

«Sabéis juzgar el aspecto del cielo y de la tierra, pero no sabéis juzgar los signos de los tiempos. ¿Por qué no juzgáis por vosotros mismos lo que es justo?»: **Lc 12, 54-7.**

«Vuestra conducta entre los paganos tiene que ser irreprensible para que, cuando os calumnien como malhechores, con vuestras buenas obras cerréis la boca a la ignorancia de los necios»: **1 Pe 2, 15.**

«Ay de vosotros, doctores de la ley, que construís sepulcros para los profetas a los que mataron vuestros padres. "¡Maestro, diciendo esto nos ofendes también a nosotros!"... Ay también de vosotros...»: **Lc 11, 45, 47.**

«El Espíritu Santo y nosotros hemos decidido no imponeros ninguna otra obligación más allá de estas cosas necesarias: que os abstengáis de las carnes ofrecidas a los ídolos, de la sangre y de los animales ahogados y de la fornicación. Haréis bien por tanto en guardaros de estas cosas»: **Hch 15, 28-29.**

«Con lágrimas en los ojos os lo digo: muchos entre vosotros se comportan como enemigos de la cruz de Cristo»: **Flp 3, 18**.

«Y, mostrándole todos los reinos del mundo con su gloria, le dijo: Todo esto te daré si, postrándote, me adorares»: **Mt 4, 8-9**.

«Siempre sacude las manos para no aceptar regalos»: **Is 33, 15**.

*«Deus autem subsannabit eos!»: **Sal 2, 4**.

«Te conjuro que observes estas normas con imparcialidad y que no hagas nada por favoritismo»: **1 Tim 5, 21**.

«Como bandidos al acecho, una chusma de sacerdotes asesina en el camino de Siquem»: **Os 6, 9**.

«Concebimos, sufrimos dolores como si tuviéramos que parir: era sólo viento»: **Is 26, 18**.

«No hay sinceridad en sus bocas, su corazón está lleno de perfidia: su garganta es un sepulcro abierto, su lengua es adulación. Condénalos, Señor, que fracasen en sus intrigas, pues se han rebelado contra ti»: **Sal 5, 10-11**.

«Si tuvieran a Dios en sus manos»: **Job 12, 6**.

«He escrito a la Iglesia, pero Diotrefes, que aspira al primer puesto, no nos recibe»: **3 Jn 1, 9**.

«Y ahora esta advertencia a vosotros, sacerdotes. He aquí que os romperé el brazo y os arrojaré excrementos al rostro, los excrementos de las víctimas inmoladas en vuestras solemnidades para que se os lleven con ellas»: **Mal 2, 3**.

«Señor, Señor, ¿no profetizamos en tu nombre y arrojamos demonios en tu nombre e hicimos milagros en tu nombre?»... «Apartaos de mí, obradores de iniquidad» : **Mt 7, 22-23**.

«Et dabo pueros principes eorum; et effeminati dominabuntur eis»: **Is 3, 4**.

«Pues si siembran vientos, recogerán tempestades»: **Os 8, 7**.

«Después el viento cambia de dirección y se va... Criminal quien hace de la fuerza su dios»: **Hab 1, 11**.

«Todo el día tergiversan mis palabras, sólo piensan en causarme daño, espían mis pasos para atentar contra mi vida»: **Sal 55, 7**.

«No querían creer los judíos que aquél era ciego y había recuperado la vista hasta que llamaron a sus padres y les preguntaron: "¿Es éste vuestro hijo, de quien vosotros decís que nació ciego? ¿Cómo es posible que ahora vea?" Los padres contestaron: "Sabemos que éste es nuestro hijo y que nació ciego, cómo ve ahora, no lo sabemos y no sabemos quién le abrió los ojos. Preguntádselo a él, que ya tiene edad y hablará por sí mismo." Esto dijeron sus padres porque temían a los judíos, pues éstos habían acordado que, si alguno lo reconociera como el Mesías, fuera expulsado de la sinagoga. Por eso dijeron sus padres: tiene edad, preguntádselo a él»: **Jn 9, 18-23**.

«El que arroja el desprecio sobre los príncipes»: **Sal 106, 39**.

«Su boca es más blanda que la manteca, pero lleva la guerra en el corazón. Sus palabras son más untuosas que el aceite, pero son espadas desenvainadas»: **Sal 54, 21-22**.

«Me levantas en alto y me haces cabalgar sobre el viento»: *Véase* **Job 30, 22**.

«Mientras se pasean los impíos, los insolentes son los que más destacan entre los hombres»: **Sal 11, 9**.

«¿Busco yo ahora el favor de los hombres o el de Dios? ¿Pretendo agradar a los hombres? Si agradara a los hombres, ya no sería servidor de Cristo»: **Gal 1, 10**.

«¿Qué discutíais por el camino?»: **Mc 9, 33**.

«Si alguno de vosotros quiere ser el primero, sea el último de todos y el servidor de todos»: **Mc 9, 35**.

«Todas sus obras las hacen para ser admirados por los hombres; ensanchan las filacterias y alargan los flecos; gustan de ocupar los lugares de honor en los banquetes y los primeros asientos en las sinagogas y de los saludos en las plazas y de que los hombres los llamen rabí»: **Mt 23, 5-7**.

«No me siento con hombres falsos ni visito a los hipócritas»: **Sal 25, 4**.

«No busque ninguno de vosotros su propio interés sino más bien el de los demás»: **Flp 2, 4**.

«En la cátedra de Moisés se han sentado los escribas y los fariseos. No los imitéis en sus obras, pues dicen, pero no hacen. Todas las obras las hacen para que los vean los hombres; ensanchan las filacterias y alargan los flecos; gustan de ocupar los primeros asientos en los banquetes y las primeras sillas en las sinagogas y de los saludos en las plazas. El más grande entre vosotros sea vuestro siervo»: **Mt 23, 2-11**.

«*Sedere cum viris vanitatis*»: **Sal 25, 4**.

«Ay de vosotros, fariseos, que amáis los primeros asientos en las sinagogas y los saludos en las plazas»: **Lc 11, 43**.

«¿Cómo vais a creer vosotros que recibís la gloria los unos de los otros y no buscáis la gloria que sólo viene de Dios?»: **Jn 5, 44**.

«Te llamarás Pedro y sobre esta piedra edificaré mi Iglesia; sígueme y te haré pescador de hombres... *Vade retro*, Satanás; no conozco a este Hombre»: *Véase* **Gal 2, 11 y ss**.

«Por mucha clemencia que se ejerza con el impío, éste no aprenderá la justicia; en la tierra éste tuerce lo recto y no ve la majestad del Señor»: **Is 26, 10**.

«Su parcialidad con las personas los condena y ellos ostentan el pecado como Sodoma: ni siquiera lo esconden; ¡ay de ellos! Pueblo mío, los que te guían te descarrían, han torcido el camino que recorrías»: **Is 3, 9, 12**.

«No esparcirás rumores falsos, no prestarás ayuda al culpable para dar testimonio en favor de una injusticia. No te dejarás arrastrar al mal por la mayoría y no declararás en un juicio siguiendo a la mayoría para falsear la justicia»: **Ex 23, 1-2**.

«Ay de vosotros, escribas y fariseos hipócritas, que os parecéis a los sepulcros blanqueados, hermosos por fuera, pero llenos por dentro de huesos de muertos y de podredumbre. Así también vosotros por fuera parecéis justos a los hombres, pero por dentro estáis llenos de hipocresía y de iniquidad»: **Mt 23, 27-28**.

«Les contesté que no es costumbre de los romanos entregar a un hombre sin que, habiendo sido acusado, se le haya ofrecido la oportunidad de defenderse de la acusación en presencia de sus acusadores»: **Hch 25, 16**.

«He aquí que los impíos tensan el arco, ajustan la saeta a la cuerda para disparar en la oscuridad contra los rectos de corazón»: **Sal 10, 2**.

«Se mienten los unos a los otros, unos labios mentirosos hablan con corazón doblado»: **Sal 11, 2**; «Su boca está llena de engaño y mentira, bajo su lengua hay violencia e iniquidad»: **Sal 9 b, 28**.

«El impío engaña al justo y por eso la justicia se tuerce»: **Hab 1, 4**.

«¿Eres aliado tú de un tribunal de perdición que erige en ley la tiranía?»: **Sal 93, 20**.

«Restableced el derecho en los tribunales. Corra como agua impetuosa el juicio, como torrente perenne la justicia»: **Am 5, 15, 24**.

«Así dice el Señor: este pueblo se acerca a mí sólo con palabras y me honra con los labios mientras su corazón está lejos de mí y el culto que me rinde no es más que un conjunto de usos humanos aprendidos»: **Is 29, 13**.

«El reino de los cielos se parece a una red que, arrojada al mar, recoge toda suerte de peces; o como un padre de familia que saca de su tesoro cosas nuevas y cosas antiguas»: **Mt 13, 47; 52**.

«Así dice el Señor: Ay de la ciudad contaminada y prepotente; apartaré de ti a los soberbios fanfarrones y tú dejarás de engreírte»: **Sof 3, 11**.

«Habrá tinieblas tan densas sobre la tierra que se podrán palpar»: **Ex 10, 21**.

«Pues estos falsos apóstoles, obreros fraudulentos, se disfrazan de apóstoles de Cristo, y no es de extrañar, pues también Satanás se disfraza de ángel de luz. Por eso no hay que sorprenderse de que sus ministros se disfracen de ministros de la justicia; sin embargo, su fin será el que merecen sus obras»: **2 Cor 11, 13-15.**

«Demasiado justo eres tú, Yavé, para que yo pueda discutir contigo, pero quisiera hacerte una pregunta sobre la justicia: ¿por qué prosperan los caminos de los impíos?»: **Jer 12, 1.**

«Y ahora a vosotros, sacerdotes, esta advertencia. Los labios del sacerdote han de guardar la sabiduría, pues es el mensajero del Señor. Vosotros, en cambio, os habéis apartado del recto camino y habéis sido causa de tropiezo para muchos con vuestras enseñanzas. Por eso os he hecho despreciables y abyectos delante de todo el pueblo»: **Mal 1; 8.**

«Ay de vosotros, escribas y fariseos hipócritas que descuidáis las prescripciones más importantes de la ley: la justicia, la misericordia, la fe. Guías ciegos, que coláis un mosquito y os tragáis un camello. Sepulcros blanqueados»: **Mt 23, 23-24.**

«¡Templo del Señor, templo del Señor, éste es el templo del Señor!»: **Jer 7, 4.**

«A Balaam, hijo de Bosor, un asno mudo, hablando con voz humana, impidió la demencia del profeta»: **2 Pe 2, 16.**

«Dijeron los impíos: Tendamos trampas al justo porque nos molesta y se opone a nuestras acciones; nos reprocha las transgresiones de la ley y nos echa en cara las faltas contra la educación que hemos recibido. Si el justo es hijo de Dios, él lo ayudará y lo librará de las manos de sus enemigos. Pongámoslo a prueba con insultos y tormentos»: **Sb 2, 17 y ss.**

«Hipócritas, olvidáis el mandamiento de Dios y os aferráis a la tradición de los hombres»: **Mc 7, 8.**

«A los que están arriba se les hará un severo juicio»: **Sb 6, 5.**

«Puede que Roma no perezca si los romanos no quieren perecer. Pero no perecerán sólo si alaban a Dios»: **S. Ag. sermo 81.**

«Si he hablado mal, muéstrame en qué; pero, si he hablado bien, ¿por qué me pegas?»: **Jn 18, 22-23.**

«Escuchad hoy mi voz: No endurezcáis vuestro corazón»: **Sal 94, 8.**

«Al anochecer, la barca se encontraba en medio del mar. Viéndolos cansados de remar, pues el viento les era contrario, se acercó a ellos caminando sobre el mar: ¡Ánimo, soy yo, no temáis! Después subió con ellos a la barca y el viento amainó»: **Mc 6, 47 y ss.**

«Cuando se hubieren acabado los mil años, Satanás será soltado durante algún tiempo y saldrá para seducir a las naciones de los cuatro puntos de la tierra... cercarán el campamento de los santos y la ciudad amada»: **Ap 20, 3, 7 y ss.**

«Sé que todo lo puedes: lo que concibes, lo puedes hacer. Yo enredaba tus consejos con frases sin sentido. He hablado sin juicio de maravillas que eran superiores a mí y que yo ignoro. Sólo de oídas te conocía, pero ahora mis ojos te han visto. Así pues, retiro mis palabras y me arrojo sobre el polvo y la ceniza»: **Job 42, 2-6.**

«Yo, Jesús, envié a mi ángel para testificaros estas cosas sobre las iglesias. Yo soy la raíz y el linaje de David, el lucero luminoso del alba. El Espíritu y la esposa dicen: "Ven." Y el que escucha repite: "Ven." El que testifica estas cosas dice: "Sí, vendré pronto." Amén»: **Ap 22, 16-20**.

ÍNDICE